Dictionnaire de Kabbalah
Traduction et explication de termes et concepts de Kabbalah

Rav Raphael Afilalo

Du même auteur:

La Kabbalah du Ari Z'al, selon le Ram'hal
Éditions Ramhal

Concepts de Kabbalah
Éditions Kabbalah

160 Questions sur la Kabbalah
Éditions Kabbalah

Glossary of Kabbalah
Éditions Kabbalah

Dictionary of Kabbalah
Éditions Kabbalah

© Tous droits réservés à R. Raphael Afilalo
Éditions Kabbalah, 2011
www.kabbalaheditions.com
www.kabbalah5.com
rav@kabbalah5.com

Afilalo, Raphael
Dictionnaire de Kabbalah : Traduction et explication de termes et
concepts de Kabbalah
p.cm.

ISBN 2-923241-23-1 (SC)
1.Cabala. 2. Mysticism—Judaism. I. Afilalo, Raphael. II. Titre.
BM525. BM723 2011
296.1'6

À la mémoire de
Henri Afilalo, zl
אברהם דוד חנניה בר מירה ז"ל

Approbations

MORDECHAI ELIAHU
FORMER CHIEF RABBI OF ISRAEL & RICHON LEZION

מרדכי אליהו
הראשון לציון ורבה הראשי לישראל לשעבר

APPROBATION

ב"ה

(handwritten Hebrew approbation, largely illegible)

RABBI DAVID HANANIA PINTO
Rehov Bayit Vegan 97
Jerusalem - Israel
Tel: (972-2) 643 3605
Fax: (972-2) 641 2945 • 643 3570

דוד חנניה פינטו
רחוב בית וגן 97
ירושלים • ישראל
02-6433605 טלפון
02-6412945-6433570 פקס

בס"ד

בע"ה יום חמישי לסדר "וישב" תשס"ז

שלום וברכה

המלצה

באתי כאתף להמליץ על הספר "Kabalah Dictionary"
(מילון הקבלה) שכתב הרב רפאל אפללו שליט"א. בספר הנ"ל
יש הגדרות ומתוחים על קבלת הרמח"ל וזיע"א הכל מסודר
בצורה נאה תוחיה ללימוד ולעיון בו.

לאור ההמלצות הרבות שקיבל הספר, נשאר לי רק להמליץ
עליו בכל לב.

אני מברך בזכות אבותי הקדושים זיע"א את המחבר שליט"א
לברכה והצלחה ושיזכה להוציא מתחת ידיו עוד ספרים לזכות
הרבים ושיעולה מעלה בתורה ופירות שמם. אמן

ע"ה דוד חנניה פינטו ס"ט

(signature)

JERUSALEM • ASHDOD • PARIS • LYON • MONTREAL • TORONTO • BUENOS AIRES • MANCHESTER

שותפת מוסדות ק"ק אאמו"ר
רבי חיים פינטו זיע"א
המשמשין עליו
דוד חנניה פינטו
בן הרה"ק המפורר"י
רפי משה אהרן
פינטו זיע"א

וישיבת נפש חיים
כולל אורחות חיים ומשנה
כולל משכן בצלאל
רחוב בית וגן 97
ירושלים • ישראל
03 643 3605 טל
02-643 3570 • 02 641 2945 פקס

מוסדות אורחות חיים ומשנה
רחוב הרב חיים ויטל 41 b
אשדוד • ישראל
08 851 3507 טל
08 852 4153 פקס

OHR HAIM VÉMOCHÉ
11, Rue Du Plateau
75019 Paris • France
Tel: (33-1) 42 08 25 40
Fax: (33-1) 42 08 50 85

YÉCHIVA PINTO
20 Bis, Rue Des Mûriers
69100 Villeurbanne
France
Tel: (33-4) 78 03 89 14
Fax: (33-4) 78 68 86 45

בס"ד

הרבנות הראשית רמלה

לשכת הרב אבוחצירא רחוב גילוקס 25 רמלה טל. 08-9225360
YEHIEL ABOUHSSERA
Grand Rabbin de Ramleh
B.P.4 Ramleh
(ISRAEL)

יחיאל אבוחצירא
רחוב הרצל 45 ת.ד 4 רמלה טל. בית 08-9321122

ברכת ה"ה

(handwritten Hebrew approbation, largely illegible)

בברכת התורה ולומדיה
יחיאל אבוחצירא
הרב הראשי לרמלה

בס"ד

DAVID R. BANON
RABBIN DU CENTRE SÉFARADE DE LAVAL
MEMBRE DU BETH DIN DE MONTRÉAL

דוד רפאל באנון
רומ"ץ יש הסורדים הספרדית בלאוואל
חבר ביה"ד דמונטרעאל

(handwritten Hebrew approbation, largely illegible)

כה"ח דוד רפאל באנון

5773, Rue Clémenceau — Chomedey Laval — P.Q. H7W 2J9 — Canada Tel: (450) 681-5412 Fax: (514) 341-0606

Table des matières

INTRODUCTION

Le but de ce dictionnaire est de donner une image réelle de la véritable Kabbalah. Dans les rares livres qui traitent sérieusement de ce sujet, les concepts du Zohar et de la Kabbalah sont souvent cités mais non expliqués. L'étude de la Kabbalah implique une bonne compréhension de son idée générale, ainsi que de ses détails. Nous retrouvons aujourd'hui un grand nombre de livres qui utilisent le nom de "Kabbalah" dans leur titre, cependant la grande majorité ne traite pas du tout de Kabbalah, mais plutôt de divers sujets d'ésotérisme très souvent douteux.

Pour apprendre la Kabbalah, il est nécessaire de se familiariser avec ses termes et appellations habituelles, car dans le langage de la Kabbalah, des expressions particulières et métaphores, ainsi que des anthropomorphismes sont utilisés. Il est bien entendu, qu'à ces niveaux élevés, il n'y a pas d'existence physique. Ainsi, lorsque des termes tels que bouche, oreilles ou autres parties du corps sont utilisés, l'intention est de décrire le pouvoir ésotérique de ces forces, ou de la position qu'ils symbolisent.

J'ai essayé d'expliquer les principaux concepts et expressions utilisés en Hébreu et en Araméen. Vis-à-vis de chaque mot il y a un H pour Hébreu ou A pour Araméen. Pour les mots ou concepts difficiles à comprendre et hors contexte, j'ai fourni des exemples quant à leur utilisation dans le Zohar ou dans les textes du Ari Z'al ou du Ram'hal. Comme il s'agit d'un dictionnaire, j'ai souvent eu à répéter des introductions ou explications pour une meilleure clarification et afin d'éviter de diriger le lecteur vers de multiples autres pages pour les références. J'ai également ajouté un dictionnaire d'acronymes souvent trouvés dans le Zohar et d'autres textes de Kabbalah.

Ce dictionnaire se veut donc d'être un livre de référence pour l'étudiant sérieux qui cherche à apprendre la véritable Kabbalah selon la voie transmise depuis Rabbi Shim'hon Bar Yo'hai, le Ari Z'al, Ram'hal et les maîtres qui les ont succédés en accord à nos traditions.

J'espère sincèrement que ce livre aidera à clarifier ces concepts et contribuera grandement à une véritable compréhension de ce qu'est vraiment la Kabbalah.

"Béni est-Tu Dieu, enseigne-moi Tes statuts" (Tehilim, 119, 12).

La Kabbalah

La Kabbalah est l'explication mystique et ésotérique de la *Torah*. Elle enseigne le déploiement des mondes, les diverses manières de direction de ces mondes, le rôle de l'homme dans la création, la volonté du Créateur et plus encore. Aucun autre écrit n'explique en détails la création de ce monde et de ceux au-dessus de lui, les lumières ou énergies qui influencent sa direction, ni l'objectif final de tout. Ces écrits sont basés sur d'anciens textes juifs et principalement sur le Zohar.

La Kabbalah nous enseigne que le monde est guidé par un système extrêmement complexe de forces ou lumières, qui par leurs interactions provoquent des réactions en chaîne qui influent directement sur l'homme et les mondes. Chacune de ces réactions possède de nombreuses ramifications, avec plusieurs détails et résultats. Elle nous explique la véritable direction du monde, afin que nous puissions comprendre la volonté de Dieu. Comment et pourquoi Il a créé le monde, de quelle manière Il le dirige, la provenance des âmes et des anges, le but de l'existence du mal, les raisons du dualisme de récompense et punition, etc.

Le mot Kabbalah provient du verbe *Lekabel* (recevoir), mais pour recevoir il est d'abord nécessaire de vouloir, et de devenir un *Keli* (récipient) capable de recevoir et de contenir cette connaissance. La Kabbalah nous démontre également l'importance de l'homme, car seulement lui, en se rapprochant de son créateur, peut influencer ces incroyables forces. Pour ce faire, il faudrait s'élever à une dimension plus haute de compréhension, et commencer à se poser certaines questions très importantes telles que ; « pourquoi », « quel est le but de faire cet acte ou cette prière », « quels sont les résultats de mes actions » etc...

Les autres écrits expliquent dans de moindres détails « comment » faire, mais seulement le Zohar et la Kabbalah nous expliquent les raisons et les effets de toutes nos prières et actions. En comprenant les différents systèmes de *Sephirot* et d'interrelations des forces et énergies qui influencent la direction du monde, nous passons du niveau de simple participant à celui plus actif d'acteur et influenceur. Les buts et raisons des *Mitsvot* et *Tefilot* deviennent compréhensibles dans leurs plus profonds niveaux et nous comprenons et participons à cette parfaite harmonie qui définit notre devoir et attachement à notre sainte *Torah*.

Je crois que la plupart aspirent à servir de leur mieux le Créateur, mais ont été accoutumés à exécuter et à ne pas chercher plus loin, ou ont été maintenus loin de cette connaissance. Il est temps maintenant de connaître et d'apprendre cette magnifique science, tel qu'il est écrit et recommandé :

« De là, vous chercherez le Seigneur votre Dieu, et vous le trouverez si vous le cherchez avec tout votre cœur, et avec toute votre âme. » (Devarim 4.29)

« Toutes les âmes de ce monde qui feront l'effort de connaître leur Créateur par ses écrits secrets (Kabbalah), monteront plus haut que toutes les autres âmes qui n'ont pas appris et n'ont pas compris, et seront les premières à l'heure de la résurrection. »
(Zohar, Vayeshev, 182, 2)

« L'homme qui apprend la Kabbalah est supérieur aux autres. »
(Zohar, Shemini, 42, 1)

« Celui qui pouvait apprendre les secrets de la *Torah* (Kabbalah) et n'a pas fait l'effort de les comprendre, sera sévèrement jugé »
(Shelomo 85, 24). - HaGra, HaGaon Rabbi Eliyahu de Vilna

« Celui qui apprend la Kabbalah afin de comprendre les secrets de la *Torah* et le but des *Mitsvot* selon le *Sod* (secret), est appelé un
« fils » du Seigneur. » (Zohar, Vayera)

Et en conclusion, l'obligation très claire dans la *Torah* « de connaître, maintenant », et de ne pas simplement croire :

"וידעת היום והשבת אל-לבבך כי יהו-ה הוא האלה-ים בשמים ממעל ועל-הארץ מתחת אין עוד"

« <u>Sache à présent</u> et imprime-le dans ton cœur, que l'Eternel seul est Dieu, dans le ciel en haut comme ici bas sur terre, et qu'il n'en est point d'autre.»
(Devarim, 4.39)

Comprendre comment Dieu interagit avec les systèmes d'influences en haut et connaître leurs effets et manifestations ici-bas, ainsi que principalement, notre rôle et niveau de participation selon Sa volonté.

CONCEPTS ESSENTIELS DE LA KABBALAH

Hishtalshelout – Déroulement des événements

Dans la Kabbalah, la *Hishtalshelout* est une suite d'événements qui commencent avec le premier acte de Dieu dans cette création qui est le *Tsimtsoum* (rétraction) pour arriver aux arrangements complexes qui font la direction du monde. Voici quelques-uns de ces principaux concepts de la Kabbalah qui vont nous permettre de mieux comprendre ce déroulement d'évènements et ce système d'émanation de lumières et *Sephirot*.

CRÉATION

Tsimtsoum – Rétraction
Rétraction

Au commencement, rien n'existait à part Sa présence, le Créateur était seul, occupant tout l'espace de Sa lumière. Sa lumière sans fin, frontières ou limites, remplissait le tout. Il ne diffusait pas Son influence parce qu'il n'y avait personne pour la recevoir. Lorsqu'Il décida de créer, alors Il commença à influencer. Sa Lumière étant tellement sainte et intense, il n'est possible à aucun être humain d'exister dans Sa proximité.

Le *Tsimtsoum* (rétraction) est le premier acte du *Ein Sof* (Infini) dans la création. C'est la rétraction de Sa lumière à partir d'un espace pour ensuite l'encercler, afin de réduire son intensité et permettre aux êtres créés d'exister. Après cette contraction, un rayon de Sa lumière entra dans l'espace vide et forma les premières *Sephirot*. Par ces frontières, Il dévoila les concepts de rigueur et limite nécessaires aux êtres créés et alloua un espace d'existence à toutes créatures.

'Hallal – Espace libre

Espace – Vide

Espace laissé par le *Tsimtsoum* (rétraction) de Sa lumière. Cet espace est circulaire et contient toutes les possibilités d'existence pour des entités séparées, étant distantes de l'intensité de Sa lumière.

Reshimou - Empreinte

Trace

Lorsque Sa lumière se rétracta pour former un cercle, une trace qui est appelée *Reshimou* (empreinte) demeura à l'intérieur du *'Hallal* (espace libre). Cette lumière de moindre intensité, permit un espace d'existence (*Makom*), pour tous les mondes créés et les êtres. Les racines de toute existence et événements futurs sont dans le *Reshimou*. Rien ne peut venir à exister, sans avoir racine dans cette empreinte.

Kav – Rayon

Ligne

Après le *Tsimtsoum*, un rayon de lumière droit appelé "*Kav*", émergea du *'Ein Sof* (Infini) et pénétra d'un côté du *'Hallal* (espace libre), là où il y avait encore un *Reshimou* (empreinte) de la lumière originale. La combinaison du *Kav* et du *Reshimou* donnera existence aux *Sephirot* par lesquelles Il gouverne les mondes.

SEPHIROT

Sephira

La lumière de Dieu est unique, de force et de qualité égale. Une *Sephira* est en quelque sorte un «filtre» qui transforme cette lumière en une force ou attribut, par laquelle le Créateur dirige les mondes.

Chaque *Sephira* est composée d'un récipient appelé *Keli*, qui retient sa part de lumière appelée *Or*. Il n'y a pas de différence dans le *Or* même, la différence vient de la particularité, ou position de la *Sephira*. Il y a 10 *Sephirot* et leurs noms sont :

Keter	Couronne	**Tiferet**	Beauté
'Hokhma	Sagesse	**Netsa'h**	Gloire
Binah	Compréhension	**Hod**	Splendeur
'Hesed	Bonté	**Yesod**	Fondation
Gevourah	Rigueur	**Malkhout**	Royauté

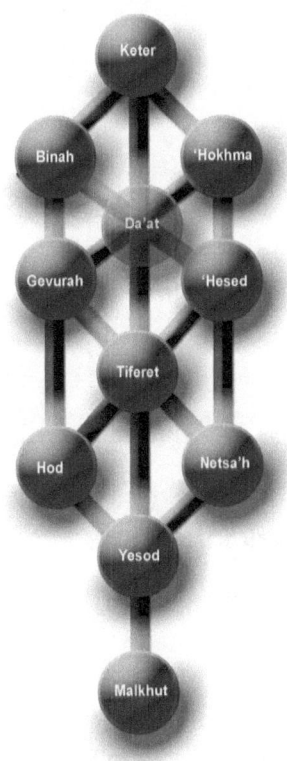

Il y a également des configurations d'une ou plusieurs *Sephirot* agissant en coordination, nommées *Partsoufim*.

Sephirot Ha'Igulim
Sephirot circulaires

Après être entré dans le *'Hallal* (espace libre), le *Kav* (Rayon) créa dix *Sephirot* circulaires, s'entourant l'une dans l'autre, tout en maintenant une forme droite. Ces dix *Sephirot* sont responsables de la direction générale des mondes, et ne sont pas influencées par les actions des hommes.

Sephirot HaYashar
Sephirot linéaires

Après être entré dans le *'Hallal* (espace libre) et avoir créé dix *Sephirot* circulaires, le *Kav* (Rayon) a maintenu sa forme droite et a créé dix autres *Sephirot*, mais cette fois-ci en un agencement linéaire. Elles furent réparties en trois colonnes: droite, gauche et centre, ce qui représente la direction du monde à la manière de *'Hesed*, *Din* et *Ra'hamim* (bonté, rigueur et miséricorde).
Cette première configuration de 10 *Sephirot* est appelée *Adam Kadmon* (Homme primordial).

Adam Kadmon – Homme primordial
Le monde au-dessus de *Atsilout* (Émanation)

Cette première configuration ou le premier monde où les lumières émanées furent formées en dix *Sephirot*, est appelé *Adam Kadmon* (Homme primordial). Il est l'union entre le *Reshimou* (empreinte) et le *Kav* (rayon). De cette première configuration, tous les autres mondes vinrent à exister.
Adam Kadmon en étant si proche du *Ein Sof*, nous ne pouvons rien saisir de sa nature. Notre compréhension ne commence qu'à partir des émanations qui sont sorties de lui par la voie de ses sens, et qui

18

sont appelées ses branches. Ces quatre branches sont: la vue, l'ouïe, l'odorat et la parole. Ils se répandirent de ses yeux, ses oreilles, son nez et sa bouche. À partir de ces émanations, les quatre autres mondes de *Atsilout* (émanation), *Bériah* (création), *Yetsirah* (formation) et *'Asiah* (action) se déployèrent.

Milouyim – Épellations

Autres Noms de Dieu.

Les forces ou énergies créatrices sont les différents pouvoirs contenus dans les quatre lettres du nom de Dieu י-ה-ו-ה, et l'ajout d'autres lettres pour une épellation différente. Selon le type de lettres utilisées, la valeur numérique du nom change, et chacune de ces possibilités diffère dans sa nature et ses actions. Les quatre *Milouyim* (épellations) sont :

עב ,סג , מה, בן - *'AV, SaG, MaH, BaN*

עב - יוד הי ויו הי – *'AV* = 72

סג - יוד הי ואו הי - *SaG* = 63

מה - יוד הא ואו הא - *MaH* = 45

בן - יוד הה וו הה - *BaN* = 52

Chaque nom peut aussi être divisé et subdivisé comme :
'AV de 'AV, SaG de 'AV, MaH de 'AV...
BaN de BaN de SaG, SaG de MaH de 'AV etc.

Sephirot de BaN (52)

Les lumières de *BaN* (52) sont de l'aspect de *'Olam HaNekudim*. Des yeux d'*Adam Kadmon* sortirent dix *Sephirot* de l'aspect du nom de *BaN* (52); dix *Sephirot* encerclantes provenant de l'œil droit, et dix autres *Sephirot* intérieures provenant de l'œil gauche et qui descendirent plus bas que le nombril. Elles correspondent à l'aspect féminin - rigueur, et sont à l'origine de la détérioration. Cet arrangement imparfait est la première origine de la *Sitra A'hra* ou "mal".

Shvirat Hakelim – Brisure des récipients

Après la sortie des dix *Sephirot* de l'aspect du nom de *BaN* (52), les parties supérieures des trois premières *Sephirot* de *Keter*, *'Hokhma* et *Binah* reçurent et continrent leurs lumières, parce qu'elles étaient disposées en trois colonnes. Les sept *Sephirot* inférieures ne se trouvaient pas dans cette disposition nécessaire pour la direction de bonté, rigueur et miséricorde. En conséquence, elles ne purent retenir l'afflux de leurs lumières et se brisèrent.

Ceci causa un dommage important, et cet état déficient causa non seulement une chute de ces *Sephirot*, mais aussi de tous les mondes. Cette disposition imparfaite est la première origine du mal. Si les sept *Sephirot* avaient contenu leurs lumières, elles ne se seraient pas brisées, et les notions de *Kilkoul* (dommages) et *Tikoun* (réparation) n'auraient pas existé.

Rapa'h Nitsutsot – 288 étincelles

Pour soutenir les *Kelim* (récipients) après leur brisure, 288 étincelles descendirent également, vu qu'un lien à leurs lumières originales était nécessaire pour les maintenir en vie. Il est important de comprendre que tout ce qui se passe dans notre monde est semblable à ce qui s'est passé durant cette descente. Le but de tous les travaux, actions et prières des hommes dans cette existence, est d'aider et participer à la remontée vers leur origine de ces 288 étincelles qui ont chuté en raison de cette brisure. Cela peut se faire à travers l'accomplissement des *Mitsvot* et des *Tefilot*. À la fin de ce *Tikoun* de réunification de toutes les étincelles tombées et leur *Kelim*, ce sera le moment de la résurrection des morts et l'arrivée de Mashia'h.

Sephirot de MaH (45).

Les *Sephirot* de *MaH* (45) sont de l'aspect de *'Olam HaTiKun*. Après la brisure des *Kelim* et la séparation de leurs lumières, il fut nécessaire pour la direction du monde que la réparation ait lieu. Du front d'*Adam Kadmon* émergèrent dix *Sephirot* de l'aspect du nom de *MaH* (45), correspondant au masculin – réparation, contrairement aux *Sephirot* de *BaN* (52) qui correspondent à l'aspect féminin - rigueur, et qui sont à l'origine de la détérioration. Le *Tikoun* fut créé par l'union des *Sephirot* de *MaH* (45) (miséricorde) et *BaN* (52) (rigueur) en des dispositions complexes, pour permettre au *BaN* féminin (52) d'être réparé par le *MaH* masculin (45), et pour les *Sephirot* de se tenir dans les trois colonnes de bonté, rigueur et miséricorde. Avec l'ordre approprié des *Sephirot* en place, différentes configurations nommées *Partsoufim* complétèrent la création.

PARTSOUFIM – Configurations

Partsouf

Un *Partsouf* est une configuration d'une ou de plusieurs *Sephirot* qui agissent en coordination.
Il y a cinq *Partsoufim* (configurations) principales :
- *Arikh Anpin*
- *Abah*
- *Imah*
- *Zeir Anpin*
- *Noukva*

Et au dessus; *'Atik Yomin* (à l'intérieur de *Arik Anpin*)

De ces cinq *Partsoufim* (configurations) vont en émerger sept autres. Elles émanent des 10 *Sephirot* comme suit :

De *Keter*
- *'Atik Yomin et sa Noukva*
- *Arikh Anpin et sa Noukva*

De *'Hokhma – Abah*
- *de Malkhout de Abah – Israël Saba*
- *de Malkhout de Israël Saba – Israël Saba 2*

De *Binah – Imah*
- *de Malkhout de Imah – Tevounah*
- *de Malkhout de Tevounah – Tevounah 2*

Israël Saba et Tevounah sont aussi nommées par leurs initiales *ISOT* ou *ISOT 2*

De *'Hessed, Gevourah, Tiferet, Netsa'h, Hod, et Yesod – Zeir Anpin*

De *Zeir Anpin – Ya'acov, Israël*

De *Malkhout – Noukva*, divisée en deux *Partsoufim* (configurations) – *Ra'hel et Léah.*

Les *Partsoufim Zeir Anpin et Noukva* sont à la base de toute la création. C'est par leurs *Tikounim* (actions) que la direction de la justice se manifeste. Ici, le *"Tikoun"* est une description des actions, illuminations et interrelations des *Sephirot et des Partsoufim*. Le résultat de ces *Tikounim* se manifeste en plusieurs illuminations d'intensités différentes, pour diriger les mondes.

Partsouf 'Atik Yomin

Partsouf 'Atik Yomin est supérieur à tout les *Partsoufim* (configurations). Il fait le lien entre les mondes. Il contient dix *Sephirot*, son aspect de *MaH* (45) correspond au principe masculin, son aspect de *BaN* (52) au féminin, il s'appelle *'Atik Yomin* et sa *Noukva*[1].

Sa *Noukva* n'est jamais séparée de lui, son arrière attaché au sien, *'Atik Yomin* est ainsi tout face; la face féminine de *BaN* correspondant à son arrière, la face masculine de *MaH* à son devant.

Partsouf Arikh Anpin

Après le *Partsouf 'Atik Yomin*, le plus intérieur de tous les autres *Partsoufim* (configurations) est *Arikh Anpin* et sa *Noukva*, ils font un seul *Partsouf* ; le masculin du côté droit, et le féminin du côté gauche. Il est la racine de tous les autres *Partsoufim*, qui sont ses branches. *Arikh Anpin* fait toute la longueur d'un monde de haut en bas.

Partsoufim –Abah et Imah

Ces deux *Partsoufim* (configurations) sont essentiels dans la direction des mondes, ils sont le lien entre le *Partsouf Arikh Anpin* qui est la principale configuration, et *Partsouf Zeir Anpin* qui communique ces émanations aux mondes par son *Zivoug* (union) avec le *Partsouf Noukva*. *Abah* est la *Sephira 'Hokhma*, *Imah* est la *Sephira Binah*.

-     [1] Féminin

Partsouf Zeir Anpin

Zeir Anpin (Z'A) se compose des six *Sephirot* inférieures d'un monde: *'Hesed, Gevourah, Tiferet, Netsa'h, Hod,* et *Yesod.*

C'est la configuration principale dans le rapport homme – direction. Il doit d'abord obtenir ses *Mo'hin* (forces directrices), qui sont ses trois premières *Sephirot* : *'Hokhma, Binah* et *Da'at* de *Abah* et *Imah,* et accéder à une étape de croissance. Ensuite, par ses unions avec les configurations féminines de *Ra'hel* et *Léah,* il fait la direction.

Pour que l'abondance descende au monde, *Partsouf Zeir Anpin* doit s'unir au *Partsouf Noukva*[2]. Il ne peut y avoir d'abondance que lorsque les masculins et féminins sont en harmonie.   Chaque jour est d'une nouvelle émanation qui le régit. Pour chaque jour, il y a de nouveaux *Zivougim*[3] de différents aspects de ces deux configurations. La direction du monde est assujettie et se manifeste selon le positionnement des différentes interactions des configurations *Z'A* et *Noukva,* puisqu'ils ont un effet direct sur la mesure et l'équilibre des facteurs de bonté, rigueur et miséricorde. En vue de cela, le but du service des créatures, est d'aider à préparer ces *Partsoufim* (configurations) *Z'A* et *Noukva* à s'unir par l'élévation et l'adhérence des mondes via les *Téfilot* et l'observation des *Mitsvot.*

Partsouf Noukva

Le *Partsouf* (configuration) *Noukva* représente le féminin - le principe de réception. Il comporte deux *Partsoufim* distincts : *Ra'hel* et *Léah.* Le *Partsouf* masculin *Zeir Anpin* et le *Partsouf* féminin *Noukva* sont la

---

[2] Configurations Ra'hel ou Leah
[3] Unions

racine de tout créé. C'est par eux que se manifeste la direction. Il n'y a de perfection pour le masculin que lorsqu'il se complète avec son féminin, et il ne peut y avoir d'abondance que lorsque le masculin et le féminin s'unissent. Cette abondance descend au monde par les divers *Zivougim* (unions) de *Zeir Anpin* et *Noukva*. Il y a deux conditions nécessaires pour que le *Zivoug* (union) soit possible : les *Partsoufim* doivent être construits, et le féminin doit stimuler une réaction du masculin. Cette stimulation ne se produit qu'en raison des *Tikounim* (rectifications), réalisée par les hommes par leurs prières et *Mitsvot*. Le *Partsouf Noukva* est le lien entre les *Sephirot* et *Partsoufim* supérieurs avec les êtres inférieurs. C'est elle qui transmet du haut vers le bas les résultats des différents *Zivougim*, car l'abondance vient en premier à *Z'A*, puis à *Noukva*, et d'elle, aux mondes inférieurs.

Mo'hin – Cerveau

Les *Mo'hin* sont les forces directrices données à un *Partsouf* (configuration) par le *Partsouf* qui est au-dessus de lui. Il y a des *Mo'hin* intérieurs et des *Mo'hin* encerclants. Les *Mo'hin* intérieurs sont les *Sephirot NHY* (*Netsa'h*, *Hod*, *Yesod*) du *Partsouf* supérieur qui entrent à l'intérieur du *Partsouf* inférieur pour être ses cerveaux ou intelligence. Les *Mo'hin* encerclants l'entourent de l'extérieur. Un *Partsouf* n'est ni indépendant, ni en mesure d'agir avant d'avoir reçu ces forces directrices.

Zivougim – Unions

Le *Zivoug* est l'union du *Partsouf* masculin avec son féminin. Toutes les conséquences des émanations supérieures sont le résultat des différentes unions entre les lumières masculines et féminines. Pour que l'abondance descende au monde, le *Partsouf* masculin *Zeir Anpin* doit s'unir au *Partsouf* féminin *Noukva* (*Ra'hel* ou *Léah*). Il ne peut y avoir d'abondance que lorsque les configurations masculines et féminines sont en harmonie. Ces unions qui sont influencées par les actions de l'homme et selon le temps, ont différents effets qui résulteront en des émanations d'abondance d'intensités variables.

La direction du monde dépend des différents positionnements et interactions des *Partsoufim* masculins et féminins, puisqu'ils ont un effet direct sur la mesure et l'équilibre des facteurs de bonté, rigueur et miséricorde qui font cette direction. Chaque nouveau jour, est d'une nouvelle émanation qui les régit. Pour chaque jour, il y a de nouveaux *Zivougim* de différents aspects des configurations masculines et féminines. Les différents types d'unions sont celles qui se produisent entre les *Partsoufim* masculins appelés *Zeir Anpin*, Israel, et *Ya'acov* et les configurations féminines appelées *Noukva*, *Ra'hel* et *Léah*. Le but du service des créatures est d'aider à les préparer pour ces unions, et ceci, par l'élévation et l'adhérence des mondes par les prières et *Mitsvot*.

LES QUATRE MONDES

Atsilout – Émanation
Premier monde.

Il y a quatre mondes. Le premier monde qui émana d'*Adam Kadmon* (Homme primordial) s'appelle *Atsilout* ; le monde de l'émanation, là où il n'y a aucune existence d'entité séparée, et aucune *Sitra A'hra* (force négative), même à ses niveaux les plus bas.
Il se compose de cinq *Partsoufim* (configurations) principaux : *Arikh Anpin*, *Abah*, *Imah*, *Zeir Anpin* et *Noukva*. Un autre de plus ; *Partsouf 'Atik Yomin*, est au-dessus d'eux, ses trois premières *Sephirot* sont dans le monde supérieur (au-dessus d'*Atsilout*), ses sept *Sephirot* inférieures sont à l'intérieur des dix *Sephirot* d'*Arikh Anpin*, et font le lien avec le monde supérieur. A partir d'*Atsilout* (émanation) furent dévoilés tous les mondes inférieurs, qui sont la source d'existence

pour les mondes physiques, et la possibilité de récompense, punition et du mal. *Arikh Anpin* s'étend sur toute la longueur de *Atsilout*.

De *Atsilout* (émanation) découleront tous les mondes inférieurs, qui sont la source de l'existence des mondes physiques, et la possibilité de récompense, punition et du mal.

Bériah - Création

Le monde des âmes

Le deuxième monde est *Bériah* (création); le monde des *Neshamot*; des âmes.

Yetsirah - Formation

Le monde des anges

Le troisième monde est *Yetsirah* (formation); le monde de la formation; le monde des anges.

'Asiah – Action

Le monde de l'existence physique.

'Asiah (action) est le quatrième monde; le monde de l'action, le monde de l'existence physique.

La *Sitra A'hra* sortit du dernier niveau des *Sephirot de 'Asiah – Malkout de 'Asiah.*

Tikounim – Réparation ou action

En Hébreu, le mot *Tikoun* a des significations différentes. On peut l'interpréter comme réparation ou rectification, ainsi que fonction, relation ou action.

Il y a différentes sortes de *Tikounim* :

- *Tikounim* qui se trouvent dans la première émanation pour réparer les mondes.
- *Tikounim* pour la construction et les interrelations des *Sephirot* et des *Partsoufim* (configurations).

- *Tikounim* de certains *Partsoufim* (fonction ou action) pour la direction des mondes.
- *Tikounim* (rectifications) pour les *Neshamot*.

Pour la direction, les *Tikounim des Partsoufim* sont les actions, les illuminations et les interrelations des *Sephirot et des Partsoufim*, et leur influence sur les mondes. Ces *Tikounim* résultent en différentes illuminations de diverses intensités, selon le moment et les actions de l'homme.

Le *Tikoun* de l'âme est réalisé par le *Gilgoul* (réincarnation) et par le *'Ibur* (attachement)

En donnant à l'homme un rôle dans le *Tikoun* général (*Tikoun 'Olam*), c'est maintenant à lui de restaurer et de faire les réparations nécessaires au monde. Toutefois, même si l'homme n'agit pas comme il se doit, le *Tikoun* se réalisera quand même, mais au moment choisi par le Créateur.

Hanhagua – Direction

La Kabbalah est la seule science qui nous explique dans les plus petits détails, la direction du monde, afin que nous puissions comprendre Sa Volonté. Elle nous enseigne que le monde est guidé par un système extrêmement complexe de forces et de lumières, qui à travers leurs interactions, provoquent des réactions en chaîne qui ont un impact direct sur l'homme et la direction des mondes. Chacune de ces réactions comporte de nombreuses ramifications renfermant plusieurs détails et résultats. La direction des mondes se fait à travers l'influence des différentes *Sephirot* et *Partsoufim* (configurations).

Il existe deux directions principales :
- la direction générale, qui est pour l'existence des mondes et n'est pas influencée par les actions des hommes. Cette direction se fait par les *Sephirot* circulaires.
- La direction variable, qui est basée sur la justice, la récompense et punition, et dépend des actions des hommes. Cette direction s'effectue par les *Sephirot* linéaires.

La direction des mondes dépend des différentes positions et des interactions des *Partsoufim* masculin et féminin, puisqu'ils ont un effet direct sur les mesures et balance des facteurs de bonté, rigueur et miséricorde. Les *Partsoufim* masculin accordent la bonté, les féminins la rigueur. Par leurs unions, la direction se fait par les différents équilibres des deux forces de bonté et de rigueur.

Ratson Lehashpia' – Volonté de donner

La volonté du Créateur est d'émaner la bonté à Ses créatures. Tous les niveaux de la création ont été mis en place, afin que Sa bonté puisse leur être émanée de manière à ce qu'ils puissent la recevoir. Le libre choix et le mal ont été mis en place afin de donner du mérite à l'homme lorsqu'il choisira le bien, ce qui est en soi une énorme bonté.

Ratson Lekabel – Désir de recevoir

Par sa nature, l'homme est lui-même un *Keli* (récipient) avec une volonté de recevoir sans limites, et contenant une lumière spirituelle ; son âme. Une direction basée sur ce désir permettrait n'importe quoi sans restriction, et ne donnerait pas à l'homme la possibilité du mérite.

Le but idéal pour l'homme est d'élever ses désirs corporels en sanctifiant ses manières, afin de ressembler à son Créateur en devenant un 'donnant' ayant une volonté d'accorder la bonté à tous.

Gilouy Yi'hudo – **Révélation de Sa souveraineté**

Toutes ces possibilités de direction n'ont qu'un but : donner à l'homme la possibilité de mériter par ses propres efforts, de se rapprocher de son Créateur, de recevoir Sa bonté et vivre la *Dvekout* – son adhésion à Dieu. De cette manière, l'homme atteindra la perfection et s'impliquera directement dans le but ultime de la Création, qui est la révélation de la Souveraineté de Dieu - *Gilouy Ye'houdo.*

Histoire de la Kabbalah

L'histoire de la Kabbalah peut être retracée depuis Abraham le patriarche qui écrit le « *Sepher HaYetsira* » - Livre de la Formation. Depuis lors, beaucoup de développements à travers les errances du peuple Juif dans les différents continents, ont davantage clarifié ces concepts.

Première période – Le début
Aprox. 1750 B.C.E, Israel
Selon la tradition l'un des premiers écrits de Kabbalah, se nomme « *Sepher HaYetsira* » (le Livre de la Formation). Il fut composé par Abraham Avinou. C'est le premier livre qui mentionne un système de dix lumières appelées *Sephirot*.

Deuxième période - le Zohar
Aprox. 240 C.E, Israel
Rabbi Shim'hon Bar Yo'hay habita en Galilée au deuxième siècle et était un disciple de Rabbi 'Akiva. Pour échapper aux Romains, il entra se cacher avec son fils Rabbi El'azar dans une caverne pendant treize ans. Durant tout ce temps, il composa le Zohar, qui est l'explication ésotérique et mystique de la *Torah*, et la base de la plupart des écrits de Kabbalah.

Troisième période - l'impression du Zohar
1270, Espagne
Après avoir disparu pendant environ mille années, le livre du Zohar est retrouvé et imprimé par Rabbi Moshe de Leon en Espagne. Cette nouvelle impression sera disséminée partout en Europe, Afrique du Nord, Moyen-Orient et permettra une étude plus répandue de ses écrits. C'est également la période de la «Kabbalah prophétique » telle qu'enseignée par Rabbi Abraham Abul'afia.

Les trois écoles de Kabbalah en Europe
1200 - 1300
Dans les villes de Provence en France, Gerona en Espagne, et Worms en Allemagne ont été créés trois des principaux centres de Kabbalah de cette période. Sous la direction de Kabbalistes importants tels que Rabbi Its'hak l'aveugle, Rabbi Ezra de Gerona, et Rabbi El'azar de Worms, Na'hmanide et d'autres, des écrits essentiels ont été édités tel que le « Sepher HaBahir » « Sepher ha' Hesed » et des commentaires importants sur le « Sepher HaYetsira ».

En France, un type de mysticisme contemplatif était développé avec la méditation sur les prières et les *Sephirot*. En Espagne, un effort fut fait pour rapprocher les idées principales de la Kabbalah au public. En Allemagne, Rabbi El'azar de Worms déclara que Dieu est plus près de l'univers et de l'homme, que l'âme est au corps.

Les Kabbalistes de *Tsfat*
1500, *Tsfat*, Israel
Après l'expulsion d'Espagne en 1492, certains Kabbalistes espagnols importants comme Rabbi Moshe Kordovero, Rabbi Shlomo Alkabetz et Rabbi Yoseph Karo déménagèrent à la ville de *Tsfat* en Israel. Là, une école de Kabbalah fut fondée et qu'on nomma « Nouvelle Kabbalah » ou « Kabbalah de *Tsfat* ». C'est l'ère d'or de la Kabbalah. Après cette première génération, Rabbi Its'hak Louria Ashkenazi, le Ari Z'al, qui naquit à Jérusalem, devint le principal Kabbaliste de *Tsfat*. Il expliqua et clarifia tous les principaux concepts de la Kabbalah, et innova également dans l'explication des *Sephirot* et des *Partsoufim* (configurations). Il est l'auteur du corpus « Ets 'Haim » qui contient tous ses écrits dans le modèle de Sha'arim (entrées), et est aujourd'hui la référence principale en Kabbalah.

Shabbetai Tsevi
1626-1676

Pendant le 16ème siècle avec la venue de Shabbetai Tsevi, qui fut appelé le « Messie Kabbalistique », la communauté juive fut divisée entre ses disciples et les « non-croyants ». Après s'être converti à l'Islam, ce faux Messie causa une grande déception et méfiance envers les enseignements de la Kabbalah. Les autorités rabbiniques à cette époque devinrent encore plus sévères envers l'étude de la Kabbalah, et certains furent même persécutés pour apprendre ou écrire sur ce sujet.

Mouvement 'Hassidique
1700, Europe de l'Est

La période 'Hassidique commença ave le Ba'al Shem Tov, le fondateur du mouvement Hassidique. Il déclara que l'univers, l'esprit, et la matière étaient une manifestation de Dieu, et que celui qui pense que sa vie est sans valeur, est dans l'erreur. Elle vaut vraiment la peine d'être vécue ; il faut seulement savoir comment l'utiliser correctement. Les enseignements du Baal Shem Tov étaient en grande partie basés sur les enseignements Kabbalistiques du Ari Z'al, mais son approche rendait ces enseignements davantage accessibles au juif le plus simple. Certains autres chefs importants qui ont fondé leur propre mouvement Hassidique sont Rabbi Na'hman de Breslev, petit-fils du Baal Shem Tov et Rabbi Shneur Zalman de Liadi, le « Ba'al HaTanya », fondateur du mouvement 'Habad Lubavitch.

Maîtres en Europe

Durant la même période, il y avait d'autres autorités importantes de Kabbalah dans d'autres parties d'Europe, telles que le Ram'hal - Rabbi 'Haim Luzzatto qui habita l'Italie et Amsterdam. Dès son jeune âge, le Ram'hal démontra un talent exceptionnel pour l'étude de la Kabbalah ; il est dit que quand il avait seulement quatorze ans, il connaissait déjà toute la Kabbalah du Ari Z'al par coeur, et personne n'était au courant, pas même ses parents. Il était un auteur très prolifique et écrit sur tous les aspects de la *Torah* et de la Kabbalah ; cependant, en raison de fausses accusations, il fut tristement persécuté pendant la majeure partie de sa courte vie.

Rabbi Eliyahu de Vilna - le Gaon de Vilna qui naquit en Lituanie était l'un des chefs principaux des *Mitnagdim* (adversaires au mouvement 'Hassidique). Il est considéré comme l'un des plus grands érudits de *Torah* et Kabbalah des deux derniers siècles.

Maîtres Sépharades
1700 - Afrique moyenne et du nord
Sur l'autre continent, l'étude de la Kabbalah et surtout du Zohar fut également largement répandue. Quelques disciples importants sont Rabbi Shalom Shar'abi - Rashash originaire du Yémen, il est reconnu comme le « maître des Kavanot ». Rabbi *Ya'acov* Abe'htsera, né au Maroc. Il composa des travaux sur toutes les facettes de la *Torah*, y compris des commentaires importants sur les explications Kabbalistique de la *Torah*. Aussi du Maroc, Rabbi 'Haim Ben'atar - ou Or Ha'Haim. Le Ba'al Shem Tov était convaincu que le Or Ha'Haim était le Mashia'h de cette génération. Son travail principal est le commentaire sur la *Torah* ; « Or Ha'Haim». Rabbi Yosef 'Haim - le Ben Ish'Hai, né en Irak. Il expliqua les *Halakhot* (lois) au niveau Kabbalistique, mais dans un langage accessible.

Depuis le début de ce siècle, Israel est considéré comme le centre principal de la Kabbalah. Un des plus importants Kabbalistes contemporain était Rabbi Yehudah Ashlag, qui naquit en Pologne en 1886, et décéda en Israel en 1955. Sa principale oeuvre est la traduction de tout le Zohar de l'Araméen à l'Hébreu, appelé « HaSoulam ». D'autres importants Kabbalistes sont : Rabbi Israel Abe'htsera - Baba Sale (1890-1984), Rabbi Yehudah Tzvi Brandwein

(1904-1969), Rabbi Avraham Yitshak HaCohen (1865-1935), Rabbi Yehudah Fatiyah (1859-1942) et d'autres.

Chacun de ces grands disciples de Kabbalah apporta ses propres explications et innovations à cette merveilleuse science. Tous ensemble, ils ont laissé une richesse d'écrits sur la Kabbalah qui, nous espérons un jour, seront plus disponibles à l'étudiant et chercheur sérieux de la véritable Kabbalah.

Kabbalistes

Depuis la publication du Zohar par Rabbi Shim'on Bar Yo'hay, divers auteurs ont apporté leur contribution en expliquant et développant encore plus les concepts de la Kabbalah.

Rabbi Shim'on Bar Yo'hay
Né en Galilée, décéda à Meron, Israel pendant le 2ème siècle.
Rabbi Shim'on Bar Yo'hay était un disciple de Rabbi 'Akiva. Pour échapper aux Romains, il entra se cacher avec son fis Rabbi El'azar dans une caverne pendant treize ans. Pendant ce temps, il composa le Zohar, qui est l'explication ésotérique et mystique de la *Torah*, et la base de la plupart des écrits de Kabbalah.

Rabbi Moshe Ben Na'hman (Na'hmanides) – Ramban
Né à Gerona en 1195, décéda en Israel en 1270
Comme la Rambam qui le précédait, il était médecin et grand érudit de la *Torah*. Cependant, autrement que le Rambam, il était également érudit dans le Zohar et la Kabbalah et écrit un commentaire mystique sur la *Torah*. Le Ari Z'al avait confirmé la profondeur et la fiabilité de la partie mystique des commentaires du Ramban sur la *Torah*. Na'hmanides avait également déclaré que c'est une *Mitsvah* d'habiter en Israel. Il y déménagea et y vécut jusqu'à la fin de sa vie.

Rabbi Moshe de Leon
Né en Espagne, 1240 - 1305
Rabbi Moshe de Leon a édité les manuscrits du Zohar qui vinrent en sa possession. Certains le créditent comme en étant l'auteur, mais ce n'est point l'opinion des principaux Kabbalistes.

Rabbi Abraham Abul'afia

Né à Saragossa en 1240, décéda en Grèce après 1291. Rabbi Abraham Abul'afia fut le précurseur de ce qui est appelée « la Kabbalah prophétique » où les combinaisons et permutations d'*Autiot* (lettres), les chiffres et les *Nikoud* (voyelles) sont des symboles qui expliquent et révèlent les significations ésotériques les plus profondes. Certains de ses travaux les plus connus sont « Sefer ha-Ot » et « Imre Shefer ».

Rabbi Yosef Gikatila

Né à Castille, 1248 - 1310

Entre 1272 et 1274, Rabbi Yosef Gikatila étudia avec Rabbi Abraham Abul'afia, qui le considéra comme son meilleur étudiant. Il a écrit « Ginat Egoz », « Shaarei Orah », « Shaarei Tzedek », et « Shaar HaNikud ». Il était apparemment ami avec Rabbi Moshe de Leon.

Rabbi Moshe Kordovero

Né en 1522, décéda à *Tsfat* en 1570.

Rabbi Moshe Kordovero était le fondateur de l'académie de Kabbalah à *Tsfat*. Il avait prévu la venue des enseignements du Ari Z'al et admit à l'avance leur exactitude. Certains de ses principaux travaux sont « Tomer Deborah », «Pardes Rimonim », et « Or Yakar ».

Ari Z'al - Rabbi Its'hak Louria Ashkenazi

Né à Jérusalem en 1534, décéda en 1572 à *Tsfat*.

Le Ari Z' Al, Rabbi Its'hak Louria Ashkenazi était le principal Kabbaliste à *Tsfat* ; il a expliqué et clarifié tous les principaux concepts de la Kabbalah. Il a également innové dans l'explication des *Sephirot* et *Partsoufim* (configurations). Il est l'auteur du corpus « Kitve HaAri », qui contient tous ses travaux selon des Sha'ar (entrées ou portes). Ses travaux principaux sont « 'Ets 'Haim », « Sha'ar Hagilgulim » « Sha' ar Hakavanot ».

Rabbi Meir Poppers
Décéda en Israel en 1622.
Rabbi Meir Poppers était un des Kabbalistes importants du cercle du Ari Z'al. Il est surtout connu pour avoir mis en ordre les manuscrits des enseignements du Ari Z'al de Rabbi 'Haim Vital, et de les avoir fait imprimer. Rabbi Meir écrit lui-même plusieurs travaux importants de Kabbalah.

Rabbi Shmuel Vital
Né à Damas, décéda en Egypte au 17ème siècle
Rabbi Shmuel Vital était le fils de Rabbi 'Haim Vital. Il avait hérité de plusieurs manuscrits de son père sur les enseignements Kabbalistiques du Ari Z' Al. Il classa ces derniers en huit catégories, connues sous le nom de Shmoneh She'arim (huit portes). Il a également écrit plusieurs travaux de Kabbalah.

Ba'al Shem Tov
Rabbi Israel Ben Eliezer
Né en 1698 en Russie, décéda en Ukraine en 1760
Le Ba'al Shem Tov fut le fondateur du mouvement Hassidique. Il perçût l'univers entier, esprit et matière comme étant une manifestation de Dieu, et que celui qui prétend que sa vie est sans valeur est dans l'erreur. Elle a une grande valeur ; il faut seulement savoir l'utiliser correctement. Une légende vivante : le Ba'al Shem Tov passa la majeure partie de sa vie dans la vénération, au service de Dieu, dans l'enseignement à ses disciples et dans la bénédiction de milliers de fidèles qui venaient pour le voir. Une de ses énonciations préférées était qu'aucun homme n'est descendu trop bas pour ne plus pouvoir s'élever à Dieu.

Rabbi Moshe 'Haim Luzzatto – Ram'hal
Né à Padoue, Italie en 1707, décéda en Israel en 1746.
Rabbi Moshe 'Haim Luzzatto démontra très tôt un talent exceptionnel pour l'étude de la Kabbalah. On dit que quand il avait seulement quatorze ans, il connaissait déjà toute la Kabbalah du Ari Z'al par coeur, et personne ne le savait, pas même ses parents. Il était un auteur très prolifique et a écrit sur tous les aspects de la *Torah* et de la Kabbalah. Certains de ses travaux principaux sont « Kala'h Pit'he *Hokhma*», « Klalut Hailan », et « Adir Bamaron ».

Rabbi Eliyahu de Vilna - le Gaon de Vilna
Né à Vilna, Lithuanie, décéda à Vilna en 1797.
Rabbi Eliyahu de Vilna était l'un des chefs principaux des Mitnagdim (adversaires au mouvement 'Hassidique). Il est considéré comme un des plus grands érudits de *Torah* et Kabbalah des deux derniers siècles. Parmi ses travaux sur la Kabbalah, on retrouve « Kitvei HaGra Be'eniene Kabbalah »

Rabbi Shalom Shar'abi - Rashash
Né à Shar'ab, Yémen en 1720, mort à Jérusalem en 1777.
Après avoir quitté le Yémen, Rabbi Shalom Shar'abi se joint à la Yeshiva des Mekubalim « Beth El» à Jérusalem. Il est connu comme le « maître des Kavanot ». Son « Siddur HaRashash » est le Siddur (livre de prières) employé par plusieurs Kabbalistes pour leurs prières quotidiennes, et est basé sur les Kavanot du Ari Z'al.

Rabbi Shneur Zalman de Liadi - le Alter Rebbe
Né en Russie en 1745, mort en Russie en 1813.
Rabbi S. Zalman de Liadi est aussi appelé « Baal HaTanya », il est le fondateur du mouvement 'Habad - Lubavitch et était un descendant du Maharal de Prague. Il a étudié sous le Maggid de Mezritch les écritures du Ari Z'al, et a composé le « Tanya ».

Rabbi Na'hman de Breslev
Né en Russie en 1772, mort à Uman, Russie en 1811
Rabbi Na'hman était l'arrière petit-fils du Ba'al Shem Tov. Il donna une plus grande importance au « *Dvekout* » (attachement à Dieu) et la pure joie. Certains de ses travaux principaux sont « Likutey Moharan », «*Tikoun* HaKlali », et ses histoires et fables bien connues.

Rabbi *Ya'acov* Abe'htsera
Né au Maroc en 1808, mort à Dimanhur, Egypte en 1880.
Rabbi *Ya'acov* était un Kabbaliste renommé pour sa piété et pour faire des miracles. Il composa des travaux sur toutes les facettes de la *Torah*, y compris des commentaires importants sur les explications Kabbalistiques de la *Torah*. Certaines de ses œuvres principales sont « Makhsof HaLavan » et « Pitu'he 'Hotam ».

Rabbi Yosef 'Haim - Ben Ish 'Hai
Né et mort en Irak 1834 - 1909
Ben Ish Hai était un auteur prolifique qui écrivait à une vitesse incroyable. On disait qu'il finissait d'écrire une page complète avant que l'encre au-dessus de la page ait séchée. Il expliqua les Halakhot (lois) au niveau Kabbalistique, mais dans un langage accessible.

Rabbi Yehoudah Ashlag
Né en Pologne en 1886, mort en Israel en 1955.
Rabbi Yehoudah Ashlag était l'un des principaux Kabbalistes contemporains. Son travail principal est la traduction de tout le Zohar de l'Araméen à l'Hébreu «HaSulam » et «Talmud 'Eser Ha*Sephirot* ».

Translitération des lettres

Lettre	Nom	Équivalence	Translitération
א	Aleph	A, O, E, I	A, O, E, I
ב	Beit	B, V	B, V
ג	Gimel	G	G
ד	*Dalet*	D	D
ה	He	H	H
ו	*Vav*	V	V
ז	Zain	Z	Z
ח	'het		'h
ט	Tet	T	T
י	*Yud*	Y	Y
כ	Khaf	C, K, KH	C, K, KH
ל	Lamed	L	L
מ	*Mem*	M	M
נ	Nun	N	N
ס	Samekh	S	S
ע	'ain		'
פ	Pey	P, F	P, F
צ	Tsadey	TS	TS
ק	Kuf	C, K	C, K
ר	Resh	R	R
ש	Shin	S, SH	S, SH
ת	Tav	T	T

DICTIONNAIRE
Hébreu / Araméen – Français

Hébreu / Araméen Phonétique	L	Dictionnaire
א"א A"A	A	**Partsouf Arikh Anpin** Initiales
א"ס E"S	H	**Ein Sof, Sans fin ou limite - Infini** Initiales
א"ק A"K	A	**Adam Kadmon** Initiales
אבא Abah	A	**Partsouf Abah** L'un des cinq principaux *Partsoufim* (configurations). Il s'agit de la *Sephira 'Hokhma*. Il habille le bras droit (*'Hesed*) du *Partsouf Arikh Anpin*. Ses trois *Sephirot* inférieures - *NHY* (*Netsa'h, Hod, Yesod*) sont à l'intérieur de *NHY* de *Partsouf Imah*, et ensemble, ils forment les *Mo'hin* (cerveaux) de *Partsouf Z'A*. Son *Zivoug* (union) avec *Partsouf Imah* est constant. *Partsouf Abah* est formé de deux aspects du nom de *MaH* (45). Du premier aspect, il fut créé, et du deuxième, fut créé un autre *Partsouf, Israël Saba*. Voir *Abah* ve *Imah*, *Partsouf*, *Zivoug*
אבא ואמא Abah ve Imah	A	**Partsouf Abah et Imah** Ces deux *Partsoufim* (configurations) sont essentiels pour la direction des mondes, ils sont le lien entre *Partsouf Arikh Anpin* qui est la configuration principale, et *Partsouf Zeir Anpin* qui

Hébreu / Araméen *Phonétique*	L	Dictionnaire
		communique ces émanations aux mondes par son *Zivoug* (union) avec le *Partsouf Noukva*. *Abah* est la *Sephira 'Hokhma*, *Imah* est la *Sephira Binah*. Ils ont été crées par le *Zivoug* (union) du *Partsouf Arikh Anpin* avec sa *Noukva* (féminin), *Abah* est l'aspect masculin, et *Imah*, l'aspect féminin. Ils sont construits à partir des aspects des noms de *MaH* (45) et *BaN* (52), et sont influencés par les lumières de *Partsouf Arikh*. À partir des bras (*Sephirot 'Hesed* et *Gevourah*) de *Arikh Anpin*, des émanations créèrent leur *HBD* ('*Hokhma, Binah, Da'at*), et à partir de celles de *Tiferet*, leur corps. C'est une première émanation pour les construire ensemble. Il y a une seconde émanation pour les construire comme des *Partsoufim* séparés. De la première partie des *Sephirot 'Hesed* et *Gevourah* de *Arikh*, seront constitués les *HBD* (*Hokhma, Binah, Da'at*) de *Abah* et *Imah*, de la deuxiéme partie leur *HGT* ('*Hesed, Gevourah, Tiferet*), et à partir de la troisième partie leur *NHY* (*Netsa'h, Hod, Yesod*). *Abah* comporte deux aspects du nom de *MaH* (45). *Partsouf Abah* est de deux aspects du nom de *MaH* (45). Du premier aspect, il fut créé, et du deuxième, fut créé un autre *Partsouf, Israël Saba*. De même, à partir du premier *BaN* (52) *Imah* fut

Hébreu / Araméen *Phonétique*	L	Dictionnaire
		créée, et à partir du deuxième, un autre *Partsouf*, *Tevounah*. Pour communiquer leurs émanations, il existe pour *Abah* et *Imah* deux genres de *Zivoug* (unions). Le *Zivoug* constant est appelé extérieur – pour la subsitance des mondes - l'autre est appelé intérieur - pour le renouvellement des *Mo'hin* (cerveaux) de *Z'uN* (*Zeir Anpin* et Noukva).
		Il y a différents états de croissance pour le *Partsouf Z'A*, dans sa première croissance, il reçoit ses *Mo'hin* des *Partsoufim ISOT* (*Israël Saba* et *Tevounah*), pour sa deuxième et plus importance croissance, il les recoit directement de *Abah* et *Imah* *Voir Partsouf, Zivoug*
אבולעפיה *Abul'afia*	H	**Rabbi Abraham Abul'afia** Né en 1240 à Saragosse, en Aragon, et décédé en Grèce après 1291. Il est le précurseur de ce qu'on appelle la "Kabbalah prophétique", où les combinaisons et les permutations des *Autiot* (lettres), des chiffres et *Nikoud* (voyelles) sont des symboles qui expliquent et divulguent le sens ésotérique le plus profond. Certaines de ses œuvres les plus connues sont: "Sefer ha-Ot" et "Imre Shefer".

Hébreu / Araméen *Phonétique*	L	Dictionnaire
אבחנה *Av'hana*	H	***Discernement*** Compréhension des significations plus profondes - interprétation kabbalistique.
אבי"ע *ABYA*	H	***Atsilout, Bériah, Yetsirah et Asiah*** Initiales des quatre mondes.
אביחצירא *Abe'htsera*	H	***Rabbi Ya'acov Abe'htsera*** Né au Maroc en 1808, mort à Dimanhur, en Egypte en 1880. Rabbi *Ya'acov* fut un kabbaliste reconnu pour sa piété et pour accomplir des miracles. Il a composé des œuvres sur toutes les facettes de la *Torah*, y compris d'importants commentaires sur l'explication Kabbalistique de la *Torah*. Certaines de ses œuvres majeures sont "Makhsof HaLavan", "Pitu'he 'Hotam".
אבן אבנים *Even Avanim*	H	***Pierre de pierre*** Terme utilisé pour l'entêtement, ou pour caractériser celui qui n'est ni disposé ni prêt à écouter ou à apprendre.
אבר *Ever*	H	***Organe - Membre (Anthropomorphisme)*** Dans le langage de la Kabbalah, les anthropomorphismes ne sont utilisés que pour illustrer la puissance ésotérique de ces forces. Il est bien entendu, qu'il n y a aucune existence physique à ces niveaux plus élevés. Ainsi,

Hébreu / Araméen *Phonétique*	L	Dictionnaire
		lorsque des termes tels que bouche, oreilles, ou d'autres parties du corps sont utilisés, l'intention est de décrire la métaphore, ou la position que ces membres symbolisent.
אברהם *Avraham*	H	**Avraham** Le premier patriarche. l'un des premiers livres de Kabbalah "Sepher HaYetsira" le "Livre de la Formation" lui est attribué. Il est représenté par la *Sephira 'Hesed.*
אברים *Evarim*	H	**Organes – Membres** *Voir Ever*
אגדה *Agadah*	H	**Légende** On l'utilise également pour nommer la Kabbalah.
אדם *Adam*	H	**Homme - Humain** Un microcosme des lumières et configurations supérieures.
אדם הראשון *Adam HaRishon*	H	**Le Premier Homme** Représentation du *Partsouf* (configuration) *Zeir Anpin* dans le livre de Bereshit. Au début, toutes les âmes étaient à l'intérieur d'Adam HaRishon. Quand il a péché, certaines sont tombées dans les *Klipot* (le monde négatif), et certaines sont restées en lui.

Hébreu / Araméen *Phonétique*	L	Dictionnaire
אדם קדמון *Adam Kadmon*	A	*L'Homme primordial –Monde au-dessus de Atsilout*

L'Homme primordial –Monde au-dessus de Atsilout

Après être entré dans le *'Hallal* (espace vacant) et avoir fait les dix *Sephirot* encerclantes, le *Kav* (rayon) a maintenu sa forme droite et fait dix autres *Sephirot*, mais cette fois-ci dans une disposition linéaire. Elles ont été réparties en trois colonnes: droite, gauche et centre, pour représenter la direction du monde dans la manière de *'Hesed, Din* et *Ra'hamim* (bonté, rigueur et miséricorde). Cette première émanation est l'origine de toutes les autres émanations Cette première configuration, ou le premier monde où les lumières émanées furent formées en dix *Sephirot*, est appelée *Adam Kadmon* (Homme primordial). Il est l'union entre le *Reshimou* (empreinte) et le *Kav* (rayon). De cette première configuration, tous les autres mondes vinrent à exister.

Adam Kadmon étant si proche de l'*Ein Sof*, nous ne pouvons rien saisir de sa nature. Notre compréhension ne commence qu'à partir des émanations qui se sont dégagées de lui par la voie de ses sens, et qui sont appelées ses branches. Ces quatre branches sont: la vue, l'ouïe, l'odorat et la parole. Ils se répandirent à partir de ses yeux, ses oreilles, son nez et sa bouche. Dans le langage de la Kabbalah, nous

Hébreu / Araméen *Phonétique*	L	Dictionnaire

utilisons les noms des parties du corps uniquement pour illustrer les pouvoirs ésotériques de ces forces.

On comprend, naturellement, qu'il n y a pas d'existence physique à ces niveaux. Quand nous disons oreilles, bouche, ou toute autre expression physique, l'objectif est de décrire le sens intérieur ou la position qu'ils représentent.

De l'oreille, sont sorties des lumières de l'aspect du nom *SaG* (63), dix *Sephirot* linéaires de l'oreille gauche, et dix *Sephirot* encerclantes de l'oreille droite.

Du nez, sont également sorties des lumières de l'aspect du nom de *SaG* (63), dix *Sephirot* encerclantes de la narine droite et dix linéaires de la narine gauche. Les lumières des *Sephirot* encerclantes sont d'un aspect supérieur, ce qui explique pourquoi elles sont sorties du côté droit, le côté de *'Hesed* (bonté), par opposition à la gauche, qui est le côté de *Gevourah* (rigueur).

Dans les émanations (lumières) des oreilles et du nez, il n y a pas encore de concept de *Keli*.

De la bouche, sont également sorties des lumières de l'aspect du nom de *SaG* (63), dix *Sephirot* linéaires, et dix encerclantes.

Des yeux, sont sorties des lumières de l'aspect du nom de *BaN* (52). Ces lumières féminines ont causé la *Shvirat Hakelim* (brisure des récipients).

Hébreu / Araméen *Phonétique*	L	Dictionnaire
		Du front, des lumières sont sorties de l'aspect du nom de *MaH* (45). Ces lumières masculines feront le *Tikoun* (rectification) des *Sephirot* brisées, et ensembles avec *BaN* feront tous les *Partsoufim* (configurations) pour la direction des mondes. À partir de ces émanations, les quatre autres mondes de *Atsilout* (émanation), *Bériah* (création), *Yetsirah* (formation) et '*Asiah* (action) se déploieront.
אדמה *Adamah*	H	***Terre*** Fait à partir des mots Adam (homme) et la lettre ה (5) - les cinq niveaux de l'âme.
אדן *Adon*	H	***Seigneur*** Un des noms de Dieu, Il est le Seigneur sur toute Sa création.
אדנ- י *Adona-y*	H	***Adona-y*** Un des noms de Dieu, représenté par la *Sephira Malkhout*.
אהבה *Ahavah*	H	***Amour*** Nom d'un *Hekhal* (portail). Cinquième des sept *Hekhalot*, correspondant à la *Sephira 'Hesed*. Chaque monde (*Atsilout*, *Bériah*, *Yetsirah*, '*Asiah*) est construit à partir de quatre aspects: *Partsouf*

Hébreu / Araméen *Phonétique*	L	Dictionnaire

(configuration), *Levoush* (vêtement), *Or Makif* (lumières encerclantes), et *Hekhalot*.

Dans chaque *Partsouf,* il y a intériorité et extériorité, l'extériorité est toujours de l'aspect de la *Sephira Malkhout*, et les *Hekhalot* sont les ramifications des *Malkhout* des *Partsoufim*.

Les *Hekhalot* sont aussi les différents niveaux d'ascension des *Tefilot* (prières) avant d'atteindre le septième *Hekhal* (portail) final; *Kodesh Hakodashim*.

Leur principale fonction est de permettre l'adhésion et l'attachement, par divers moyens particuliers au cours des *Tefilot*, jusqu'au monde de *Atsilout* (à l'*Amidah*).

Les *Neshamot* et les anges ont leur racine dans les *Hekhalot*, chacun selon son niveau.

אהי"ה דאלפין
EHY' H
de Alphin

H

Épellation du nom de אהי"ה ***en utilisant la lettre*** ה

אלף הא יוד הא

Il s'agit du *Milouy* (épellation) du nom אהי"ה avec la lettre *Aleph*. Il correspond à la *Sephira Keter*. C'est le *Milouy* de l'extériorité de la troisième tête (*Avirah*) du *Partsouf Arikh Anpin*.

Voir Tikoun, Arikh Anpin

אהי-ה
AHY-H

H

AHY-H
Un des noms de Dieu, représenté par la *Sephira Keter*.

Hébreu / Araméen *Phonétique*	L	Dictionnaire
או"א *Av"I*	H	***Partsoufim Abah et Imah*** Initiales
אודנין *Udnin*	A	***Oreilles*** *Voir Orot HaOzen*
אוזן *Ozen*	H	***Oreille*** *Voir Orot HaOzen*
אוזן חוטם פה *Ozen, 'Hotem, Pey*	H	***Oreille, nez, bouche*** Après être entré dans le *'Hallal* (espace vacant) et avoir fait les dix *Sephirot* encerclantes, le *Kav* (rayon) a maintenu sa forme droite et fait dix autres *Sephirot*, mais cette fois dans une disposition linéaire. Elles furent disposées en trois colonnes: droite, gauche et centre, représentant la direction du monde à la manière de *'Hesed, Din* et *Ra'hamim* (bonté, rigueur et miséricorde). Cette première configuration, ou le premier monde ou les lumières émanées furent formées en dix *Sephirot*, est appelé *Adam Kadmon* (Homme primordial). Il est l'union entre le *Reshimou* (empreinte) et le *Kav* (rayon). De cette première configuration, tous les autres mondes vinrent à exister. *Adam Kadmon* étant si proche de l'*Ein Sof*, nous ne pouvons rien saisir de sa nature. Notre compréhension ne commence qu'à partir des

Hébreu / Araméen *Phonétique*	L	Dictionnaire

émanations qui sont sorties de lui par la voie de ses sens, et qui sont appelées ses branches. Ces quatre branches sont: vue, ouïe, odorat et parole. Elles se répandirent à partir de ses yeux, ses oreilles, son nez et sa bouche. Dans le langage de la Kabbalah, nous utilisons les noms des parties du corps uniquement pour illustrer les pouvoirs ésotériques de ces forces.

On comprend, naturellement, qu'il n y a pas d'existence physique à ces niveaux. Quand nous disons oreilles, bouche, ou toute autre expression physique, l'objectif est de décrire le sens intérieur ou la position qu'ils représentent. De l'oreille, sont sorties des lumières de l'aspect du nom *SaG* (63), dix *Sephirot* linéaires de l'oreille gauche, et dix *Sephirot* encerclantes de l'oreille droite.

Du nez, sont également sorties des lumières de l'aspect du nom de *SaG* (63), dix *Sephirot* encerclantes de la narine droite et dix linéaires de la narine gauche. Les lumières des *Sephirot* encerclantes sont d'un aspect supérieur, ce qui explique pourquoi elles sont sorties du coté droit, le côté de *'Hesed* (bonté), par opposition à la gauche, qui est le côté de *Gevourah* (rigueur). Dans les émanations (lumières) des oreilles et du nez, il n y a pas encore de concept de *Keli* (récipient).

Hébreu / Araméen *Phonétique*	L	Dictionnaire

De la bouche, sont aussi sorties des lumières de l'aspect du nom de *SaG* (63), dix *Sephirot* linéaires, et dix encerclantes.

Des yeux, sont sorties des lumières de l'aspect du nom de *BaN* (52). Ces lumières féminines ont causé la *Shvirat Hakelim* (brisure des récipients).

Du front, des lumières sont sorties de l'aspect du nom de *MaH* (45), ces lumières masculines feront le *Tikoun* (rectification) des *Sephirot* brisées, et ensemble avec *BaN* feront tous les *Partsoufim* (configurations) pour la direction des mondes.

À partir de ces émanations, les quatre autres mondes de *Atsilout* (émanation), *Bériah* (création), *Yetsirah* (formation) et '*Asiah* (action) se déploieront.

Voir Orot Ha'Enayim, Orot HaOzen, Orot HaOzen, Orot HaPeh.

אויר
Avir H **Air - Espace**

Dans l'espace entre les *Sephirot Keter* et '*Hokhma* du *Partsouf* (configuration) *Arikh Anpin*, il y a la *Sephira Da'at* de *Partsouf* '*Atik*.

אוירא
Avirah H **Deuxième des trois têtes du Partsouf Arikh Anpin**

Avirah est dans l'espace entre les *Sephirot Keter* et '*Hokhma* de *Partsouf* (configuration) *Arikh Anpin*. *Sephira Da'at* de *Partsouf* '*Atik* y est habillée.

Hébreu / Araméen *Phonétique*	L	Dictionnaire
		Ces trois têtes sont les racines de la direction de bonté, rigueur et miséricorde. Elles émanent d'*Arikh Anpin* à *Abah* et *Imah*, et de là, aux *Mo'hin* (cerveaux), de *Z'A*. Ces trois têtes sont les premiers *Tikoun* (actions) de *Partsouf Arikh Anpin*: 1 - *Goulgolta* - *Keter* de *Arikh Anpin* 2 - *Avirah* - Dans l'espace entre *Keter* et *'Hokhma* de *Arikh Anpin*, il y a *Da'at* de *'Atik* 3 - *Mo'ha* – *'Hokhma* de *Arikh Anpin* Pour chaque tête, il y a trois niveaux de lumières: intérieure, encerclante (*Makif*), et encerclante de l'encerclante (*Makif le Makif*). Le nom י-ה-ו-ה représente l'intériorité. Le nom א-ה-י-ה l'encerclant. Selon leurs voyelles, elles correspondent à l'une des trois têtes. Lorsque les premières lettres ont les voyelles prononcées telles que et (voyelle) Segol au lieu de *Tsere*. Le *Milouy* (orthographe) a des voyelles telles que prononcées. Le *Milouy* a *Kamatz* comme voyelle. C'est la deuxième tête –*Avirah*.
אור *Or*	H	***Lumière*** Terme utilisé pour décrire une émanation, une force ou énergie.

Hébreu / Araméen *Phonétique*	L	Dictionnaire
אור חוזר *Or 'hozer*	H	***Lumière retournante*** Les émanations qui sortirent de la bouche de *Adam Kadmon* furent dix *Sephirot* intérieures et dix *Sephirot* encerclantes, de l'aspect des *Ta'amim* (cantillation) inférieurs. Après leur sortie, elles retournèrent à l'intérieur de la bouche pour être complétées et ressortir de nouveau. Elles sont appelées "lumières retournantes". Quand elles sont remontées à leur origine, chacune de ces lumières a laissé sa propre trace. Ces traces qui ne sont pas retournées s'épaissirent, et avec les étincelles des lumières retournantes supérieures ont fait les *Kelim*. Les lumières émanent des royaumes supérieurs, aux êtres inférieurs, de deux manières différentes : avec miséricorde, quand elles font face aux receveurs et leur transmettent la lumière d'une manière linéaire, elles sont appelées "lumières linéaires". Lorsque les *Sephirot* attirent les lumières face vers le haut, et transmettent les lumières par leur arrière, ils sont de l'aspect de rigueur et sont appelées "lumières retournantes".
אור ישר *Or Yashar*	H	***Lumière droite – linéaire.*** Les *Sephirot* attirent les lumières des domaines supérieurs jusqu'aux êtres inférieurs de deux façons différentes: avec miséricorde, quand elles font face aux receveurs en leur transmettant la

Hébreu / Araméen *Phonétique*	L	Dictionnaire

lumière de façon linéaire, elles sont appelées "lumières linéaires". Avec rigueur, quand elles font face vers le haut et transmettent la lumière de leur arrière, elles sont appelées "lumières retournantes ".

Pour les *Sephirot,* il existe deux types de lumières encerclantes: linéaires et retournantes. La lumière linéaire qui n'est pas entrée dans le *Keli* (récipient), entoure sa *Sephira* et toutes celles qui sont en-dessous. La lumière retournante, qui est entrée et ressortie de son *Keli,* entoure seulement sa *Sephira.* Par conséquent, chaque *Sephira* a une lumière intérieure et deux lumières encerclantes.

אור מקיף
Or Makif H ***Lumière encerclantes***

Dans la première émanation d'*Adam Kadmon*, les lumières des *Sephirot* encerclantes qui sont d'un aspect supérieur, sont sorties du côté droit, le côté de *'Hesed* (bonté), par opposition à la gauche, qui est du côté de *Gevourah* (rigueur). Pour chaque *Sephira* et *Partsouf,* existent des lumières intérieures et encerclantes. Quand un *Partsouf* reçoit ses *Mo'hin* (cerveau) d'un *Partsouf* supérieur, une partie de sa lumière *NHY* (*Netsa'h, Hod, Yesod*) entre en lui, tandis que les autres parties *HGT* (*'Hesed, Gevourah, Tiferet*) et *HBD* (*Hokhma, Binah, Da'at*)) ne rentrent pas, mais l'entourent.

Hébreu / Araméen *Phonétique*	L	Dictionnaire

Quant à *Z'A*, lorsque ses *Mo'hin* lui sont donnés par *Abah* et *Imah* ou *ISOT*, ils ne rentrent pas complètement en lui. Seules les *Sephirot NHY* le font, les *HBD* et *HGT* restent au-dessus de lui, entourant sa tête. Ses *Mo'hin* sont appelés ses צ ל ם. Le *NHY* qui est composé de neuf parties correspondant à צ, se répandent dans les neuf *Sephirot Z'A*. Les encerclants לם, n'ont pas besoin de se diffuser en lui, et restent à l'extérieur en un arrangement de trois colonnes, bonté, rigueur et miséricorde. *HGT* fait son premier encerclement et correspond à ל, *KHBD* (*Keter*, *Hokhma*, *Binah*, *Da'at*) fait son deuxième encerclement et correspond à ם.

Pour une *Sephira*, il existe deux types de lumières encerclantes: linéaires et retournantes. La lumière linéaire, qui n'est pas entrée dans le *Keli* (destinataire), entoure sa *Sephira* et toutes celles en-dessous. La lumière retournante, qui est entrée et sortie du *Keli*, encercle seulement sa *Sephira*. Ainsi, chaque *Sephira* a une lumière intérieure et deux lumières encerclantes.

La différence entre la lumière circulaire et le *Levoush* (vêtement) est que la lumière encerclante soutient le *Keli*, alors que le *Levoush* est comme un rideau qui le protège de l'extérieur ou des lumières négatives.

Hébreu / Araméen *Phonétique*	L	Dictionnaire
אור עליון *Or 'Elyon*	H	**Lumière supérieure** C'est la première lumière qui a laissé son *Reshimou* (empreinte), dans le *'Hallal* (espace vide) après le *Tsimtsoum* (rétraction). *Voir Reshimou, Hallal, Kav, Tsimtsoum*
אור פנימי *Or Pnimi*	H	**Lumière intérieure** Les lumières qui entrent et font la lumière intérieure du *Partsouf* sont NHY *(Netsa'h, Hod, Yesod)* du *Partsouf* supérieur. Les HBD *(Hokhma, Binah, Da'at)* et HGT *('Hesed, Gevourah, Tiferet)* du *Partsouf* supérieur qui ne rentrent pas, l'entourent, et sont appelées lumières encerclantes.
אורות *Orot*	H	**Lumières** *Voir Or*
אורות האוזן *Orot HaOzen*	H	**Lumières de l'oreille** De l'oreille de *Adam Kadmon* sont sorties dix *Sephirot* linéaires de l'oreille gauche, et dix *Sephirot* encerclantes de l'oreille droite, elles sont descendues vers le bas jusqu'à la barbe sur le menton. Elles sont de l'aspect des *Ta'amim* (cantillations) supérieurs et du nom de SaG (63).
אורות החוטם *Orot*	H	**Lumières du Nez** Du nez de *Adam Kadmon* sont sorties dix *Sephirot* linéaires de la narine gauche, et dix

Hébreu / Araméen *Phonétique*	L	Dictionnaire
Ha'Hotem		*Sephirot* encerclantes de la narine droite, elles sont descendues jusqu'à la poitrine, plus rapprochées que celles des oreilles, mais encore séparées. Elles sont de l'aspect des Ta'amin (cantillations) du milieu et du nom de *SaG* (63)
אורות המצח *Orot HaMetsa'h*	H	**_Lumières du front_** Après la brisure des *Kelim* (récipients) et leur séparation de leurs lumières, il fut nécessaire pour la direction du monde que la réparation ait lieu. Du front d'*Adam Kadmon* sortirent dix *Sephirot* de l'aspect du nom de *MaH* (45), correspondant au masculin - réparation. En contraste, les *Sephirot* de *BaN* (52) correspondent à l'aspect féminin – rigueur, et sont à l'origine de la détérioration. Ces deux aspects *MaH* (45) et *BaN* (52) sont nécessaires pour la direction de la justice, et pour donner à l'homme la possibilité du libre choix. L'union entre les lumières de *MaH* (45) qui représentent la miséricorde, et celles de *BaN* (52) qui représentent la rigueur, firent le *Tikoun* des *Sephirot* brisées. *Voir Tikoun*
אורות העינים *Orot*	H	**_Lumière des yeux_** Des lumières de l'aspect du nom de *BaN* (52), émanèrent d'*Adam Kadmon*. Lorqu'elles sortirent,

Hébreu / Araméen *Phonétique*	L	Dictionnaire
Ha'Enayim		elles trouvèrent des *Kelim* (récipients) pour les contenir. Ces lumières de *BaN* (52), qui sont de l'aspect des Nekoudim (voyelles), sont sorties avec le *BaN* (52) général à travers les yeux; dix *Sephirot* encerclantes de l'œil droit, et dix intérieures de l'œil gauche et descendirent plus bas que le nombril. Ces lumières ne sont pas visibles au-dessus du nombril, parce que les lumières des oreilles, du nez et de la bouche s'étendent jusqu'à ce point. Chacune de ces *Sephirot* eut son propre *Keli*, mais seuls les trois premières: *Keter*, *Hokhma* et *Binah*, furent structurées en trois colonnes. Toutefois, les sept *Sephirot* inférieures étaient alignées l'une sous l'autre en une ligne droite, et n'étaient pas prêtes pour la direction de bonté, rigueur et miséricorde. Par conséquent, leurs *Kelim* (récipients) ne purent contenir leurs lumières et se brisèrent. Ceci causa un dommage important appelé *Shvirat Hakelim* - la brisure des récipients. *Voir Shvirat Hakelim.*
אורות הפה *Orot HaPeh*	H	***Lumières de la bouche*** Lorsque les émanations sont sorties de la bouche d'*Adam Kadmon*, elles ne trouvèrent pas de *Keli* individuel et ainsi elles retournèrent à leur origine dans la bouche. Elles ne retournèrent pas entièrement, seule la partie la plus *subtile* le fit,

Hébreu / Araméen *Phonétique*	L	Dictionnaire

chacune laissant sa trace. Les parties qui restèrent s'épaissirent, mais restèrent illuminées par leurs propres parties qui remontèrent.

Lorsque la lumière de la *Sephira Keter* retourna, elle ne ressortit pas de nouveau, la *Sephira 'Hokhma* sortit et prit sa place, la *Sephira Binah* prit la place de *'Hokhma*, et ainsi de suite jusqu'à ce que la *Sephira Malkhout* fut laissée sans lumière.

Ces lumières sont sorties du même conduit, entremêlées, et c'est ainsi que le concept de *Keli* (récipient) naquit. Elles se répandirent vers le bas jusqu'au nombril, mais dans un seul et unique *Keli*.

אורח
תחות
חוטמא
Ora'h
Ta'hot
'Hotma

H

Espace libre sous le nez

Ora'h Ta'hot 'Hotma est le troisième *Tikoun* (action) de la *Dikna* (barbe) de *Arikh Anpin*, il correspond à l'espace libre sous le nez.

Il y a des poils (lumières) qui sortent du visage de *'Hokhma Stimaah* de *Arikh Anpin*, et se répandent vers le bas. Ils se divisent en treize parties, et sont appelés les treize *Tikounim* de la *Dikna* de *Arikh Anpin*.

אל רחום ..

מי אל כמוך . נושא עון...

Chacun de ces *Tikounim* a sa fonction particulière ou action pour la direction générale.

La *Dikna* révèle la direction de bonté, rigueur et

Hébreu / Araméen *Phonétique*	L	Dictionnaire
		miséricorde qui est dissimulée dans *'Hokhma Stimaah*, en la faisant descendre vers *Z'A* à travers les deux *Mazalot*; *Notser* et *Nake*, qui sont les huitièmes et treizièmes *Tikoun*.
אורח תחות פומא *Orot Ta'hot Puma*	H	**Espace sous la bouche** Orot Ta'hot Puma est le cinquième *Tikoun* (action) de la *Dikna* (barbe) de *Arikh Anpin*, il correspond à l'espace sous la bouche. Il y a des poils (lumières) qui sortent du visage de *'Hokhma Stimaah* de *Arikh Anpin* et se répandent vers le bas. Ils se divisent en treize parties, et sont appelés les treize *Tikounim* de la *Dikna* de *Arikh Anpin*. **אל רחום ..** **מי אל כמוך . . נושא עון...** Chacun de ces *Tikounim* a sa fonction particulière ou action pour la direction générale. La *Dikna* révèle la direction de bonté, rigueur et miséricorde qui a été dissimulée dans *'Hokhma Stimaah* en la faisant descendre à *Z'A* à travers les deux *Mazalot*; *Notser* et *Nake*, qui sont les huitième et treizième *Tikoun*.
אוריתא *Auraita*	A	**Torah** La Kabbalah est l'explication mystique et ésotérique de la *Torah*. La *Torah* contient quatre niveaux de compréhension, dont le plus haut est le *Sod*

Hébreu / Araméen *Phonétique*	L	Dictionnaire
		(secret). À ce niveau, nous comprenons que nos *Tefilot* et la réalisation de chacune des *Mitsvot* a une influence directe sur les mondes supérieurs et sur leur direction. Seul l'homme, par la prière et l'accomplissement des *Mitsvot* peut influencer ces incroyables forces. Puisqu' il y a 613 veines et os chez l'homme, de la même façon, il y a 613 parties dans l'âme et 613 *Mitsvot* dans la *Torah*. Ce nombre n'est pas arbitraire, car il existe d'importantes interrelations et interactions entre elles.
אות *Ot*	H	**Signe** Alliance comme la *Brit* (circoncision), *Tefilin* etc
אותות *Otot*	H	**Signes** *Voir Ot*
אותיות *Autiot*	H	**Lettres** Les *Autiot* sont l'expression de la *Ma'hshava* (pensée). En combinaison avec les *Ta'amim* (cantillation), *Nekoudot* (voyelles), *Tagin* (couronnes), ou avec d'autres lettres, ils transforment les lumières supérieures en action. Il y a vingt deux lettres et cinq lettres finales. Les cinq lettres finales correspondent à la *Gevourah* (rigueur). Les forces créatrices ou énergies sont les différents pouvoirs investis dans les quatre lettres

Hébreu / Araméen *Phonétique*	L	Dictionnaire

du nom de Dieu י-ה-ו-ה, et les autres lettres qui sont ajoutées pour en faire différentes épellations. Toutes les émanations sont dans l'ordre de ce nom, et toutes les configurations sont extraites de ces quatre lettres et de leurs différentes épellations, appelés *Milouyim*.

Selon les *Milouyim* de ces lettres, on obtient différents noms comme: *'AV* (72), *SaG* (63), *MaH* (45) et *BaN* (52).

Chaque nom peut aussi être subdivisé comme suit: *'AV* de *'A'V*, *SaG* de *'A V*, *MaH* de *'AV*, *BaN* de *BaN* etc.

Lorsque ces noms se combinent en diverses associations, il se produit des effets et actions différentes.

Des lumières ou forces qui sont revêtues de ces lettres ou de leurs combinaisons, émanent des configurations masculines ou féminines qui font la direction du monde.

Un *Partsouf* est construit par les vingt deux lettres. Pour construire la *Noukva*; vingt deux lettres lui sont données par *Partsouf Z'A*. Après l'avoir construite, elles finissent dans sa *Sephira Yesod* et font un *Keli* (récipient). Les cinq lettres finales: מנצפך sont ses cinq Gevourot (rigueurs) et contiennent aussi les *Mayin Noukvin* (eaux féminines). Après la *Nesirah* (sa séparation d'avec Z'A), quand *Abah* et *Imah* l'ont construite,

Hébreu / Araméen *Phonétique*	L	Dictionnaire
		ils lui donnent aussi vingt deux lettres, מנצפך et *Mayin Noukvin*. La lecture de la *Torah* est incomplète sans les *Ta'amim*, *Nekoudot*, *Tagin* et *Autiot*. Les *Ta'amim* (cantillation) sont le plus haut niveau et subdivisés en trois: supérieur, central et inférieur. Les *Nekoudot* (voyelles) sont deuxièmes, aussi en trois niveaux: supérieur, central et inférieur. Les *Tagin* (couronnes) sont troisièmes, et apparaissent au-dessus de certaines lettres seulement. Les *Autiot* (lettres) sont quatrièmes. Les *Autiot* correspondent au nom de *BaN* (52), et au monde de *Asiah*.
אח"פ *O'H"P*	H	***Ozen (Oreille) 'Hotem (nez),Pey (bouche)*** Initiales
אחד *E'had*	H	***Un – Unique*** Une des qualités du Créateur Jusqu'à ce que le monde soit crée, Lui et Son Nom était Un. La lumière de Dieu est unique, de force et qualité égale et au-delà de toute description. Étant donné que le concept de sans limite est au-dessus de notre compréhension humaine, nous devons utiliser des termes accessibles à notre compréhension. Dans la Kabbalah, le terme "qualité" est utilisé pour faire la différence entre les multiples transformations de cette lumière unique et pour nous aider à

Hébreu / Araméen *Phonétique*	L	Dictionnaire
		comprendre ses effets sur la direction des mondes. Les *Sephirot* ou *Partsoufim* sont appelées les attributs ou qualités de Dieu. Une *Sephira* est en quelque sorte un filtre qui transforme cette lumière unique en une force ou qualité particulière avec laquelle le Créateur dirige les mondes. *Voir Sephirot, Partsoufim.*
אחור *A'hor*	H	**Derrière** En général, cela représente la rigueur.
אחור באחור *A'hor Be A'hor*	H	**Dos à dos** Il y a une notion de rapprochement et d'interaction selon la position des *Partsoufim* (configurations) s'ils se font face ou se tournent le dos. Les trois possibilités sont : face à face, face à dos, ou dos à dos. Dos à dos est le niveau le plus bas, et correspond à la dissimulation et à la rigueur.
אחור בפנים *A'hor B Panim*	H	**Dos à face** Il y a une notion de rapprochement et d'interaction selon la position des *Partsoufim* (configurations) lorsqu'ils se font face ou se tournent le dos. Les trois possibilités sont : face à face, face à dos, ou dos à dos. Dos à face est le deuxième niveau, entre le face à face qui est le niveau idéal et qui correspond à l'abondance et le dos à dos qui correspond à la

Hébreu / Araméen *Phonétique*	L	Dictionnaire
		dissimulation et à la rigueur. Le dos à face indique une volonté de se rapprocher d'un côté seulement. C'est une position diminuée ou d'attente en attendant la situation idéale de face à face.
אחוריים *A'horaim*	H	**Arrière** *Sephirot Netsa'h, Hod* et *Yesod (NHY)* de la *Sephira* ou *Partsouf.* Les *Klipot* (écorces) ne peuvent s'attacher uniquement qu'à l'arrière *(NHY)* des *Sephirot* ou *Partsoufim.*
אחיזה *A'hizah*	H	**Tenir – Attacher** Les *Klipot* (écorces) se nourrissent en s'attachant à l'extérieur des *Sephirot.* Elles se nourrissent des lumières supérieures et se renforcent afin d'agir négativement. Ces forces négatives ne peuvent se renforcer que lorsque les hommes pèchent et n'accomplissent pas la volonté de Dieu. *Voir Sitra A'hra*
אחר *A'her*	H	**Autre** Utilisé pour nommer l'autre côté ou la force négative.
אילן *Ilan*	H	**Arbre** La disposition des *Sephirot* en un arrangement de trois colonnes est appelée l'arbre Séphirotique.

Hébreu / Araméen *Phonétique*	L	Dictionnaire
אילנה דחיי *Ilana De'Haye*	A	**Arbre de vie** Dès le matin, l'Arbre de vie gouverne. Pendant la nuit, l'arbre de vie monte plus haut et l'arbre de la mort gouverne. (Zohar, Bamidbar) *Voir 'Ets 'Haim*
אילנה דמותא *Ilana de Motah*	A	**Arbre de la mort** Pendant la nuit, l'arbre de vie monte plus haut et l'arbre de la mort gouverne. Ce n'est qu'au matin que le pouvoir est redonné à l'Arbre de vie pour gouverner et que toutes les âmes retournent dans les corps des hommes. (Zohar, Bamidbar)
אין *Ein*	H	**Sans – Rien** *Voir Yesh Meein*
אין סוף *Ein Sof*	H	**Le Sans Fin - Sans Limite – Infini** Un des noms de Dieu. C'est le nom de Dieu qui est le plus utilisé dans la Kabbalah. Sa lumière est parfaite et ne peut être mesurée par aucune définition ou termes limitatifs. Si nous pensons définitions, nous introduisons une notion de limite ou absence de son opposé. Étant nous-mêmes des êtres distincts et séparés, nous ne pouvons saisir le concept du "non-distinct". Tout ce que nous connaissons est limité ayant des mesures ou opposés.

Hébreu / Araméen Phonétique	L	Dictionnaire
		Nous utilisons donc le nom de "*Ein Sof*" (sans limite) puisque nous savons et admettons que Dieu ainsi que le concept de sans limite ou sans fin, est au-delà de notre compréhension humaine
אל *El*	H	***El*** Un des noms de Dieu, représenté par la *Sephira 'Hesed*.
אל חי *El 'Hay*	H	***El 'Hay*** Un des noms de Dieu, représenté par la *Sephira Yesod*.
אלוה-ים *Elohi-m*	H	***Elohi-m*** Un des noms de Dieu, représenté par la *Sephira Gevourah*. En général, ce nom dénote la rigueur dans les actions de Dieu.
אלוה-ים צבאות *Elohi-m Tsebaot*	H	***Elohi-m Tsebaot*** Un des noms de Dieu, représenté par la *Sephira Hod*.
אלכסון *Alakhson*	H	***Diagonale*** Ce sont des lumières ou *Partsoufim* (configurations) qui sont en diagonale à un *Partsouf* plus important. En diagonale sur les deux côtés du *Partsouf Z'A*

Hébreu / Araméen *Phonétique*	L	Dictionnaire

se trouvent "Les nuages de la gloire" à droite et "La Manne" à gauche.

En diagonale sur les deux côtés de *Partsouf Léah D'hM*: *"Le Sceptre d'Elokim" et le "Sceptre de Moshe"*.

En diagonale sur les deux côtés *de Partsouf Ya'acov. "Erev Rav" à sa droite et "Essav" à sa gauche.*

Ces autres lumières, ou *Partsoufim* ne sont pas considérées comme étant complètes; leurs actions sont temporaires et seulement à certains moments.

אלפין
Alphin

A **_Pluriel de la lettre Aleph_**

Une des émanations qui sortit d'*Adam Kadmon* est appelée *Ta'amim* (cantillation) inférieure. Elle sortit de sa bouche sous la forme de dix *Sephirot* internes et de dix *Sephirot* encerclantes, et quatre Alphin א א א א furent révélés.

Une autre émanation sortit du nez d'*Adam Kadmon* appelée *Ta'amim* (cantillation) centrale. Elle sortit sous la forme de dix *Sephirot* internes et dix *Sephirot* encerclantes, et six Alphin א א א א א א furent révélés.

Hébreu / Araméen *Phonétique*	L	Dictionnaire
אמא *Imah*	H	**Partsouf Imah** Une des cinq configurations principales. C'est la *Sephira Binah*. Elle habille le bras gauche (*Gevourah*) du *Partsouf Arikh Anpin*. Ses trois *Sephirot* inférieures *NHY (Netsa'h, Hod, Yesod)* habille le *NHY* de *Partsouf Abah*, ensemble ils font les *Mo'hin (cerveaux)* de *Partsouf Z'A*. Son *Zivoug (union)* avec *Partsouf Abah* est constant. *Partsouf Imah* est de deux aspects du nom de *BaN (52)*. Du premier a été fait *Imah*, et du deuxième, *Partsouf Tevounah*. *Voir Abah ve Imah*
אמה *Amah*	H	**Mesure** Égale à 50 cm
אמצע *Emtsa'h*	H	**Central** Certaines *Sephirot* comme *Hesed, Gevourah, Tiferet, Netsa'h et Hod* ont trois parties : la première, la centrale et la troisième. Ces parties diffusent leurs lumières ou leurs actions de façon indépendante.
אספקלרי א דלא נהרא *Aspaklaria de lo Nehara*	A	**Miroir sans reflet** Des émanations différentes sortirent d'*Adam Kadmon* et se répandirent pour préparer les mondes à venir. Une de ces premières émanations sortit de sa bouche, ces lumières ne trouvèrent pas de récipient individuel et

Hébreu / Araméen *Phonétique*	L	Dictionnaire

retournèrent à leur origine dans la bouche.

Elles ne retournèrent pas complètement, seulement leur partie la plus *subtile* le fit, chacune laissant sa trace. La partie qui resta s'épaissit, mais demeura éclairée par ses propres parties qui étaient remontées.

Lorsque les lumières de la *Sephira Keter* retournèrent, elles ne ressortirent pas de nouveau, la *Sephira 'Hokhma* sortit et prit sa place, la *Sephira Binah* prit la place de *'Hokhma*, et ainsi de suite, jusqu'à ce que la *Sephira Malkhout* resta sans lumière, comme un miroir sans reflet.

אצילות *Atsilout*	H	*Le monde de l'Émanation*

De la première configuration; *Adam Kadmon*, se déployèrent quatre mondes.

Atsilout est le premier monde à être déployé, le monde de l'émanation, là où la notion de séparé n'existe pas, ni aucune présence de *Sitra A'hra* (coté négatif) même à son niveau le plus bas. C'est le plus élevé des quatre mondes au-dessus de *Bériah*, *Yetsirah* et *'Asiah*.

Il comprend 5 *Partsoufim* principaux *Arikh Yomin*, *Abah*, *Imah*, *Zeir Anpin* et *Noukva*. Un autre *Partsouf, 'Atik Yomin*, est au-dessus d'eux, ses trois premières *Sephirot* sont dans le monde supérieur (au dessus de *Atsilout*), ses sept *Sephirot* inférieures sont à l'intérieur des dix

Hébreu / Araméen *Phonétique*	L	Dictionnaire

Sephirot de *Arikh Anpin* et font le lien avec le monde supérieur; *Adam Kadmon*. *Arikh Anpin* s'étend du haut jusqu'au bas de *Atsilout*.

Pour les émanations qui sortirent des yeux d'*Adam Kadmon*, en premier sortit un *Keli* (récipient) individuel pour chaque *Sephira*, et ensuite sa lumière. Les *Kelim* qui ne pouvaient contenir leurs lumières se brisèrent.

Les sept *Kelim* des *Sephirot* inférieures brisées, qui ne pouvaient contenir leurs lumières, descendirent dans le monde de *Bériah*, leurs lumières tombèrent aussi mais restèrent dans *Atsilout*. La brisure des *Kelim* entraîna une descente du monde de *Atsilout*. Toutefois, *KHB (Keter, 'Hokhma, Binah)* restèrent dans ce qu'on appelle le premier *Atsilout*. Les sept *Sephirot* inférieures tombèrent dans les parties les plus hautes de *Bériah*, qui devint l'*Atsilout* d'aujourd'hui.

À partir d'*Atsilout,* se révélèrent les mondes inférieurs qui sont à l'origine de l'existence des mondes physiques, des notions de récompense, punition et du mal.

Au bas d'*Atsilout*, les lumières de sa *Malkhout* se heurtèrent et un rideau se forma entre *Atsilout* et *Bériah* à partir du premier choc de ces lumières. À partir de là, d'autres *Partsoufim* similaires à ceux de *Atsilout* se formèrent dans

Hébreu / Araméen *Phonétique*	L	Dictionnaire

les mondes inférieurs, mais d'une force inférieure étant donné que les lumières furent affaiblies par le rideau. C'est grâce à la diminution de l'intensité de ces lumières que l'existence d'entités séparées devint possible.

Le monde de *Atsilout* est de l'aspect du nom de *'AV* et du *Partsouf Abah*.

אצילות
בריאה
יצירה
עשייה
Atsilout
Bériah
Yetsirah
'Asiah

H · **Atsilout, Bériah, Yetsirah et 'Asiah**

À partir d'émanations de la première configuration; *Adam Kadmon* (Homme Primordial) ont été créés les quatre mondes inférieurs. Il y a un écran (diviseur) qui sépare un monde de l'autre, et à partir de cet écran les dix *Sephirot* du monde supérieur ont créé les dix *Sephirot* du monde inférieur.

Le premier monde est *Atsilout* – le monde de l'émanation. Sous l'écran d'*Atsilout,* il y a le monde de *Bériah* (création) - le monde des *Neshamot* (âmes). Sous l'écran de *Bériah*, il y a le monde de *Yetsirah* (formation) - le monde des anges. Sous l'écran de *Yetsirah,* il y a le monde de *'Asiah* (action) – le monde physique.

Atsilout est de l'aspect de *Partsouf Abah*, *Bériah* de *Imah*, *Yetsirah* de *Z'A*, et *'Asiah* de *Noukva*.

Tous les mondes sont similaires (ils contiennent tous dix *Sephirot* et cinq *Partsoufim*), mais la quintessence du plus haut est supérieure.

Voir Atsilout, Bériah, Yetsirah, Asiah

Hébreu / Araméen *Phonétique*	L	Dictionnaire
אר"י *Ari*	H	**Ari** *Voir Ari Z'al*
ארוך *Arokh*	H	**Longueur** Certaines *Sephirot* sont plus longues et se rejoignent plus haut ou plus bas que d'autres. Le *Yesod* masculin *d'Israël Saba* est plus long que le *Yesod* féminin de *Tevounah*, il rejoint plus bas et finit dans *Tiferet* de *Z'A*.
ארי ז"ל *Ari Z'al*	H	**Rabbi Its'hak Luria Ashkenazi** Né à Jérusalem en 1534, décéda en 1572 à *Tsfat* en Israel. Il fut le principal Kabbaliste de *Tsfat*, il expliqua et clarifia tous les concepts principaux de la Kabbalah. Il innova également dans l'explication des *Sephirot* et des *Partsoufim* (configurations). Il est l'auteur du corpus "*Kitve HaAri*", qui contient tous ses écrits dans le style de Shaa're (entrées). Son œuvre principale est le "*Ets 'Haim*".
אריך אנפין *Arikh Anpin*	A	**Partsouf – Long visage** C'est le *Partsouf* (configuration) principal de chaque monde. Tous les autres *Partsoufim* sont ses 'branches'. Il est appelé *Arikh Anpin* et sa *Noukva*. Ensemble ils forment un seul *Partsouf*, le masculin à droite, le féminin à gauche. C'est par le *Zivoug* (union) de *Partsouf 'Atik* que

Hébreu / Araméen *Phonétique*	L	Dictionnaire

Arikh Anpin et sa *Noukva* furent bâtis. *Arikh Anpin* étant le premier *Partsouf* d'*Atsilout,* et l'origine de tous les autres.

Arikh Anpin s'étend du haut au bas d'un monde. *Abah* et *Imah* habillent ses bras droit et gauche, leur *Keter* à la hauteur de sa *Sephira Binah* et leur *Malkhout* de sa *Sephira Tiferet.*

Partsouf 'Atik Yomin est à l'intérieur d'*Arikh Anpin.* Le *GaR* (trois premières *Sephirot*) de *'Atik Yomin* sont dans le monde au-dessus, son *Za"T* (les sept *Sephirot inférieures*) sont à l'intérieur des dix *Sephirot* de *Arikh Anpin.*

Les émanations et les actions de *Partsouf Arikh Anpin* sont appelées ses *Tikounim.* Ses trois têtes sont la racine de la direction de la bonté, rigueur et miséricorde. Elles émanent d'*Arikh Anpin* à *Abah* et *Imah,* et de là, vers les *Mo'hin* de *Z'A.*

Ces trois têtes sont le premier *Tikoun* (action) du *Partsouf Arikh Anpin* elles sont:

1- *Goulgolta - Keter* de *Arikh Anpin*
2- *Avirah* - dans l'espace entre *Keter* et *'Hokhma* de *Arikh Anpin,* il y a *Da'at* de *'Atik*
3- *Mo'ha - 'Hokhma de Arikh Anpin*

Le deuxième *Tikoun* provient de la tête d'*Arikh Anpin.* Il est fait par le passage des sept *Sephirot* inférieures de *'Atik* à travers la tête de

Hébreu / Araméen Phonétique	L	Dictionnaire
		Arikh Anpin avant qu'elles ne s'habillent en lui. Il y a d'autres *Tikounim* de *Arikh Anpin* : *'Hivarti* (חיורתי) – de sa *Sephira Keter* *Nimin* (נימין) - de *Avirah* (*Sephira Da'at* de *'Atik*, entre *Keter* et *'Hokhma*) *Dikna* (דיקנא) – de sa *Sephira 'Hokhma* appelée *'Hokhma Stimaah* Ces émanations; *'Hivarti*, *Nimin* and *Dikna* sont nommées cheveux et barbe parce qu'elles se répartissent en conduits individuels. Les cheveux (lumières) qui sortent de la face de *Sephira 'Hokhma Stimaah* de *Arikh Anpin* et s'étalent vers le bas, se divisent en 13 et sont appelées les treize *Tikounim* de la *Dikna* de *Arikh Anpin*. Les autres *Tikounim* sont des lumières nécessaires à la réalisation et à l'abondance. Toutefois, la direction elle-même provient de la *Dikna* et c'est à travers elle que s'écoule l'abondance. *Voir Tikounim, Partsouf*
אש *Esh*	H	**Feu** Un des quatre niveaux principaux des *Klipot* (écorces négatives) qui correspond aux quatre mondes inférieurs est appelé "*Eish Mitlaka'hat*" – Feu diviseur.

Hébreu / Araméen *Phonétique*	L	Dictionnaire
אש מתלקחת *Eish Mitlaka'hat*	H	**Eish Mitlaka'hat – Un feu diviseur** Un des quatre niveaux principaux de *Klipot* correspondant aux quatre mondes inférieurs. *Voir Kiplot*
אשלג *Ashlag*	H	**Rabbi Yehudah Ashlag** Il naquit en Pologne en 1886 et mourut en Israel en 1955 Un des Kabbalistes contemporains le plus important. Son œuvre principale est la traduction de tout le Zohar de l'Araméen à l'Hébreu appelé ''Hasulam'' ainsi que le "*Talmud 'Eser HaSephirot*".
אשת-חיל עטרת בעלה *Eshet Hail Ateret Ba'la*	H	**Une femme virtueuse est une couronne pour son mari** Il ne peut y avoir d'abondance que lorsque le masculin et le féminin sont en harmonie. Pour que l'abondance descende vers le monde, *Partsouf Zeir Anpin* a besoin de s'unir avec *Partsouf Noukva*. Il faut qu'il la construise et attende qu'elle vienne de la position initiale de dos à dos à la position face à face pour le *Zivoug* (union).
אתב"ש *ATBaSH*	H	**ATBaSH** C'est la permutation des lettres qui permet de comprendre le sens caché des mots. La première lettre étant remplacée par la dernière,

Hébreu / Araméen *Phonétique*	L	Dictionnaire
		la seconde par l'avant dernière etc..
אתערותא דלעילא *Eta'aruta de La'ila*	A	**_Stimulation du dessus_** La descente des *Mayin Doukhrin* (eau masculines) de l'aspect de *MaH* (45) du *Partsouf Z'A*, arrive lorsque *Noukva* est prête et fait monter ses *Mayin Noukvin* (eaux féminines) de l'aspect de *BaN* (52). C'est seulement après une stimulation du bas qu'il y a une réaction du dessus.
אתערותא דלתתא *Eta'aruta de Letata*	A	**_Stimulation du dessous_** Deux conditions sont nécessaires pour que le *Zivoug* (union) soit possible. Les *Partsoufim* doivent être construits et le féminin doit provoquer une réaction du masculin. La stimulation arrive lorsqu'elle fait monter ses *Mayin Noukvin* (de l'aspect de *BaN* (52). Ce n'est qu'après une stimulation du bas qu'il y a une réaction du dessus.

Hébreu / Araméen *Phonétique*	L	Dictionnaire
ב"ן *BaN*	H	**BaN** *(52)* **Milouy (épellation) du nom** ה-ו-ה-י **avec un total de 52** Les forces créatrices ou énergies sont les différentes forces investies dans les quatre lettres du nom de Dieu ה-ו-ה-י, ainsi que les lettres ajoutées pour faire les différentes épellations. Selon les lettres utilisées, la valeur numérique du nom change et chacune de ces possibilités devient différente de par sa nature et ses actions. Les lettres ajoutées pour les différentes épellations des lettres sont : ה ד א ו י Les différentes épellations de ces lettres sont : La lettre *(Yud)* ne peut être épelée que d'une seule façon : יוד La lettre ה *(He)* peut être épelée avec un י *(Yud)* un א *(Aleph)* ou un ה *(He)*: הי הה הא La lettre ו *(Vav)* peut être épelée avec ו י *(Yud et Vav)* ou avec ו א *(Aleph et Vav)* ou avec un ו *(Vav)*: וו ויו ואו. - Les quatre *Milouyim* (épellations) sont : - בן ,מה , סג, עב - *'AV (72), SaG (63), MaH (45), BaN (52)*

Hébreu / Araméen *Phonétique*	L	Dictionnaire

יוד הי ויו הי – עב   - 'AV = 72

יוד הי ואו הי – סג   - SaG = 63

יוד הא ואו הא - מה   - MaH = 45

יוד הה וו הה – בן   - BaN = 52

Chaque nom peut aussi être divisé tel quel :
'AV de 'AV, SaG de 'AV, MaH de 'AV etc...
et subdivisé : *BaN de BaN de SaG, SaG de MaH de 'AV etc.*
Le nom *BaN* (52) est le *Milouy* (épellation) du nom

ה-ו-ה-י avec la lettre ה

יוד הה וו הה – בן   - *BaN* = 52

Il correspond à l'aspect féminin - rigueur et est la racine de la détérioration. Quand il sortit à travers les yeux d'*Adam Kadmon*, les trois premières *Sephirot KHB* (*Keter, 'Hokhma, Binah*), furent capables de se tenir en trois colonnes, les sept *Sephirot* inférieures qui ne prirent que les lumières de la bouche, ne purent se maintenir dans cet ordre et se brisèrent.

Le *Tikoun* (rectification) est l'union des *Sephirot* de *MaH* (45) miséricorde et *BaN* (52) rigueur, en des arrangements complexes, pour permettre que le féminin *BaN* (52) soit réparé par le masculin *MaH* (45), et que les sephirot

Hébreu / Araméen *Phonétique*	L	Dictionnaire
		se tiennent en un arrangement de trois colonnes; bonté, rigueur et miséricorde. Toutes les émanations et *Sephirot* qui sont sorties d'*Adam Kadmon* (Homme primordial) par le biais de ses ouvertures, sont des aspects variés de ces quatre noms. Ils renferment différentes actions et *Tikounim* et tous les *Partsoufim* (configurations) sont construits par leur union. *Voir Orot Ha'Enayim, Sephirot Shel BaN*
באר *Beer*	H	**Puit** *Partsouf Léah* est appelée le puit supérieur, *Partsouf* Ra'hel, le puit inférieur.
בוהו *Bohu*	H	**Vide** Le monde de *Shvirat Hakelim* (brisure des récipients)
בוצינא *Butsina*	A	**Lumière** *Voir Or*
בוצינא קדישא *Butsina Kadishah*	A	**La lumiere ou lampe sainte** Nom donné à Rabbi Shim'on Bar Yo'hai, auteur du Zohar.
בורא *Boreh*	H	**Le Créateur** Un des noms de Dieu.

Hébreu / Araméen *Phonétique*	L	Dictionnaire
בחינה *Be'hinah*	H	**Caractéristique – Qualité** La lumière de Dieu est unique, de force et qualité égale, et au-delà de toute description. Étant donné que le concept du sans limite est au-delà de notre compréhension humaine, nous devons donc utiliser des termes accessibles à notre compréhension. Dans la Kabbalah, le terme qualité est utilisé pour différencier les diverses transformations de cette lumière unique et pour nous aider à comprendre ses effets sur la direction des mondes. Les *Sephirot* ou *Partsoufim* sont appelés les attributs ou qualités de Dieu. Une *Sephira* est en quelque sorte un filtre qui transforme cette lumière en une force ou qualité particulière, par laquelle le Créateur dirige les mondes. *Voir Sephirot, Partsoufim*
בחינות *Be'hinot*	H	**Caractéristiques – Qualités** *Voir Be'hinah*
בחירה *Be'hirah*	H	**Choix** L'intention du Créateur étant d'accorder Sa bonté à Ses créatures, tous les niveaux de la création ont été mis en place pour que Sa bonté puisse émaner vers eux de manière à ce qu'il leur soit possible de la recevoir. Une

Hébreu / Araméen *Phonétique*	L	Dictionnaire

rigueur totale détruirait tout ce qui n'est pas parfait, de même qu'une bonté totale permettrait tout sans restriction. Toutefois, ces deux aspects sont nécessaires pour la direction de la bonté et la justice et pour donner à l'homme la possibilité de servir le Créateur de son libre choix.

Après la *Shvirat Hakelim* (brisure des récipients), avec l'émanation des lumières du nom de *MaH* (45), Il aurait pu faire le *Tikoun* (réparation) de tous les mondes, mais alors il n'y aurait pas eu de mérite pour l'homme de participer à ce *Tikoun*. Pour que l'homme ait la possibilité d'agir et de réparer la création, Dieu limita en quelque sorte son écoulement de bonté vers ce monde, pour donner à l'homme le mérite de faire le *Tikoun* (réparation) de son propre gré.

Les bonnes actions de l'homme ont un effet sur les quatre mondes supérieurs, ses mauvaises actions, sur les quatre mondes inférieurs. Ce n'est que lorsque l'homme commet des péchés, que le coté négatif peut se renforcer. Son côté négatif (son *Yetser Hara'*) grandit en lui, le coupe des mondes supérieurs et le déracine de la *Kedoushah*. Il essaie continuellement de le séduire et lui faire faire un faux pas, tandis que le *Yetser*

Hébreu / Araméen *Phonétique*	L	Dictionnaire
		Hatov (aspect positif), à l'opposé, essaie de l'attirer vers la *Torah* et les *Mitsvot*, pour l'aider à faire le *Tikoun* de son Âme. Les deux aspects de *Yetser Tov* et *Yetser Hara* sont nécessaires pour la direction de la justice et pour donner à l'homme la possibilité du libre choix. La racine de la *Sitra A'hra* (force négative) est dans le manque, ou l'absence de *Kedoushah*. Son existence fut voulue par le Créateur pour donner à l'homme la liberté de choisir.
בטן *Beten*	H	**Abdomen** Après la diffusion des lumières du nom de '*AV* de *SaG* par les oreilles, le nez et la bouche, les autres lumières du nom de *SaG* ont également ressenti le besoin de sortir. À l'intérieur d'*Adam Kadmon*, *SaG* a rassemblé ses propres aspects de *MaH* (45) et *BaN* (52) conjointement avec *MaH* (45) et *BaN* (52) d'*Adam Kadmon*. Il les éleva au-dessus du nombril et mis un voile comme séparation.
בי"ע *BYA'*	H	**Bériah, Yetsirah, Asiah** Initiales

Hébreu / Araméen Phonétique	L	Dictionnaire
ביאה קדמאה **Bia Kadma'a**	A	**Première relation** Le *Partsouf Noukva* ne peut recevoir du *Partsouf Z'A* qu'à partir du moment où elle devient un *Keli* (récipient), ceci est le but de la première union. À propos de cette première union, il est dit : Une femme est un récipient non complété, et ne peut sceller une alliance qu'avec celui qui la rendra récipient. (Sanhedrin 22.b)
ביאור **Biur**	H	**Explications** Des clarifications et explications sont nécessaires pour comprendre les concepts quelquefois complexes de la Kabbalah.
ביטול **Bitul**	H	**Annulation** Il peut y avoir quelquefois annulation d'une force ou émanation inférieure, lorsqu'une force supérieure intervient.
בינה **Binah**	H	**Sephira (compréhension)** Troisième des *Sephirot* Qualité : Bonté pour tous, même pour ceux qui le méritent moins (mais par elle, la rigueur commence). Colonne : Gauche (rigueur) Position : Haut – gauche

Hébreu / Araméen *Phonétique*	L	Dictionnaire
		D'autres *Sephirot* sur la même colonne: *Gevourah, Hod* Les *Partsoufim* faits à partir de cette *Sephira* : -*Imah* -de *Malkhout* de *Binah – Tevounah* -de *Malkhout* de *Tevounah – Tevounah* 2 Noms correspondants : *YHV-H* י-ה-ו-ה *(avec les voyelles de Elokim)* Correspondant *Milouy* du nom: *SaG* - סג Voyelle correspondante : *Tsere* Correspondance physique : Cerveau gauche Niveau de l'âme : *Neshamah* *Voir Sephira, Partsouf*
בירא *Bira*	A	**Puits** *Voir Beer*
בירור *Birur*	H	**Sélection ou clarification** Acte de séparer le positif du négatif.
בית *Bayit*	H	**Maison** Un *Hekhal* (portail) est appelé quelquefois une maison
בית המקדש *Beit ha Mikdash*	H	**Le Temple** Lorsque le Temple fut bâti, la direction était de l'aspect de *'Hesed* – Bonté.

Hébreu / Araméen Phonétique	L	Dictionnaire
בית קבול Beit Kibul	H	**Récipient – Contenant** Pour supporter la Toumah (impureté), un récipient doit être de forme capable de contenir une substance.
ביתא Beita	A	**Maison** Voir Bayit
בעל שם טוב Ba'al Shem Tov	H	**Ba'al Shem Tov** **Rabbi Israël Ben Eliezer** Né en Russie en 1698, décéda en Ukraine en 1760. Il est le fondateur du mouvement 'Hassidique. Il affirma que tout l'univers, conscience et matière était une manifestation de Dieu et que quiconque maintient que cette vie n'a pas de valeur est dans l'erreur, celle-ci est d'une grande importance. il s'agit de savoir comment l'utiliser correctement. Étant une légende vivante, le Ba'al Shem Tov passa la plupart de son temps à se dévouer, servant Dieu, enseignant à ses disciples, et donnant des bénédictions aux milliers de gens qui venaient le voir. Une de ses phrases favories était qu'aucun homme ne peut descendre trop bas pour ne plus pouvoir s'élever vers Dieu.

Hébreu / Araméen *Phonétique*	L	Dictionnaire
בציור *Betsiur*	H	***Dans la forme de*** Similaire. De la même manière que.
בקיעה *Beki'ah*		***Émaner, jaillir ou émerger de l'intérieur*** Les émanations ou lumières peuvent jaillir de l'intérieur vers l'extérieur. Du front de *Partsouf* (configuration) *Z'A* émergent et jaillissent quatre émanations qui sont ses quatre *Mo'hin* (cerveaux). Ce sont les quatre Parashiot des *Tefilin* (phylactères) de la tête. Les quatre compartiments sont leur habillement. De la *Sephira Yesod* de *Imah* jaillit une émanation qui fera le *Partsouf Léah*.
בר יוחאי *Bar Yo'hay*	H	***Rabbi Shim'on Bar Yo'hay*** Naquit en Galilée et mourut à Meron, en *Israël* au 2ème siècle. Il fut le disciple de Rabbi Akiva. Pour échapper aux Romains, il se cacha avec son fils Rabbi El'azar dans une cave pendant treize ans. Pendant ce temps, il écrivit le Zohar qui est l'explication ésotérique et mystique de la *Torah*, et la base de la plupart des écrits de Kabbalah.
ברודים *Berudim*	H	***Berudim*** *Voir 'Olam HaBerudim*

Hébreu / Araméen Phonétique	L	Dictionnaire
ברוך הוא Barukh Hu	H	**Beni est-Il** Terme utilisé après avoir prononcé ou écrit des noms de Dieu.
בריאה Bériah	H	**Monde de la création – monde des âmes.** Quatre mondes furent dévoilés à partir de la configuration d'Adam Kadmon.

Sur ces quatre mondes, les quatre lettres du Nom

(י-ה-ו-ה) B'H, gouvernent.

' dans Atsilout, par lui, tous les niveaux de réparation sont mis en ordre.

ה descend de Atsilout à Bériah, et le guide.

ו vers Yetsirah, et ה vers. 'Asiah.

Le deuxième monde à se dévoiler est appelé Bériah; le monde de la création. C'est le monde des Âmes (Neshamot). Il est sous Atsilout et au-dessus de Asiah.

Il se compose de cinq Partsoufim principaux : Arikh Anpin, Abah, Imah, Zeir Anpin et Noukva. Un autre Partsouf 'Atik Yomin, est au-dessus d'eux, ses trois premières Sephirot (de son aspect féminin) sont dans le monde supérieur (Atsilout), ses sept Sephirot inferieures sont a l'intérieur des dix Sephirot de Arikh Anpin dans Bériah et font le lien avec le monde supérieur, Atsilout. Arikh Anpin s'étend du haut jusqu'au bas de

Hébreu / Araméen *Phonétique*	L	Dictionnaire

Bériah.

Dans les émanations des lumières des yeux d'*Adam Kadmon*, en premier lieu sortit un récipient individuel pour chaque *Sephira*, et par la suite, les lumières. Certains récipients ne purent contenir leurs lumières et se brisèrent. Les sept récipients des *Sephirot* inferieures qui se brisèrent et qui ne purent contenir leurs lumières, descendirent dans le monde de *Bériah*, les lumières tombèrent aussi, mais restèrent dans *Atsilout*. La brisure des récipients provoqua une descente de tous les mondes. *SaG (63)*, *MaH (45)* et *BaN (52)* descendirent dans des mondes inférieures, *SaG* descendit vers *Bériah (création)* et *Bériah* tomba plus bas pour devenir *Atsilout* d'aujourd'hui.

Au bas de *Bériah*, les lumières de sa *Sephira Malkhout* se heurtèrent et à cause de ce choc, un rideau fut crée entre *Bériah* et *Yetsirah*. À partir de là, d'autres *Partsoufim* similaires à ceux de *Bériah* se formèrent dans les mondes inférieurs, mais d'une force inférieure étant donné que les lumières étaient atténuées par le rideau. C'est à cause de la diminution de l'intensité de ces lumières, que l'existence devint possible pour des entités séparées tels que les anges et les

Hébreu / Araméen *Phonétique*	L	Dictionnaire
		hommes. En parallèle aux quatre mondes (*ABYA*), il y a quatre sortes d'existence dans notre monde : le minéral correspondant à *'Asiah (action)*, le végétal correspondant à *Yetsirah (formation)*, l'animal correspondant à *Bériah (création)*, le verbal correspondant à *Atsilout (émanation)*. Le monde de *Bériah* (création) est de l'aspect de *SaG* (63). Donc, *Bériah* est de l'aspect de *Partsouf Imah – Sephira Binah*.
ברייה *Briah*	H	***Créature*** Des quatre mondes, trois contiennent des créatures séparées. Les *Neshamot* (âmes) dans *Bériah* (création), les anges dans *Yetsirah* (formation) et les êtres physiques dans *Asiah* (action).
ברית *Brit*	H	***Circoncision*** Représenté par la *Sephira Yesod*
ברכה *Berakhah*	H	***Bénédiction*** Lorsqu'on énonce une bénédiction avec la méditation kabbalistique sur certains mots ou noms, nous agissons et participons directement au *Tikoun* (réparation) de ce qui est béni.

Hébreu / Araméen Phonétique	L	Dictionnaire
ברסלב Breslev	H	**Rabbi Na'hman de Breslev** Naquit en Russie en 1772, et mourut à Ouman, en Russie en 1811. Rabbi Na'hman était l'arrière petit fils du Ba'al Shem Tov. Il accorda une grande importance au *Dvekout* (attachement à Dieu) et à la grande joie. Certaines de ses œuvres les plus importantes sont "Likutey Moharan", "Tikoun Haklali" et ses fables et histoires qui sont bien connues.
בשר Bassar	H	**Chair** Utilisée comme une description métaphorique d'une émanation de *Partsouf Imah*. Lorsque *NHY (Netsa'h, Hod, Yesod)* de *Imah* entra dans *Partsouf Z'A*, sa peau, sa chair, ses os et ses veines s'inclurent en lui. Un *Levoush* fut fait pour *Z"uN (Z'A et Noukva),* à partir de l'extérieur de *NHY (Tevounah)* de *Imah*. Dans *NHY* il y a trois aspects de *Kelim (récipients)*: chair, os et veines, et un autre aspect de *Keli* de *Malkhout*, qui est le surplus de peau de *Imah*.

Hébreu / Araméen Phonétique	L	Dictionnaire
ג' ראשונות Shalosh Rishonot	H	**Trois premières Sephirot** *Keter, 'Hokhma, Binah* Les racines de tous créés se trouvent dans les sept sephirot inférieures; *Zayin Takhtonot (ZaT)*, les trois premières *Sephirot* agissent comme une couronne sur les *ZaT* pour les réparer et les diriger. Dans les trois premières *Sephirot*, il n'y a pas réellement de notion de dommage, elles sont au-dessus des actions des hommes, et ne sont pas affectées par leurs péchés. Lors de la *Shvirat Hakelim*, (brisure des récipients), les parties inférieures de *'Hokhma* et *Binah*, ne purent contenir leurs lumières, elles tombèrent mais ne se brisèrent pas. Ces parties inferieures correspondent à ce qui est nécessaire à la direction des sept *Sephirot* inferieures. Si elles avaient contenu leurs lumières, les sept *Sephirot* inférieures ne se seraient pas brisées, et les notions de *Kilkoul* (dommage) et *Tikoun* (réparation) n'auraient pas existé.
ג"ר GaR	H	**Trois premières Sephirot** *Keter, 'Hokhma, Binah*
גבול Gevul	H	**Frontières – Limites** En mettant des limites à Sa lumière, le Créateur révéla le concept de rigueur et de limite nécessaires aux êtres créés, et donna un espace (possibilité) à toutes les créatures pour

Hébreu / Araméen *Phonétique*	L	Dictionnaire
		exister. *Voir Tsimtsoum*
גבורה *Gevourah*	H	*Rigueur*

Rigueur

La lumière de Dieu est unique, de force, et qualité égale, et au-delà de toute description. Dans la Kabbalah, le terme 'qualité' est utilisé pour différencier les diverses transformations de cette lumière unique, et pour nous aider à comprendre ses effets sur la direction des mondes.

Les *Sephirot* ou *Partsoufim* (configurations) sont appelées les attributs ou qualités de Dieu. Une *Sephira* est en quelque sorte un filtre qui transforme cette lumière en une force ou une qualité particulière par laquelle le Créateur guide les mondes. À partir d'une des manifestations de cette lumière une fois filtrée par la *Sephira Gevourah,* émane la rigueur.

Les *Sephirot* sont alignées en trois colonnes : droite, gauche et centre, et représentent la direction des mondes à la manière de *'Hesed, Din* et Ra'hamim - Bonté, rigueur et miséricorde.

Dans les attributs de la rigueur, la direction provient du pilier gauche – le pilier de la rigueur qui contient les *Sephirot* : *Binah, Gevourah, Hod.*

Le nom correspondant à ces attributs est

100

Hébreu / Araméen Phonétique	L	Dictionnaire

Elohi-m - אלהי-ם

Quelques *Partsoufim* sont masculins et confèrent la bonté, d'autres sont féminins et confèrent la rigueur.

Par cette union, différents équilibres de ces deux forces (bonté et rigueur) font la direction. Une rigueur totale serait la destruction de tout ce qui n'est pas parfait, tandis qu'une bonté totale permettrait tout sans restriction.

De cette façon, nous voyons que tout ce qui existe et arrive, est toujours fait de mesures et balances variables de ces deux forces.

La rigueur se manifeste principalement par tous les aspects féminins comme : le nom de *BaN* (52), la *Sephira Gevourah* et par toutes les dissimulations des aspects masculins qui représentent la bonté.

Il y a des jours ou moments particuliers de rigueur dans l'année. Cela dépend des différentes positions des *Partsoufim*.

En l'absence du *Zivoug* (union) lorsque les *Partsoufim* masculins et féminins se donnent le dos, ceci correspond aussi à la dissimulation et à la rigueur.

גבורה *Gevourah*	H	**Sephira (rigueur)** Cinquième des *Sephirot* Qualité : rigueur totale à celui qui le mérite Colonne : gauche – *Din* (rigueur)

Hébreu / Araméen *Phonétique*	L	Dictionnaire
		Position : gauche – milieu D'autres *Sephirot* sur la même colonne : *Binah* , *Hod* *Partsoufim* issus de cette *Sephira* : Une des *Sephirot* qui font le *Partsouf Z'A*. Nom Correspondant : *Elohi-m* אלהי-ם *Milouy* Correspondant du nom: *MaH* (מה) 45 Voyelles correspondantes : Sheva Correspondance physique : le bras gauche Niveau de l'âme : *Roua'h* *Voir Gevourah, Sephira, Partsouf*
גבורות *Gevourot*	H	***Rigueurs*** Pour la direction, cinq émanations de l'aspect de 'Hesed (bonté) et cinq émanations de l'aspect de *Gevourah* (rigueur) sont données par la *Sephira Da'at* aux *Partsoufim* (configurations) *Z'A* et *Noukva*. *Partsouf Z'A* reçoit les cinq Hasadim et *Noukva* reçoit les cinq *Gevourot*. Les cinq *Gevourot* descendent par la suite et sont apaisées dans *Yesod* du *Partsouf Z'A*, deux et demi dans la descente et deux et demi par les *'Hasadim* qui remontent. De la *Sephira Yesod* de Z'À, les *Gevourot* sont données à la *Sephira Da'at* de *Noukva*, elles descendent jusqu'à son *Yesod* et ensuite remontent vers sa *Sephira Keter*. La rigueur se manifeste aussi par les 5 lettres finales : מנצפך, qui sont appelées les cinq

Hébreu / Araméen Phonétique	L	Dictionnaire
		Gevourot, et contiennent aussi les *Mayin Noukvin* (eaux féminines) *Voir Gevourah, Mayin Noukvin*
גג *Gag*	H	**Toit** *Voir Ma'akeh*
גדול *Gadol*	H	**Grand – Adulte** Un *Partsouf* (configuration) est appelé grand ou adulte lorsqu'il a reçu tous ses *Mo'hin* (cerveaux) et se trouve dans l'état de *Gadlout* (croissance) 1 ou *Gadlout* 2. *Voir Gadlout, Zeir Anpin*
גדלות *Gadlout*	H	**Âge adulte – Croissance** L'état de *Gadlout* d'un *Partsouf* (configuration) est la dernière étape de sa croissance, lorsqu'il est désormais capable d'agir avec toutes ses forces. Il y a deux phases de *Gadlout* : *Gadlout* 1 et *Gadlout* 2. En premier lieu, durant la gestation dans la *Noukva* supérieure (*Noukva* au-dessus) les lumières de *MaH* (45) nécessaires pour le *Tikoun* (réparation) sont attirées vers les lumières de *BaN* (52) et sont gardées dans la *Noukva* supérieure afin de donner naissance au *Partsouf*. A l'intérieur de *Noukva*, le *Partsouf* est arrangé et complété jusqu'à ce qu'il n'y ait plus rien à ajouter. Lorsqu'il est complètement réparé, le

Hébreu / Araméen *Phonétique*	L	Dictionnaire
		Partsouf est révélé, ceci est sa naissance. Une fois à l'extérieur, il y a une période d'allaitement, de première enfance et de croissance. Ensuite, il y a une seconde période d'enfance et de croissance. Ce n'est qu'après la seconde croissance qu'un *Partsouf* est considéré complètement adulte. Voir *Mo'hin, Partsouf, Z'A*
גדלות ראשון של ז"א *Gadlout rishon shel Z'A*	H	***Première croissance de Z'A*** La *Gadlout* d'un *Partsouf* (configuration) est son étape finale de croissance, lorsqu'il est capable d'agir avec toutes ses forces. En premier, *Partsouf Z'A* est dans un état de *Dormita* (somnolence). Pour agir, il a besoin d'obtenir ses *Mo'hin* (cerveaux) de *Partsouf ISOT* ou *Partsouf Abah* et *Imah*, et arriver à la phase de croissance. À l'intérieur du *Partsouf Imah*, *Z'A* passe à travers une période de gestation, suivie par une période de première enfance et de première croissance. Dans la première croissance, ses *Mo'hin* sont de *NHY* (*Netsa'h, Hod, Yesod*) du *Partsouf Tevounah*. Durant la période de gestation, *Z'A* n'agit pas vraiment. Étant en phase de construction, au moment de l'allaitement, il commence à agir et à la croissance, il est prêt à agir. Les *Mo'hin* qui

Hébreu / Araméen Phonétique	L	Dictionnaire

sont donnés à *Z'A* ne pénètrent pas complètement en lui : seul les *NHY* (Netsa'h, Hod, Yesod) le font, les autres restent au-dessus de lui, encerclant sa tête.

Les *NHY* qui se composent de neuf parties, correspondent au צ , et se diffusent dans les neuf *Sephirot* de *Z'A*. Les *Mo'hin* encerclants sont מ ל, ils n'ont pas besoin de se diffuser en lui et se tiennent à l'extérieur disposés en trois colonnes de bonté, rigueur et miséricorde. Ceci est *Gadlout* 1.

גדלות שני **של ז"א** *Gadlout sheni shel Z'A*	H	

Deuxième croissance de Z'A

La *Gadlout* d'un *Partsouf* (configuration) est son étape finale de croissance, lorsqu'il est capable d'agir avec toutes ses forces.

Après sa première croissance, *Z'A* passe à travers une seconde période de gestation, suivie d'une seconde période d'enfance et de croissance.

Dans la seconde croissance, ses *Mo'hin* proviennent directement de *Abah* et *Imah* et entrent de la même manière que lors de sa première croissance.

Pendant sa seconde gestation, *Z'A* n'agit pas vraiment, étant dans sa phase de construction, au moment de l'allaitement, il commence à agir et à la croissance, il est prêt à agir de toutes ses forces.

Hébreu / Araméen Phonétique	L	Dictionnaire
		Après sa seconde croissance, *Z'A* atteint son plein potentiel, ceci est *Gadlout* 2.
גוף Gouf	H	**Corps** Un *Partsouf* ou *Sephira* a deux parties: Sa tête qui sont les trois premières *Sephirot*; *Keter*, *Hokhma*, *Binah*, et son corps qui est fait des sept autres *Sephirot*. *Voir Sephira, Partsouf.*
גופא Goufa	A	**Corps** *Voir Gouf*
גזר Gazar	H	**Décréter** Un résultat qui a été décidé. *Voir Gezera*
גזרה Gezera	H	**Décret** Un des décrets essentiel, et pour des raisons connues uniquement de Lui, le Créateur a décrété que l'homme ne peut être capable de voir la vérité et la finalité des choses sans y mettre beaucoup d'effort.
גידים Gidim	H	**Nerfs – Tendons** Il y a 613 parties dans l'âme et pareillement, il y a 613 *Mitsvot*, et 613 nerfs et os chez l'homme. Ce nombre n'est pas arbitraire, car il y a d'importantes interactions et interrelations entre eux.

Hébreu / Araméen Phonétique	L	Dictionnaire
גילוי Gilouy	H	***Révélation – Clarté*** Il y a des périodes plus ou moins favorables aux révélations et qui sont soumises au temps et aux positions des *Partsoufim*.
גילוי יחודו Gilouy Yi'hudo	H	***Révélation de son unité*** Toutes les interrelations complexes et possibilités de direction n'ont qu'un objectif : permettre à l'homme de mériter par ses propres efforts de se rapprocher de son Créateur et vivre la *Dvekout* – l'adhésion à Dieu. De cette manière, l'homme atteindra la perfection et s'impliquera directement vers le but ultime de la création, qui est la révélation de *Gilouy Ye'houdo* - La souveraineté de Dieu.
גימטריה Gematria	H	***Valeur numérique des lettres*** Chaque lettre a sa propre valeur numérique. Le fait que certains mots aient la même valeur numérique n'est pas seulement une coïncidence, mais dénote une similarité ou une complémentarité. Il existe sept sortes principales de Gematriot : *Ragil, Katan, HaKlali, Kolel, HaKadmi, HaPerati, Milouy*

Hébreu / Araméen *Phonétique*	L	Dictionnaire

1- Ragil : *les nombres de ces lettres sont les suivants*

De	À	Valeur
א	ט	1 – 9
י	צ	10 -90
ק	ת	100 - 400
ך	ץ	500 -900

Ex : הארץ = 1106

2- Katan : les dizaines et centaines sont réduites à un chiffre.

De	À	Valeur
א	ט	1 – 9
י	צ	1 – 9
ק	ת	1 - 4
ך	ץ	5 -9

Ex : הארץ = 17

3- KaKlali : la valeur Ragil de la racine carrée du mot.
Ex : הארץ = 1106 * 1106 = 1 223 236

4- Kolel : la valeur Ragil du mot plus le nombre de lettres ou plus 1 pour le mot.
Ex : הארץ = 1106 + 4 = 1110 or 1106 + 1 = 1107

5- Hakadmi : chaque lettre possède sa valeur Ragil plus le total de toutes les autres qui la

Hébreu / Araméen *Phonétique*	L	Dictionnaire

précèdent.

De	A	Valeur
א	ט	1 – 45
י	צ	55 – 495
ק	ת	595 –1495
ך	ץ	1995 – 4995

Ex : הארץ = 15+1+795+4995 = 5806

6- HaPerati : chaque lettre est au carré. Ex :
הארץ = 5 * 5 = 25, 1 * 1 = 1
200 * 200 = 40 000, 900 * 900 = 810 000 Total = 850 026

7- *Milouy* : la somme de l'épellation de chaque lettre .

Lettre	*Milouy*	Valeur
ה	הא	6
א	אלף	111
ר	ריש	510
ץ	צדי	104

Ex : הארץ = 731
Voir Milouy

גימל
בגימל
Gimel Be Gimel

H ***Trois sur trois***

Après le *Shvirat Hakelim* (brisure des récipients), lorsque les lumières furent séparées de leur *Kelim*, la première action de réparation de ce dommage fut de réunir encore ces

Hébreu / Araméen *Phonétique*	L	Dictionnaire
		lumières qui avaient chuté et leurs *Kelim*. Pour les réparer, *Partsouf Arikh Anpin* plia ses jambes *NHY* (Netsa'h, *Hod*, *Yesod*) et les poussa vers le haut. *Partsouf Arikh* remonta ses trois *Sephirot* inférieures – *NHY* (jambes) et le troisième tiers de son *Tiferet*, pour habiller son *HGT* (*'Hesed*, *Gevourah*, *Tiferet*); ceci est la pliure des jambes, trois (*NHY*) sur trois (*HGT*). Cette pliure provoqua une attraction qui amena les *Kelim* de *Z'A* plus haut dans les *Sephirot HGT* et *NHY* de *Arikh Anpin* qui étaient repliées sur elles-mêmes dans *Atsilout*. La pliure des jambes de *Partsouf Arikh Anpin* fut la première force donnée aux *Kelim* brisés des sept *Sephirot* pour remonter vers *Atsilout*. *Voir Kipul Reglaim shel Arikh Anpin*
גלגול *Gilgoul*	H	***Réincarnation*** L'âme a cinq noms : *Nefesh*, *Roua'h*, *Neshamah*, *'Hayah* et *Ye'hidah* qui correspondent à ses cinq niveaux. L'âme est l'entité spirituelle à l'intérieur du corps, ce dernier étant seulement son vêtement extérieur. Chaque niveau de l'âme est subdivisé en cinq niveaux. Pour les niveaux de *Nefesh*; il y a *Nefesh* de *Nefesh*, *Roua'h* de *Nefesh*, *Neshamah* de *Nefesh*, *'Hayah* de *Nefesh* et

Hébreu / Araméen *Phonétique*	L	Dictionnaire

Ye'hidah de *Nefesh* et ainsi de suite pour les autres niveaux.

Il y a pour chacun des cinq mondes dix *Sephirot* et cinq *Partsoufim* et chaque âme tient son origine qui correspond à l'un de ces niveaux.

Ainsi, une âme peut être du niveau de *Nefesh* de *Malkhout* de *Noukva* de *'Asiah*, ou *Roua'h* de *'Hesed* de *Abah* de *'Yetsirah*, ou *Neshamah* de *Abah* de *Z'A* de *Yetsirah* etc..

Les plus hauts niveaux de l'âme ne peuvent s'acquérir en une seule fois. La plupart des hommes ne possèdent que le niveau de *Nefesh*, et s'ils le méritent, ils pourront acquérir les niveaux suivants, mais un à la fois.

Pour atteindre le niveau suivant de son âme, l'homme doit faire le *Tikoun* du niveau précédent.

Le *Tikoun* (rectification) de l'âme est réalisé par le *Gilgoul* (réincarnation) et par le *'Ibour* (attachement). Le *Gilgoul* est la réincarnation d'une âme depuis la naissance et jusqu'à la mort, le *'Ibour* est l'attachement d'une autre âme à la sienne, qui pourrait arriver et repartir à n'importe quel moment.

Il y a un *Levoush* (vêtement) ou enveloppe, qui est nécessaire pour que l'âme s'attache au corps de l'homme (*Gilgoul*) et lorsqu'une autre âme se rattache à lui, (*'Ibur*) elle peut utiliser le même *Levoush* pour demeurer en lui.

Hébreu / Araméen *Phonétique*	L	Dictionnaire

En accomplissant ce qu'il n'a pas accompli des 613 *Mitsvot*, l'homme fait le *Tikoun* nécessaire de son âme, qui peut maintenant s'élever vers les plus hauts royaumes et rejoindre sa source.

Mais si l'homme ne fait pas le *Tikoun* du niveau de son âme pour lequel il est venu, il revient et se réincarne.

Ce ne sont pas toutes les âmes qui se réincarnent, mais seulement celles qui ont besoin d'être réparées (en faisant les *Mitsvot* manquantes) qui reviennent.

Pour les *Mitsvot* qu'il était obligé d'accomplir, il les accomplit par le *Gilgoul*, et pour celles qu'il n'avait pas à accomplir, il les accomplit par le *'Ibour*, qui se retire par la suite.

Pour l'aider à accomplir les *Mitsvot* manquantes, une autre âme peut s'attacher à son âme (*'Ibour*) jusqu'à ce qu'il les accomplisse et ensuite se retirer. La *Mitsvah* manquante peut être une qu'il a choisie de ne pas faire, ou une qu'il n 'a pas pu faire dans une vie antérieure.

En autant que quelqu'un entreprenne le *Tikoun* de son âme en trois réincarnations, il reviendra chaque fois que c'est nécessaire pour compléter son *Tikoun*. Toutefois, s'il maintient son mauvais comportement, il ne reviendra plus après la troisième réincarnation.

Tous ces systèmes complexes de réincarnation n'ont qu'un seul objectif : permettre à l'homme

Hébreu / Araméen *Phonétique*	L	Dictionnaire

de mériter par ses propres efforts, de se rapprocher de son Créateur, en perfectionnant ses actes et en faisant le *Tikoun* de son âme.

Voir Tikoun, Neshamah

גלגל *Galgal*   H   **Roue**

Voir *Sephirot Ha'Igulim*

גלגלתא *Goulgolta*   A   ***Première des trois têtes de Arikh Anpin***

Les trois têtes de *Arikh Anpin* sont les racines de la direction de bonté, rigueur et miséricorde. Elles émanent de *Arikh Anpin* à *Abah* et *Imah* et de la, jusqu'aux *Mo'hin* (cerveaux) de *Z'A*.

Ces trois têtes sont le premier *Tikoun* (action) de *Partsouf Arikh Anpin* et sont :

1- *Goulgolta* - *Keter* de *Arikh Anpin*

2- *Avirah* - Dans l'espace entre *Keter* et *'Hokhma* de *Arikh Anpin,* il y a *Da'at* de *'Atik*

3- *Mo'ha* - *'Hokhma* de *Arikh Anpin*

Pour chaque tête, il y a trois niveaux de lumières : Intérieure, encerclante (*Makif*) et encerclante de l'encerclante (*Makif* le *Makif*). Le nom ה-ו-ה-י représente l'intériorité, le nom א-ה-י-ה l'encerclant. Selon leurs voyelles, ces noms correspondent à une des trois têtes.

Elles se différencient par leurs *Nekoudot* (voyelles).

Lorsque les premières lettres ont des voyelles prononcées telles quelles – intériorité.

Hébreu / Araméen *Phonétique*	L	Dictionnaire
		Le *Milouy* a des voyelles telles que prononcées – encerclant Le *Milouy* a *Kamatz* comme voyelle, et les premières lettres ont des voyelles telles que prononcées – encerclant de l'encerclant – Ceci est la première tête – *Goulgolta*
גלגלתא לבנה *Goulgolta Levanah*	A	**Goulgolta Levanah** De la tête du *Partsouf* (configuration) *Arikh Anpin*, sept émanations sortent pour agir et influencer sur la direction, appelée les *Tikounim* de *Arikh Anpin*. Le second *Tikoun* (action) d'*Arikh Anpin* s'achève par le passage des sept *Sephirot* inférieures de *Atik* dans sa tête avant qu'elles ne soient habillées en lui. Ces sept *Tikounim* de la tête d'*Arikh Anpin* sont révélées à partir des sept *Sephirot* inférieures de *Atik*. Le premier *Tikoun* גולגלתא לבנה *Goulgolta Levanah*) est réalisé par 'Hesed de *Atik*; ceci est la racine de tous les *'Hasadim* – bonté.
גמור *Gamour*	H	**Complet – Finition** (masculin) Après les étapes de *'Ibour, Yenikah, Leida, Katnout* (gestation, allaitement, naissance et enfance), un *Partsouf* est Gamour et il reçoit tous ses *Mo'hin* (cerveaux) et se trouve dans *Gadlout* (croissance) 1 ou *Gadlout* 2

Hébreu / Araméen Phonétique	L	Dictionnaire
גמורה Gmourah	H	**Complet – Finition** (féminin) Voir Gamour
גן עדן Gan 'Eden	H	**Le Jardin d'Eden** C'est l'endroit de repos pour les Neshamot (âmes) après leur séparation de leur anciens corps physiques. Il y a un Gan Eden inférieur et un Gan Eden supérieur.
גן עדן עליון Gan 'Eden 'Elyon	H	**Le Jardin d'Eden supérieur** Dans le Jardin d'Eden supérieur, les Neshamot (âmes) profitent de purs plaisirs spirituels et n'ont pas d'image spirituelle qui ressemble à leurs corps précédents.
גן עדן תחתון Gan 'Eden Takhton	H	**Le Jardin d'Eden inférieur** Dans le Jardin d'Eden inférieur, les Neshamot (âmes) profitent des plaisirs spirituels, mais ont un corps spirituel qui ressemble à leur ancien corps.
גנוז Ganuz	H	**Dissimulé – Caché** Certaines émanations ou Sephirot sont cachées. Comme Sephira Da'at de Partsouf 'Atik Yomin qui est caché dans Avirah; une des trois têtes de Arikh Anpin.
גס Gass	H	**Rude** Les Klipot (écorces négatives) sont par définition de nature rude. Elles obtiennent leur

Hébreu / Araméen Phonétique	L	Dictionnaire
		force en s'attachant aux *Sephirot* inferieures et se nourrissent des lumières de la *Kedoushah* (sainteté).
גרון *Garon*	H	**Gorge** Des treize *Tikounim* (rectifications) de la *Dikna* (barbe) de *Partsouf Arikh Anpin*; le onzième *Tikoun* représente les poils sur la gorge.
גשמיות *Gashmiut*	H	**Corporalité** La possibilité d'exister pour des entités séparées devint possible, seulement après s'être distancées de l'intensité de Sa Lumière. Plus la distance est grande, plus la corporalité devient possible. Sous chaque monde il y a un diviseur, qui diminue encore plus l'intensité de la lumière. Sous le diviseur de *Atsilout*, se trouve le monde de *Bériah* ; le monde de la création, le commencement d'existences individuelles, c'est le monde des âmes. Sous le diviseur de *Bériah*, il y a le monde de *Yetsirah* ; le monde de la formation, le monde des anges. Sous le diviseur de *Yetsirah*, il y a le monde de *'Asiah*; le monde de l'action, le monde de l'existence physique.

Hébreu / Araméen Phonétique	L	Dictionnaire
דבוק Davuk	H	**_Attaché – Joint à_** Même si ils sont deux _Partsoufim_ (configurations) distincts et qu'ils ont leurs propres _Tikounim_ (actions), pendant tout le temps que _Partsouf Z'A_ est en construction, _Partsouf Noukva_ est attaché à lui. Pour que l'abondance descende sur le monde, _Partsouf Zeir Anpin_ a besoin de s'unir avec _Noukva_. Il ne peut y avoir d'abondance que lorsque le masculin et le féminin sont en harmonie, et qu'ils ne sont plus joints dos à dos, mais face à face.
דבקות Dvekout	H	**_Adhérence – Coller_** Toutes les interrelations complexes et les possibilités de direction n'ont qu'un seul objectif : permettre à l'homme de mériter par ses propres efforts, de se rapprocher de son Créateur, et vivre la _Dvekout_ – l'adhésion à Dieu. De cette manière, l'homme atteindra la perfection et sera directement impliqué dans le but ultime de la création, qui est la révélation de _Gilouy Ye'houdo_ – Le dévoilement de l'unicité de Dieu.
דו"ן D"uN	A	**_Masculin et Féminin_** Initiales
דוחה Do'heh	H	**_Repousser_** _Partsouf Z'A_ repousse par son arrière ses _Gevourot_ (rigueurs) vers _Noukva._

117

Hébreu / Araméen *Phonétique*	L	Dictionnaire
דוכרין *Doukhrin*	A	***Masculin*** *Voir Mayin Doukhrin*
דוכרין **ונוקבין** *Doukhrin* *VeNukvin*	A	***Masculin et féminin*** *Voir Mayin Doukhrin, Mayin Noukvin*
דומם *Domem*	H	***Minéral – Inanimé*** En parallèle aux quatre mondes de *Atsilout,* *Bériah, Yetsirah* et *'Asiah,* il y a quatre sortes d'existence dans notre monde : le minéral (דומם), le végétal (צומח), l'animal (חי), et le verbal (מדבר). Le minéral correspond au monde de *'Asiah*.
דומם, **צומח, חי,** **מדבר** *Domem,* *Tsomeah* *'Hay,* *Medaber*	H	***Minéral, végétal, animal et verbal*** En parallèle aux quatre mondes de *Atsilout,* *Bériah, Yetsirah* et *Asiah*, il y a quatre sortes d'existence dans notre monde : le minéral (דומם), le végétal (צומח), l'animal (חי), et le verbal (מדבר). Le minéral correspondant à *Asiah*, le végétal à *Yetsirah*, l'animal à *Bériah* et le verbal à *Atsilout*.
דורמיטא *Dormita*	A	***Somnolence*** Au début *Partsouf Z'A* est dans un état de *Dormita* (somnolence). Pour agir, il a besoin d'obtenir ses *Mo'hin* (cerveaux) de *Partsouf ISOT* ou *Partsouf Abah* et *Imah* et d'arriver à une étape de croissance. À l'intérieur de *Partsouf Imah*, *Partsouf Z'A* passe à travers une période de gestation, suivie par une

Hébreu / Araméen *Phonétique*	L	Dictionnaire

première période d'enfance et une première croissance.

Dans cette première croissance, ses *Mo'hin* sont de *NHY* (*Netsa'h, Hod, Yesod*) de *Partsouf Tevounah*. Pendant le temps de la gestation, *Z'A* n'agit pas vraiment étant en construction. Au moment de l'allaitement, il commence à agir et au moment de la croissance il est totalement prêt à agir.

דיבור H **Parole**
Dibour

À partir des lumières qui furent investies à l'intérieur de *Adam Kadmon*, émergèrent différents mondes à partir de ses sens et qui sont appelées ses branches.

Ces branches sont les lumières qui émanent vers l'avant à partir d'*Adam Kadmon*, en passant par ses ouvertures dans la tête, dont quatre sont nommées : vue, ouïe, odorat et parole.

Ils sortent de ses yeux, de ses oreilles, de son nez et de sa bouche.

Dans le langage de la Kabbalah, nous utilisons les noms des parties du corps uniquement pour illustrer les pouvoirs ésotériques de ces forces. On comprend, bien sur, qu'il n'y a aucune existence physique à ces niveaux.

Quand nous disons oreilles, bouche, ou n'importe quelle autre expression physique, le but est de décrire le sens interne ou la position qu'ils

Hébreu / Araméen *Phonétique*	L	Dictionnaire
		représentent. Ces émanations et configurations sont extraites des quatre lettres du nom de Dieu *B'H* et leurs différentes épellations, qui sont appelées *Milouyim* (épellations). De la bouche, sont sorties les lumières de l'aspect du nom de *SaG* (Ta'amim inferieurs). *Voir Orot HaPeh*
דין *Din*	H	***Rigueur – Jugement*** En premier, le *Ein Sof* (sans limites) rétracta Sa lumière d'un certain espace, et l'encercla, afin qu'il s'émane de toute sa force. En mettant des limites à sa lumière, Il révéla le concept de rigueur et de limite nécessaires aux êtres crées, et donna ainsi un espace pour que toutes les créatures existent. Du *Kav* (rayon) dix *Sephirot* furent formées en un arrangement linéaire, et par la suite en trois colonnes : droite, gauche et centrale, représentant la direction du monde à la manière de 'Hesed, *Din* et Ra'hamim (bonté, rigueur et miséricorde). À gauche, la colonne de *Din* (rigueur) contient les *Sephirot* : *Binah*, *Gevourah*, *Hod*. Certains *Partsoufim* sont masculins et confèrent la bonté, d'autres sont féminins et confèrent la rigueur. Par leurs unions, différents équilibres de ces deux forces (bonté et rigueur) font la direction. Une rigueur totale serait la destruction de tout ce

Hébreu / Araméen *Phonétique*	L	Dictionnaire
		qui n'est pas parfait, tandis qu'une bonté totale permettrait tout sans restriction.

Ainsi, nous voyons que tout ce qui est, et tout ce qui arrive est toujours composé de mesures variables et de balance de ces deux forces.

La rigueur se manifeste par tous les aspects féminins comme : le Nom de *BaN* (52), la *Sephira Gevourah* et la dissimulation des aspects masculins qui représentent la générosité.

דיקנא
Dikna — A

Barbe (illuminations du visage)

Il y a des poils (lumières) qui sortent du visage de *Partsouf Arikh Anpin* et *Partsouf Z'A*.

On les appelle *Dikna* (barbe) parce qu'ils se répandent en conduits individuels.

Ceux de *Arikh Anpin* sortent de sa *'Hokhma Stimaah* et se répandent vers le bas. Ils se divisent en treize et sont les treize *Tikounim* (actions) de *Dikna* d'*Arikh Anpin*.

Les autres *Tikounim* sont des lumières nécessaires à la réalisation et à l'abondance.

Toutefois, la direction elle-même provient de la *Dikna*, et c'est à travers elle que l'abondance s'écoule.

Les poils de la *Dikna* sont courts et rigides, étant de l'aspect de la rigueur. Ils sont aussi divisés en deux aspects : masculin qui inclut les premiers douze *Tikounim* et féminin qui comprend le treizième *Tikoun*. Chacun de ces *Tikounim* a sa

Hébreu / Araméen *Phonétique*	L	Dictionnaire

fonction particulière ou action pour la direction générale.

La *Dikna* révèle la direction de la bonté, rigueur et miséricorde, qui fut dissimulée dans *'Hokhma Stimaah*, en l'amenant vers le bas à *Z'A* à travers les deux *Mazalot* : *Notser* et *Nake*, qui sont les huitièmes et treizièmes *Tikoun*.

La *Dikna* aura une fonction suprême à la fin des temps : révéler le Yi'hud – la souveraineté divine.

Le second *Tikoun* de *Z'A* s'exprime par les lumières qui sortent de lui, comme les cheveux de sa tête et de son visage.

Ces *Tikounim* sont similaires à ceux de *Arikh Anpin*, mais possèdent certaines différences. De *Arikh Anpin*, tous les cheveux sortent de *'Hokhma Stimaah*, de *Z'A*; ils sortent de son *HBD* (*'Hokhma, Binah, Da'at*).

Les cheveux de *Z'A* sont noirs et emmêlés ; étant plus de l'aspect de *Gevourah*, les cheveux de *Arikh Anpin* sont blancs et expriment la bonté.

Les *Tikounim* de la *Dikna* de *Z'A* sont similaires à ceux de *Arikh Anpin*, même s'il n'y en a que neuf. Toutefois, grâce a une illumination provenant de *Arikh Anpin*, ils deviennent treize et agissent en tant que principe de bonté pour la direction de la justice.

Hébreu / Araméen Phonétique	L	Dictionnaire
דכיא Dakhya	A	**Pure – Propre** Proche de la *Kedoushah* (sainteté) et sans aucun attachement aux forces négatives. *Voir Kedoushah*
דם Dam	H	**Sang** Le sang est de l'aspect de *Gevourah* (rigueur) et contient aussi le *Nefesh* (plus bas niveau de l'âme). Ceci est en partie, la raison pour laquelle nous ne sommes pas autorisés à en consommer.
דמות Demut	H	**Ressemblance – Image** L'homme fut créé à l'image des *Sephirot* et des *Partsoufim*.
דעת Da'at	H	**Sephira (connaissance)** Quatrième des *Sephirot* On compte *Da'at* lorsque *Keter* ne l'est pas. Qualité : direction qui forme l'équilibre entre *'Hokhma* et *Binah*. Colonne : Centre – Ra'hamim (miséricorde). Position : milieu – centre D'autres *Sephirot* qui sont sur la même colonne : *Keter, Tiferet, Yesod, Malkhout*. *Partsoufim* qui sont faits à partir de cette *Sephira* : aucun, mais à partir d'elles proviennent cinq *'Hasadim* et cinq *Gevourot*. Leur rôle est essentiellement de faire les *Mo'hin* pour *Z'A* et *Noukva*. Nom correspondant : AHV-H- אהו-ה

Hébreu / Araméen *Phonétique*	L	Dictionnaire
דעת *Da'at*	H	**Connaissance** La connaissance essentielle est celle de la volonté du Créateur et de ses façons de diriger dans cette existence, comme expliqué dans la Kabbalah. *Voir Torah, Kabbalah*
דק *Dak*	H	**Mince – Fin – Tenu** Lorsque les *Sephirot* sortirent la première fois de la bouche d'*Adam Kadmon*, seule la partie la plus subtile des lumières retourna à son origine dans la bouche. *Voir Orot HaPeh*
דרך *Derekh*		**Chemin** Direction – à la façon de….

Hébreu / Araméen *Phonétique*	L	Dictionnaire
ה' אלעה *Hey Ela'a*	A	**He- (ה) supérieur** Premier H (ה) du *Tetragramme* (י-ַה-ו-ה) Correspond au *Partsouf Imah*
ה' תתאה *Hey Tataa*	A	**He- (ה) inférieur** Deuxième H (ה) du *Tetragramme* (י-ה-ו-ַה) Correspond à la *Sephira Malkhout*
הארה *Hearah*	H	***Illumination*** Illumination spéciale d'une lumière à des fins spécifiques.
הבדל *Hevdel*	H	***Différence – Changement*** Il y a des différences dans les émanations des lumières en fonction de leur importance et de leur position. Chaque *Sephira* se compose d'un récipient appelé *Keli*, qui retient sa partie de lumière appelée *Or*. Il n'y a pas de différence dans la lumière elle-même qui est une émanation unique de Dieu. La différence provient de la particularité ou la qualité de la *Sephira*.
הבטה *Habtah*	H	***Regard*** *Voir Histaklut*
הבל *Hevel*	H	***Souffle – Vapeur*** À partir des différentes émanations qui sortirent de *Adam Kadmon*, dix *Sephirot* internes et dix *Sephirot* encerclantes, de l'aspect des *Ta'amim* (cantillation) inférieures sortirent de sa bouche.

Hébreu / Araméen *Phonétique*	L	Dictionnaire
		On les décrit comme deux vapeurs du côté droit de la bouche, deux expressions du côté gauche et ayant racine dans les deux mâchoires : supérieures et inférieures. Ces émanations descendent jusqu'au nombril d'*Adam Kadmon* .
הבלא דגרמי *Habela Degarmi*	A	**Habela Degarmi** La lumière qui donne la vie au *Keli* (récipient) est comparable à l'âme qui garde le corps en vie. Lorsqu'un homme meurt et que son âme se sépare de son corps, ce dernier restera avec le "*Habela Degarmi*" (הבלא דגרמי) qui, de même que les 288 étincelles, permettra la conservation du corps à partir du moment où l'âme l'a quittée jusqu'à la résurrection. *Voir Rapa'h Netsutsot*
ההין *HaHin*	M	**De ה (H)** Lorsque la lettre ה est utilisée pour faire le *Milouy* (épellation).
הוד *Hod*	H	**Sephira – Gloire** La huitième des *Sephirot* Qualité : diminue la rigueur à qui le mérite. Colonne : gauche – *Din* (rigueur) Position : gauche – en bas Autres *Sephirot* sur la même colonne : *Binah*, *Gevourah*. *Partsoufim* fait a partir de cette *Sephira* : une des *Sephirot* qui fait le *Partsouf Z'A*.

Hébreu / Araméen Phonétique	L	Dictionnaire
		Nom correspondant:Elohi-m Tsebaot אלהי- ם צבאות- *Milouy* correspondant du nom : *MaH (45)* (מה) Voyelle correspondante : Kubutz Correspondance physique : Pied gauche Niveau de l'âme : *Roua'h* *Voir Sephira, Partsouf*
הוי"ה HaVaYaH	H	**HaVaYah** Une des façons de mentionner le *Tetragramme* ה-ו-ה-י sans le prononcer.
הולדה Olada	H	**Donner naissance** Une des étapes dans le *Tikoun* (réparation-rectification) d'un *Partsouf*. Après la gestation dans le *Partsouf* féminin supérieur, le *Partsouf* sort et continue son processus de croissance.
היכלות Hekhalot	H	**Portails – Niveaux** *Voir Kekhal*
היכל Hekhal	H	**Portail – Niveau** Chaque monde *(ABYA)* est construit à partir de quatre aspects : *Partsouf* (configuration), *Levoush* (vêtement), *Or Makif* (lumières encerclantes), et *Hekhalot* (portails). Dans chaque *Partsouf*, il y a intériorité et extériorité, l'extériorité est toujours de l'aspect de *Malkhout* et les *Hekhalot* sont les ramifications des *Malkhout* des *Partsoufim*. Les *Hekhalot* sont les différents niveaux

127

Hébreu / Araméen *Phonétique*	L	Dictionnaire
		d'ascension des *Tefilot* avant de rejoindre le *Òlam Atsilout* pendant la *Amidah*. Leur principale fonction est de permettre l'adhésion et l'attachement, de manières différentes et particulières pendant les *Tefilot*, jusqu'au septième plus haut *Hekhal* (portail) *Kodesh Hakodashim - Olam Atsilout* (lors de la *Amidah*). Les *Neshamot* et les anges ont leur racine dans les *Hekhalot*, chacune en relation à son niveau respectif.

Hekhal / Portail

Premier לבנת הספיר- (*Livnat Hasapir*)

Second עצם השמים- ('*Etsem Hashamayim*)

Troisième נוגה (*Nogah*)

Quatrième זכות (*Zekhut*)

Cinquième אהבה (*Ahavah*)

Sixième רצון (*Ratson*)

Septième קדש קדשים- (*Kodesh Kodashim*)

Le but du service des créatures, est d'aider à préparer les *Partsoufim Z'A* et *Noukva* pour le *Zivoug* (union) et ceci par l'élévation et l'adhésion des mondes de *Bériah*, *Yetsirah* et *Asiah* aux *Hekhalot* de *Noukva* d'*Atsilout*

Voir Kavanah

Hébreu / Araméen *Phonétique*	L	Dictionnaire
הכאה *Hakaah*	H	***Collision*** Les lumières qui sortirent de la bouche d'*Adam Kadmon* ne trouvèrent pas de *Keli* (récipient) individuel. Les parties les plus subtiles de ces

128

Hébreu / Araméen *Phonétique*	L	Dictionnaire

lumières remontèrent et se heurtèrent avec les traces des lumières inferieures qui subsistaient. De cette collision d'étincelles fut créé un *Keli*. Ceci est le *Olam Ha'Akudim* (monde des Attachés) ou il y eut un unique *Keli* pour toutes les *Sephirot*.
Au-dessous d'*Atsilout*, les lumières de *Malkhout* se heurtèrent et un rideau se forma à partir de la collision de ces lumières entre *Atsilout* et *Bériah* et entre chacun des mondes inférieurs.
Voir Ma'akeh

הכללי H **HaKlali**

HaKlali

Une des sept principales sortes de *Gematriot*.
La valeur *Ragil* du mot au carré.
Ex : הארץ = 296 * 296 = 87616
Voir Gematria

הכנה H **Préparation**

Hakhana

Le mot Kabbalah vient du verbe *Lekabel* (recevoir), mais pour recevoir il est nécessaire en premier lieu d'être préparé, et être un *Keli* (récipient) capable de recevoir et de contenir cette connaissance.
Une préparation est nécessaire. pour le *Zivoug* (union) des *Partsoufim Z'A* et *Noukva*, celle-ci se fait par l'élévation des mondes lorsque les hommes font les *Tefilot* et *Mitsvot*.
Voir Tefilah, Mitsvot

הכפלה H **Augmentation**

Hakhpalah

Il existe des additions dans la taille des *Sephirot* ou

129

Hébreu / Araméen Phonétique	L	Dictionnaire
		des *Partsoufim Z'A* et *Noukva*, en relation à leur état de croissance. Il y a aussi des additions en nombre. Lorsque le Partsouf *Z'A* reçoit cinq *'Hasadim* de la *Sephira Da'at* pour la direction, ils descendent et remontent de la *Sephira Yesod* de *Z'A* à la *Sephira 'Hesed* et *Gevourah* (de *Z'A*). Ils augmentent et doublent, de trois tiers chacun à six tiers, chacun devenant maintenant six tiers. *Voir Gadlout*
המשכה *Hamsha-khah*	H	***Attirer – Extension*** Pour le *Tikoun* (rectification), les lumières féminines inférieures remontent et attirent vers elles les lumières masculines supérieures. Pendant le *Zivoug* (union) les lumières masculines de *MaH* (45) nécessaires au *Tikoun*, sont attirées vers les lumières féminines de *BaN* (52) et sont gardées dans la *Noukva* supérieure.
המתקה *Hamtakah*	H	***Adoucissement – Apaisement*** Un adoucissement ou apaisement des *Gevourot* (rigueurs) se produit lorsqu'elles sont en contact direct avec les *'Hasadim*. Pour la direction, *Partsouf Z'A* reçoit cinq *'Hasadim* et cinq *Gevourot* de la *Sephira Da'at*, ils descendent et remontent à partir de la *Sephira Yesod* de *Z'A*. Lorsque les cinq *Gevourot* descendent de *Da'at* de *Z'A*, elles sont adoucies dans *Yesod* de *Z'A*.

Hébreu / Araméen *Phonétique*	L	Dictionnaire

הנהגה | H | ***Direction***
Hanhagah

La Kabbalah est la seule science qui nous explique dans les moindres détails, la véritable direction du monde, afin que nous puissions comprendre la volonté de Dieu. Elle nous enseigne que le monde est dirigé par un système extrêmement complexe de forces ou lumières, qui à travers leurs interactions, provoquent des réactions en chaîne qui ont un impact direct sur l'homme et sur la direction des mondes.

Chacune de ces réactions a différentes ramifications comportant plusieurs détails et résultats. La direction des mondes est faite à travers l'influence des différentes *Sephirot* et *Partsoufim*.

Il existe deux principales sortes de direction : la direction générale, qui est pour la subsistance des mondes, et n'est pas influencée par les actions des hommes. Cette direction est faite par les *Sephirot* encerclantes.

La direction variable, qui est basée sur la justice, récompense et punition, est dépendante des actions des hommes. Cette direction se fait par les *Sephirot* linéaires. Les *Sephirot* linéaires sont disposées en trois colonnes : droite, gauche et centre, et représentent la direction des mondes à la manière de '*Hesed*, *Din* et *Ra'hamim* – Bonté, rigueur et miséricorde.

La direction des mondes est en relation aux différentes positions et interactions des *Partsoufim*

Hébreu / Araméen *Phonétique*	L	Dictionnaire

masculins et féminins étant donné qu'ils ont un effet direct sur les mesures et balances des facteurs de bonté, rigueur et miséricorde. Les *Partsoufim* masculins accordent la bonté, et les féminins la rigueur. Par leur union, différents équilibres de ces deux forces de bonté et rigueur font la direction.

Une rigueur complète serait la destruction de tout ce qui n'est pas parfait, tandis que la bonté totale permettrait tout sans restriction. Toutefois, ces deux aspects sont nécessaires pour la direction de la justice, et pour donner à l'homme la possibilité du libre choix.

Voir Sephirot, Partzuf, Tikoun, Sephira

הסתכלות
Histaklut

H **Regarder – Observer**

Regarder, c'est être prêt a se rapprocher, éviter de se voir ou de se retourner, c'est créer une distance.

Dans la *Shvirat Hakelim* (brisure des récipients), les *Sephirot 'Hokhma* et *Binah* étaient face à face. Lorsque la *Sephira Da'at* se brisa, les *'Hasadim* et *Gevourot* (rigueurs) de *'Hokhma* et *Binah* tombèrent dans leur corps, ils se retournèrent dos à dos, afin de ne pas se regarder.

Dans la position des *Partsoufim* (configurations), quelquefois, *Partsouf Ra'hel* est face à face avec *Partsouf Z'A*, qui est au milieu, ayant celle-ci et *Partsouf Ya'acov* à ses côtés – les trois se regardant.

Hébreu / Araméen Phonétique	L	Dictionnaire
הפרעות Hafra'ot	H	**Dérangement** Le dérangement est causé par l'augmentation des Klipot (écorces) ou de l'absence de la Kedoushah (Sainteté)
הפרתי HaPerati	H	**HaPerati** Une des sept principales sortes de Gematriot. Chaque lettre est à la racine carrée. Ex : הארץ = 5 * 5 = 25, 1 *1 = 1, 200 * 200 = 40 000, 900 * 900 = 810 000 Total = 850 026 Voir Gematria
הקדמי HaKadmi	H	**HaKadmi** Une des sept principales sortes de Gématriot. Chaque lettre possède sa propre valeur plus le total de toutes les autres qui la précédent.

De	A	Valeur
א	ט	1 – 45
י	צ	55 – 495
ק	ת	595 – 1495
ר	ץ	1995 – 4995

Ex : הארץ = 15 + 1 + 795 + 4995 = 5806

Voir Gematria

| הרחקה
Har'hakah | H | **Distancer**
La distance signifie le contraire ou une incompatibilité.
La possibilité d'exister pour les entités séparées, devient possible seulement lorsqu'elles sont |

Hébreu / Araméen *Phonétique*	L	Dictionnaire
		éloignées de l'intensité de Sa lumière. *Voir Tsimtsoum, A'Hor Be A'hor*
הריון *Herayon*	H	***Grossesse – Gestation*** *Voir 'Ibour*
השגה *Hasagah*	H	***Savoir - Compréhension*** Les *Tikounim* (actions) des *Partsoufim* sont des lumières nécessaires pour la réalisation et l'abondance. Pour atteindre un niveau supérieur de compréhension, il est nécessaire de faire l'effort d'étudier le secret (*Sod*) et l'aspect intérieur de la *Torah* qui est la Kabbalah. *Voir Kabbalah, Torah*
השוואה *Hashavah*	H	***Équivalence*** En relation au temps, les *Partsoufim* masculins et féminins varient en taille. L'idéal est atteint lorsque le *Zivoug* (union) se fait alors que ces *Partsoufim* sont de même taille.
השפעה *Hashpa'ah*	H	***Accordance -Déversement*** Au début, le Créateur était seul, occupant tout l'espace avec Sa lumière. Sa lumière sans fin, frontières ou limites remplissait tout. Il ne transmettait pas Son influence, parce qu'il n'y avait personne pour la recevoir. Lorsqu'Il décida de créer, Il commença à influencer. Le Créateur ayant l'intention d'accorder la bonté à Ses créatures, tous les niveaux de la création furent mis en place afin que Sa bonté puisse émaner vers

Hébreu / Araméen *Phonétique*	L	Dictionnaire

eux, et de telle manière à ce qu'ils puissent la recevoir.

Certains *Partsoufim* sont masculins et confèrent-la bonté, d'autres sont féminins et confèrent la rigueur. Par leur union, différents équilibres de ces deux forces de bonté et rigueur font la direction. Lorsque les *Partsoufs* féminin et masculin sont face à face, c'est le niveau idéal qui correspond à accorder l'abondance.

Le dos à face est le second niveau et le dos à dos correspond à la dissimulation et a la rigueur.

Tout est d'une seule et unique source : la lumière de Dieu, qui se manifeste à travers ces *Partsoufim* et *Sephirot*

Voir Ratson Lehashpia'

השתלשלות
Hishtal-shelut

H **Évolution – Chaîne d'événements**

Dans la Kabbalah, la Hishtalshelut est la chaîne d'événements commençant à partir du premier acte de Dieu qui est le *Tsimtsoum* (rétraction) jusqu'aux arrangements complexes qui font la direction des mondes.

התעבות
Hit'abot

H **Épaississement**

À partir d'*Adam Kadmon*, différentes émanations émergèrent en vue de la préparation des mondes futurs.

Une de ces premières émanations sortit de sa bouche; ces lumières ne trouvèrent pas de *Keli* individuel et retournèrent à leur origine dans la

Hébreu / Araméen *Phonétique*	L	Dictionnaire
		bouche. Elles ne retournèrent pas complètement, juste la partie la plus subtile le fit, chacune laissant sa trace. Les parties qui restèrent s'épaissirent, mais furent illuminées par leurs propres parties qui remontaient.
התפשטות *Hitpashtut*	H	***Étaler - expansion*** Pour *Adam Kadmon*, les 'branches' sont les lumières qui se propagèrent à partir des ouvertures dans la tête. Lorsque les *Mo'hin* (cerveaux) entrèrent dans le *Partsouf Z'A*, *Sephira Da'at* eut besoin de se répandre plus bas que les reste des *Mo'hin* et se répandit sur tous les côtés de *Partsouf Z'A* et *Noukva*. Après que les *'Hasadim* se propagèrent complètement dans Partzuf Z'A et remontèrent jusqu'à *Keter*, *Partsouf Z'A* atteignit son niveau de croissance.

Hébreu / Araméen *Phonétique*	L	Dictionnaire
ו' קצוות *Vav Ktsavot*	H	**Six extrémités** Les six extrémités représentent toutes les directions possibles, avant, arrière, droite, gauche, haut et bas. Les six extrémités de *Partsouf Z'A* sont les *Sephirot HGT* et *NHY*. Pendant la gestation de *Z'A*, ses six extrémités sont trois sur trois; *NHY* se plie sur *HGT* et la *Sephira Malkhout* se retrouve quatrième après eux sur la *Sephira Yesod* de *Z'A*. Lorsque l'on dit que *Z'A* intègre les six extrémités du monde de *Atsilout* et que *Noukva* est sa *Malkhout*, cela veut dire que *Z'A* est dans un certain sens le corps de 'Olam Atsilout et que sa *Malkhout* devient la *Malkhout* de *Atsilout*.
ויהוא"ל *Vihue"l*		**Vihue"l** Le nom de l'un des trois grands princes des Anges.
ויטאל *Vital*	H	**Rabbi 'Haim Vital** Il naquit en Italie en 1543 et mourut à Damas en 1620. Le principal étudiant du Ari Z'al. Pendant les deux ans que le Ari Z'al vécut à *Tsfat*, il étudia la Kabbalah avec lui. Après la mort du Ari, il mit tous ses enseignements par écrits, dans ce qui est appelé les Kitve HaAri - les écrits du Ari.
וילנא *Vilna*		**Rabbi Eliyahu de Vilna – Le Gaon de Vilna.** Il naquit à Vilna en Lithuanie en 1720 et y mourut en 1797. Il fut l'un des dirigeants principaux des

Hébreu / Araméen _Phonétique_	L	Dictionnaire
		Mitnagdim. (opposants des *'Hasidim*). Très important érudit de la *Torah* et de la Kabbalah des deux derniers siècles. Certains de ses travaux sur la Kabbalah sont : *Kitvei HaGra Be'eniene Kabbalah*
ולד *Valad*	H	***Enfant – nourrisson – foëtus*** Tous les *Tikounim* des *Partsoufim* masculins et féminins sont réalisés par le *Zivoug* (union), la gestation et la naissance. Durant le *Zivoug*, les lumières de *MaH* (45) nécessaires pour le *Tikoun*, sont attirées vers les lumières de *BaN* (52) et sont conservées dans la *Noukva* supérieure. Durant la gestation, à l'intérieur de la *Noukva*, elles sont arrangées et complétées jusqu'à ce qu'il n'y ait plus rien à ajouter. Lorsqu'il est complètement réparé, le *Partsouf* est né et se révèle, ceci est la naissance.

Hébreu / Araméen Phonétique	L	Dictionnaire
ז' מלכים Sheva' Malkhin	H	**Sept rois** Les sept rois de Edom qui sont morts (Berechit, 36, 31) correspondent aux sept *Sephirot* inférieures qui se sont cassées durant la *Shvirat Hakelim* (brisure des récipients) *Voir Shvirat Hakelim*
ז"א Z'A	A	**Zeir Anpin (petit visage)** Initiales du *Partsouf Zeir Anpin*, utilisées plus souvent que le nom en entier. *Voir Zeir Anpin*
ז"ת Za"T	A	Initiales **de Zain Takhtonot** Sept *Sephirot* inférieures
זו"ן Z"UN	A	**Zeir Anpin et Noukva** Initiales du *Partsouf Zeir Anpin* et du *Partsouf Noukva*, utilisées plus souvent que les noms complets.
זוהמא Zohama	H	**Saleté** État de distance de la *Kedoushah* et de rapprochement à la *Sitra A'hra* (force négative) *Voir Sitra A'hra*
זוהר Zohar	A	**Zohar** Le livre de la splendeur, écrit par Rabbi Shim'on Bar Yo'hay. Le Zohar est l'explication ésotérique et mystique de la *Torah*, et la base de la plupart des écrits de Kabbalah.

Hébreu / Araméen *Phonétique*	L	Dictionnaire
זווג דנשיקין *Zivoug De Neshikin*	A	**Union des baisers** Il existe deux sortes d'unions pour le *Zivoug*: par le baiser et par les *Yesodot* (*Sephira Yesod*). Le baiser sert à rattacher l'intériorité du masculin avec celle du féminin. Les *Yesodot* servent à rattacher l'extériorité du masculin avec celle du féminin. La première des deux étapes pour le *Zivoug* est réalisée dans les têtes des *Partsoufim*; c'est le baiser (le *Zivoug* des bouches). Cet attachement est ensuite étendu au reste du *Partsouf*. Le baiser est dans les têtes, leur *Zivoug* est double; Le *Roua'h* du masculin est dans la bouche du féminin et le *Roua'h* du féminin est dans la bouche du masculin. Il y a donc deux Rou'hot unifiés en un. *Voir Zivoug, Tikoun*
זווג של יסודות *Zivoug shel Yesodot*	H	**Union des Yesodot** Il existe deux sortes d'unions pour le *Zivoug* (unions) : le baiser sert à attacher l'intériorité du masculin avec celui du féminin. L'union des Yesodot sert à attacher l'extériorité du masculin avec celle du féminin. La deuxième des deux étapes pour le *Zivoug* est le *Zivoug* des Yesodot (par les deux *Sephirot Yesod*). Il complète le *Zivoug*, et c'est à partir de ce *Zivoug* que les émanations s'étendent aux mondes. *Voir Zivoug, Tikoun*

Hébreu / Araméen *Phonétique*	L	Dictionnaire
זיו *Ziv*	H	**Rayonnement – Illumination** Une lumière supérieure illuminera une lumière inférieure pour l'influencer, ou pour créer une nouvelle émanation.
זיווג *Zivoug*	H	**Union** Le *Zivoug* est l'union du masculin et du féminin. Tous les dénouements des émanations supérieures sont le résultat des différentes unions des lumières masculines et féminines. Il existe différentes sortes de *Zivoug*im; ceux pour la construction des mondes et ceux pour bâtir les *Partsoufim* et pour la direction des mondes. Après la *Shvirat Hakelim* (brisure des récipients) le premier *Tikoun* (rectification) fut le *Zivoug* des *Sephirot* de *MaH* (45) et *BaN* (52) en arrangements complexes, pour permettre au féminin *BaN* (52) d'être réparé par le masculin *MaH* (45) et pour que les *Sephirot* se tiennent dans l'arrangement en trois colonnes de bonté, rigueur et miséricorde. Tous les *Tikounim* des *Partsoufim* (masculin et féminin) sont accomplis à travers le *Zivoug* (union), la gestation et la naissance. Pendant le *Zivoug*, les lumières de *MaH* (45) nécessaires pour le *Tikoun* sont attirées par les lumières de *BaN* (52) et sont gardées dans la *Noukva* supérieure. Pendant la gestation, à l'intérieur de *Noukva*, elles sont arrangées et

Hébreu / Araméen Phonétique	L	Dictionnaire

complétées jusqu'à ce qu'il n'y ait plus rien à ajouter. Lorsqu'il est complètement réparé, le *Partsouf* est révélé et ceci est la naissance. Il y a ensuite l'allaitement, et finalement la croissance pour que le *Partsouf* soit totalement indépendant.

Partsouf Atik fut construit par le *Zivoug* de '*AV* et *SaG* de *Adam Kadmon*. Son *MaH* (45) correspond au principe masculin, son *BaN* (52) au féminin; il est appelé *Atik* et sa *Noukva*. Sa *Noukva* n'est jamais séparée de lui, son dos attaché à son dos, *Atik* étant donc tout face ; la face de *BaN* (52) correspondant à son dos, la face de *MaH* (45) à son devant. Par le *Zivoug* de *Atik*, *Arikh* et sa *Noukva* furent bâtis, et de leur *Zivoug*, *Abah* et *Imah* furent bâtis. Par le *Zivoug* de *Abah* et *Imah*, *Z'A* et *Noukva* furent bâtis.

Pour *Abah* et *Imah* il y a deux sortes de *Zivoug*, le *Zivoug* constant est appelé extérieur et sert à la subsistance des mondes et rien d'autre, l'autre est appelé intérieur et sert au renouveau des *Mo'hin* (cerveaux) de *Z'uN*.

Pour que l'abondance descende vers le monde, *Zeir Anpin* a besoin de se réunir avec *Noukva*. Il ne peut y avoir d'abondance que lorsque le masculin et le féminin sont en harmonie. Chaque jour, selon les actions de l'homme, les *Tefilot* pendant la semaine, *Shabbat* et les fêtes et selon le temps, différentes configurations permettent différents *Zivoug*im, et par conséquent

Hébreu / Araméen *Phonétique*	L	Dictionnaire

l'écoulement de l'abondance *d'intensités variables.*

Le *Tikoun* n'est possible que par le *Zivoug* (union) du masculin et du féminin.

Le masculin correspond au *'Hesed* et *MaH* (45), le féminin à *Gevourah* et *BaN* (52). Deux conditions sont nécessaires pour que le *Zivoug* soit possible : les *Partsoufim* doivent être construits, et le féminin doit stimuler une réaction du masculin. Cette stimulation arrive quand elle fait monter ses *Mayin Noukvin* (eaux féminines) de l'aspect de *BaN* (52) qui provoquent ensuite la descente des *Mayin Doukhrin* (eaux masculines) de l'aspect de *MaH* (45) du masculin.

Toute abondance qui descend vers le monde, provient de plusieurs *Zivoug*im de *Z'uN*. Il y a quatre *Zivoug*im différents :

- les *Zivougim* avec Ra'hel sont du plus haut niveau, étant de l'aspect de la bonté.
- Ceux avec *Léah* sont plus de l'aspect de la rigueur.
- Celui d'Israel et de Ra'hel est le plus haut. Israel représente tout de *Z'A*, Ra'hel est l'essentiel de *Noukva*. L'abondance qui est accordée par ce *Zivoug* est la plus complète.
- Les autres *Zivoug*im de *Z'uN* sont de différents niveaux, à des moments différents, et de moindre plénitude.

Hébreu / Araméen *Phonétique*	L	Dictionnaire

Chaque jour, est gouverné par une nouvelle émanation. Pour chaque jour, il y a de nouveaux *Zivoug*im de différents aspects de *Z'uN*.

- Dans la *Tefilah* de Sh'ahrit, il y a le *Zivoug* de *Ya'acov* et Ra'hel.
- Dans la *Tefilah* de *Min'ha*, il y a le *Zivoug* d'Israel et *Léah*.
- Dans la *Tefilah* de *'Arvit*, il y a le *Zivoug* de *Ya'acov* et *Léah* (vers le haut à partir de la taille).
- Dans le *Tikoun 'Hatsot*, il y a le *Zivoug* de *Ya'acov* et *Léah* (vers le bas à partir de la taille).

Il y a deux étapes pour le *Zivoug*, le premier se réalise dans les têtes des *Partsoufim*; c'est le baiser (le *Zivoug* des bouches). Par eux, l'intérieur des deux *Partsoufim* se rattachent; Cet attachement s'étend ensuite au reste du *Partsouf*. Le second, est le *Zivoug* des Yesodot (par les deux *Sephirot Yesod*); c'est par ce *Zivoug* que les émanations se répandent dans les mondes.

La direction du monde dépend des différentes positions et interactions de ces *Partsoufim* masculin et féminin, car ils ont un effet direct sur les mesures et balances des facteurs de bonté, rigueur et miséricorde.

Le but du service des créatures est d'aider a préparer les *Partsoufim Z'A* et *Noukva* pour le

Hébreu / Araméen *Phonétique*	L	Dictionnaire

Zivoug, et ceci par l'élévation et l'adhésion des mondes à travers les Téfilot et les *Mitsvot*.

| **זיווגים** *Zivougim* | H | **Unions** *Voir Zivoug* |

| **זין תחתונות** *Zayin Takhtonot* | H | **Les sept inférieures** Les sept *Sephirot* inférieures 'Hesed, Gevourah, Tiferet, Netsa'h, Hod, Yesod, Malkhout. *Voir Partsouf Zeir Anpin* |

| **זך** *Zakh* | H | **Subtile – Raffinée** |

En général, lorsqu'une lumière a besoin de s'élever, sa partie la plus subtile monte, et ce qui demeure va s'épaissir, puisqu'il est maintenant séparé de sa partie la plus subtile.

Dans le monde des *'Akudim* (les attachés), lorsque les *Sephirot* sortirent la première fois de la bouche d'*Adam Kadmon*, chacune avait sa propre place, mais dans un seul *Keli*.

La partie la plus subtile des lumières retourna à son origine dans la bouche, tout en laissant sa trace. Les parties des lumières qui restèrent s'épaissirent, mais étaient encore illuminées par leurs propres parties qui étaient montées. Les lumières se heurtèrent et firent des étincelles qui formèrent les *Kelim* (récipients) pour contenir les lumières les plus subtiles qui retournèrent une seconde fois.

Hébreu / Araméen *Phonétique*	L	Dictionnaire
זכות *Zakhut*	H	***Pureté*** *Voir Zakh*
זכות *Zekhut*	H	***Zekhut*** Le nom d'un *Hekhal* (portail). Le quatrième des sept *Hekhalot*, qui correspond à *Gevourah*. Chaque monde *(ABYA)* est bâti à partir de quatre aspects : *Partsouf, Levoush* (vêtement), *Or Makif* (lumières encerclantes), et *Hekhalot*. Dans chaque *Partsouf*, on trouve intériorité et extériorité, l'extériorité étant toujours de l'aspect de *Malkhout* et les *Hekhalot* sont des ramifications des *Malkhout* des *Partsoufim*. Les *Hekhalot* sont aussi les différents niveaux d'ascension des *Tefilot* avant qu'elles n'atteignent le septième *Hekhal* (portail) *Kodesh Hakodashim*. Leur fonction principale est de permettre l'adhésion et l'attachement de diverses manières particulières pendant les *Tefilot*, jusqu'au *'Olam Atsilout*. Les *Neshamot* et les anges ont leurs racines dans les *Hekhalot*, chacune dépendant de son niveau respectif.
זכר *Zakhar*	H	***Masculin*** Il y a des *Partsoufim* masculins qui confèrent la bonté et des *Partsoufim* féminins qui confèrent la rigueur. Par leurs unions, différents équilibres de ces deux forces (bonté et rigueur) font la direction.

Hébreu / Araméen **L** *Phonétique*	Dictionnaire

La bonté se manifeste par tous les aspects masculins qui représentent la générosité, et par la dissimulation des aspects féminins qui représentent la rigueur.

Le *Zivoug* est l'union du masculin avec son féminin.

Tous les dénouements de ces émanations supérieures sont le résultat des différentes unions des lumières masculines et féminines.

Le masculin correspond au Hesed et *MaH* (45), le féminin à *Gevourah* et *BaN* (52). Le *Tikoun* n'est possible que par le *Zivoug* (union) du masculin et du féminin.

La direction du monde dépend des différentes positions et interactions des *Partsoufim* masculin et féminin, puisqu'ils ont un effet direct sur la mesure et balance des facteurs de bonté, rigueur et miséricorde.

Voir Zivoug, Tikoun, Zeir Anpin

זמן **H** *Zman*	***Temps***

Chaque jour, selon les actions des hommes, des Téfilot pendant la semaine, *Shabbat* et Fêtes, et dépendant du moment, plusieurs configurations permettent différents *Zivoug*im et donc l'écoulement de l'abondance *d'intensités variables*.

Chaque moment peut aussi être décrit en termes de permutation des noms de Dieu et par les

Hébreu / Araméen *Phonétique*	L	Dictionnaire
		différents *Sephirot* et *Partsoufim*.
זמנים *Zmanim*	H	***Temps*** *Voir Zman*
זעיר אנפין *Zeir Anpin*	A	***Partsouf Zeir Anpin (petit visage)*** *Zeir Anpin (Z'A) se compose des sept Sephirot inférieures: 'Hesed, Gevourah, Tiferet, Netsa'h, Hod, Yesod et Malkhout.* En premier *Z'A* est dans un état de *Tardema* (somnolence). Pour agir, il a besoin de recevoir ses *Mo'hin* (cerveaux) qui sont ses trois premières *Sephirot 'Hokhma*, *Binah* et *Da'at* de *ISOT* ou *Abah* et *Imah*, et atteindre un stade de croissance. À l'intérieur de *Imah*, *Z'A* passe à travers une période de gestation, suivie par une première période d'enfance et une première croissance. Dans la première croissance ses *Mo'hin* (cerveaux) proviennent de *NHY* de *Tevounah*. Pendant la gestation, *Z'A* n'agit pas vraiment étant en construction. Au moment de l'allaitement, il commence à agir et à la croissance, il est prêt à agir. Lorsque *NHY* de *ISOT* 2 s'habille dans *Z'A* comme ses *Mo'hin* (cerveaux); c'est la première croissance. Mais lorsque *NHY* de *ISOT* 1 s'habille en lui, ceci est considéré comme si c'est *Abah* et *Imah* qui s'habillent directement en lui en tant que *Mo'hin* (cerveaux), ceci est la seconde

Hébreu / Araméen *Phonétique*	L	Dictionnaire

croissance. C'est seulement après cette seconde croissance que *Z'A* a atteint son plein potentiel. Ceci est *Gadlout* 2.

Pour que l'abondance descende vers le monde, *Zeir Anpin* a besoin de s'unir avec *Noukva*. Il ne peut y avoir d'abondance que lorsque le masculin et le féminin sont en harmonie. Chaque jour, selon les actions de l'homme, des Téfilot pendant la semaine, *Shabbat* et Fêtes, et selon le moment, diverses configurations permettent différents *Zivoug*im et donc l'écoulement de l'abondance *d'intensités variables*. L'abondance arrive en premier chez *Z'A*, ensuite chez *Noukva*, et à partir d'elle, vers les mondes inférieurs.

Le masculin correspond à 'Hesed et *MaH* (45), le féminin à *Gevourah* et *BaN* (52). Le *Tikoun* n'est possible que par le *Tikoun* (union) du masculin et du féminin. Deux conditions sont nécessaires pour que le *Zivoug* (union) soit possible : Les *Partsoufim* (configurations) doivent être construits et le féminin doit stimuler une réaction du masculin.

Cette stimulation arrive lorsqu'elle fait monter ses *Mayin Noukvin* (eaux féminines) de l'aspect de *BaN* (52) qui ensuite provoquent la descente des *Mayin Doukhrin* (eaux masculines) de l'aspect de *MaH* (45).

Toute l'abondance qui descend sur le monde, provient des divers *Zivoug*im de *Z'uN*. Il y a cinq

Hébreu / Araméen *Phonétique*	L	Dictionnaire

différents *Zivoug*im, les *Zivoug*im de Ra'hel sont de niveaux supérieurs; étant de l'aspect de la bonté, ceux de *Léah* sont plus de l'aspect de la rigueur. Celui *d'Israël* et Ra'hel est le plus supérieur. Ra'hel étant l'essentiel de *Noukva*.

L'abondance qui est accordée par ce *Zivoug* (union) est la plus complète. Les autres *Zivoug*im de *Z'uN* sont de différents niveaux, à des moments variés et de moindre ampleur.

Chaque nouveau jour est gouverné par une nouvelle émanation.

Pour chaque jour, il y a de nouveaux *Zivoug*im des différents aspects de *Z'uN*.

La direction du monde dépend des différentes positions et interactions de *Z'A* et *Noukva*, puisqu'ils ont un effet direct sur la mesure et la balance des facteurs de bonté, rigueur et miséricorde.

Le but du service des créatures est d'aider à préparer les *Partsoufim* (configurations) *Z'A* et *Noukva* pour le *Zivoug* (union) et ceci par l'élévation et l'adhésion des mondes par les Téfilot et les *Mitsvot*.

Voir Partsouf, Tikoun, Zivoug, Sephira

| זקוף *Zakuf* | H | **Droit** *Voir Sephirot droites* |

Hébreu / Araméen *Phonétique*	L	Dictionnaire
זקן *Zakan*	H	**Barbe** La barbe (*Zakan*) est aussi appelée *Dikna* et représente l'illumination qui sort du visage. Il y a des poils (lumières) qui sortent du visage de la *Sephira 'Hokhma Stimaah* du *Partsouf Arikh Anpin* et s'étalent vers le bas. Ils se divisent en treize et sont appelés les treize *Tikounim* (action-rectification) de la *Dikna* de *Arikh Anpin*. On les appelle *Dikna* (barbe) parce qu'ils s'étalent en conduits individuels. Les autres *Tikounim* sont des lumières nécessaires à la réalisation et à l'abondance. Toutefois, la direction elle-même provient de la *Dikna*, et c'est à travers elle que s'écoule l'abondance. Les poils de la *Dikna* sont courts et durs, étant de l'aspect de la rigueur. Ils sont aussi divisés en deux aspects : masculin, qui inclut les douze premiers *Tikounim*, et féminin qui comprend le treizième *Tikoun*. Chacun de ces *Tikoun* a ses fonctions ou actions pour la direction générale. La *Dikna* révèle la direction de la bonté, rigueur et miséricorde, qui était cachée dans *Hokhma Stimaah*, en la faisant descendre vers *Z'A* à travers les deux *Mazalot* : *Notser* et *Nake*, qui sont les huitième et treizième *Tikoun*. La *Dikna* aura une fonction suprême à la fin des temps : révéler le *Yi'hud* – la souveraineté divine. Le deuxième *Tikoun* de *Z'A* s'exprime par les

Hébreu / Araméen *Phonétique*	L	Dictionnaire

lumières qui sortent de lui, comme les cheveux de sa tête et sur son visage. Ces *Tikounim* sont similaires à ceux de *Arikh Anpin*, mais avec certaines différences. De *Arikh Anpin*, tous les cheveux sortent de *Hokhma Stimaah*, de *Z'A* ; ils sortent de son *HBD* (*Hokhma, Binah, Da'at*). Les cheveux de *Z'A* sont noirs et emmêlés, étant plus de l'aspect de *Gevourah*, les cheveux de *Arikh Anpin* sont blancs et expriment la générosité.

Les *Tikounim* de *Dikna* de *Z'A*, sont similaires à ceux de *Arikh Anpin* même s'ils ne sont qu'au nombre de neuf. Toutefois, grâce a une illumination de *Arikh Anpin*, ils deviennent treize et agissent comme principe de bonté pour la direction de la justice.

Hebrew / Aramaic Phonétique	L	Dictionnaire
חבד **'HaBaD**	H	**Hokhma, Binah et Da'at** Initiales du premier triplet de *Sephirot* : *'Hokhma, Binah* et *Da'at*. Ils agissent ensemble comme *Mo'hin* (cerveaux) pour un *Partsouf* inférieur et sont appelés les *Mo'hin* de *Gadlout* (croissance).
חגת **'HaGaT**	H	**'Hesed, Gevourah et Tiferet** Initiales du second triplet de *Sephirot* : *'Hesed, Gevourah* et *Tiferet*. Ils agissent la plupart du temps comme *Mo'hin* (cerveaux) pour un Partsuf inférieur et sont appelés les *Mo'hin* de *Yenikah* (allaitement).
חוורתי **'Hivarti**	A	**Le blanc sur le cuir chevelu entre les cheveux.** Du *Partsouf* (configuration) *Arikh Anpin*, il y a des émanations qui sortent de sa tête pour agir et influencer sur la direction appelée les *Tikounim* de *Arikh Anpin*. Un de ces *Tikounim* d'*Arikh Anpin* provient de son *Keter*, treize חיורתי (*'Hivarti*) des trois (הוי״ה), ce sont les parties blanches entre chaque cheveu. Leur place est entre les treize נימין (*Nimin*), ce sont les extrémités des cheveux sur la tête. Ils sont quatre sur le côté droit, quatre sur le côté gauche, quatre en arrière et un qui les contient tous. Les quatre en arrière, descendent vers la *Dikna* de *Z'A*. On les appelle cheveux parce qu'ils se répandent dans des conduits individuels.

Hebrew / Aramaic Phonétique	L	Dictionnaire
חוזר 'Hozer	H	**Retourner** *Voir Or 'Hozer*
חוטם 'Hotem	H	**Nez** *Voir Orot Ha'Hotem*
חולם 'Holam	H	**'Hotam – Voyelle O** C'est la voyelle qui représente la *Sephira Tiferet*.
חומר 'Homer	H	**Matériel – Physique** La matérialité ne se trouve que dans le monde inférieur de *'Asiah* – action.
חוץ 'Huts	H	**Extérieur** Indique une position d'incompatibilité ou un contraire.
חושך 'Hoshekh	H	**Obscurité** Éloignement de la *Kedoushah* et rapprochement à la *Sitra A'hra* (côté négatif)
חותם 'Hotam	H	**Sceau** Représenté par le Nom *Shada-y* שד-י-
חותמא 'Hotma	A	**Septième des sept Tikounim de la tête de Arikh Anpin** De la tête du *Partsouf* (configuration) *Arikh Anpin*, sept émanations sortirent pour agir et influencer sur la direction, appelés les *Tikounim* de *Arikh Anpin* Le deuxième *Tikoun* (action) d'*Arikh Anpin* est achevé par le passage des sept *Sephirot* inférieures de *'Atik* dans sa tête avant d'être enveloppé en lui. Ces sept *Tikounim* de la tête de *Arikh Anpin* sont

Hebrew / Aramaic L Phonétique	Dictionnaire

révélés à partir des sept *Sephirot* inférieures de *'Atik*.

Le septième *Tikoun - Shada-y* שד-י־ est réalisé par la *Malkhout* de *'Atik*; il se partage aussi en deux :

- שני נחירים – (*Shene Ne'hirin*), qui correspond aux deux parties de *Noukva* – *Ra'hel* et *Léah*

חזה H **Buste**

'Hazeh

Le buste correspond au premier tiers de la *Sephira Tiferet*.

En général, les lumières entrent jusqu'au niveau du buste, ou plus bas au niveau du nombril.

Dans les premières émanations du nez d'*Adam Kadmon*, les dix *Sephirot* encerclantes de la narine droite et les dix linéaires de la narine gauche, descendirent jusqu'au buste.

Les arrières (*NHY* (*Netsa'h*, *Hod*, *Yesod*) de *Imah*, s'étendent du buste de *Z'A* vers le haut.

Z'A commence à partir du buste de *ISOT*, et s'étend vers le bas.

Ra'hel commence à partir du buste de *Z'A* et s'étend vers le bas.

Dans les *Tefilot*, les *Zivoug*im (unions) de *'Arvit* et *Tikoun 'Hatsot* commencent à partir du buste :

Arvit – *Ya'acov* et *Léah* – du buste vers le haut.

Tikoun 'Hatsot – *Ya'acov* et *Léah* – du buste vers le bas

חיבוק H **Étreinte**

'Hibuk

Avant le *Zivoug* (union) des *Yesodot*.

Hebrew / Aramaic *Phonétique*	L	Dictionnaire
חיבור *'Hibur*	H	**Attachement** Un des premiers mondes qui se dévoila fut le *'Olam Ha'Akudim* (le monde des attachés) où il n'y avait qu'un seul *Keli* pour toutes les *Sephirot*. Toutes les *Sephirot* et *Partsoufim* ont entre eux un certain degré d'attachement. Même si ils sont deux *Partsoufim* (configurations) distincts, et ont leur propre *Tikounim* (actions), pendant toute la construction de *Partsouf Z'A*, *Partsouf Noukva* est attaché à lui. Pour leur subsistance, les forces négatives se renforcent en s'attachant à l'extériorité des *Sephirot*. Ils se nourrissent de leurs lumières et augmentent ainsi leur pouvoir d'agir négativement. Il y a aussi d'autres attachements temporaires, tel que pour le corps et l'âme, l'intériorité et extériorité etc… *Voir Partsoufim*
חידוש *'Hidush*	H	**Innovation** Nouvelle interprétation ou nouvelle compréhension.
חיה *Hayah'*	H	**Le quatrième niveau de l'âme** L'âme a cinq noms : *Nefesh*, *Roua'h*, *Neshamah*, *'Hayah* et *Ye'hidah*, qui correspondent à ses cinq niveaux. L'âme est l'entité spirituelle à l'intérieur du corps, ce dernier étant seulement son vêtement extérieur. Étant donné que c'est l'homme qui provoque l'union des quatre mondes, il est nécessaire que son âme

Hebrew / Aramaic	L	Dictionnaire
Phonétique		

tire son origine d'eux, et à partir des cinq *Partsoufim*.

Ame / Niveau	Partsouf	Monde
Nefesh	Noukva	'Asiah
Roua'h	Zeir Anpin	Yetsirah
Neshamah	Imah	Bériah
'Hayah	Abah	Atsilout
Ye'hidah	Arikh Anpin	Atsilout

Chaque niveau de l'âme est subdivisé en cinq niveaux.

Ainsi pour le niveau de *Nefesh* : il y a *Nefesh* de *Nefesh*, *Roua'h* de *Nefesh*, *Neshamah* de *Nefesh*, *'Hayah* de *Nefesh* et *Ye'hidah* de *Nefesh*.

Chacun de ces niveaux de l'âme se subdivise pour chaque niveau de *Partsouf* et pour chaque monde.

Ainsi, il y a cinq niveaux d'âmes pour le *Partsouf Noukva* et il y a cinq niveaux de *Partsoufim* pour les mondes de *'Asiah* etc.... Aussi, tel qu'il y a dans chaque monde dix *Sephirot*, chaque âme tire son origine de l'une d'elle.

Ainsi, une âme peut être du niveau de *Nefesh* de *Malkhout* de *Noukva* de *'Asiah,* ou *Roua'h* de *'Hesed* de *Abah* de *'Yetsirah*, ou *Neshamah* de *Abah* de *Z'A* de *Yetsirah* etc...

'Hayah est le quatrième niveau et peut seulement s'acquérir après les niveaux précédents.

Les plus hauts niveaux de l'âme ne peuvent s'acquérir en une seule fois. La plupart des hommes

Hebrew / Aramaic *Phonétique*	L	Dictionnaire
		ont seulement le niveau de *Nefesh*, et s'ils le méritent, ils acquerront les autres niveaux, mais un à la fois. Pour atteindre le niveau supérieur suivant de son âme, l'homme doit faire le *Tikoun* du niveau précédent. Si, il a besoin d'acquérir le niveau de *Imah* de '*Asiah*, il doit d'abord faire le *Tikoun* de *Malkhout* de '*Asiah* et *Z'A* de '*Asiah* et ainsi de suite. Pour atteindre son niveau de *Neshamah*, il doit faire le *Tikoun* de tous les niveaux des *Sephirot* et *Partsoufim* de son niveau *Nefesh* et Ruah etc...
חיות *'Hayut*	H	**Subsistance - existence** La subsistance et existence de tout, que ce soit positif ou négatif, a une seule origine : Dieu le Créateur et le soutien de tout.
חיצון *'Hitson*	H	**Extérieur** Comme il y a des aspects intérieurs, il y a aussi des aspects extérieurs. Toutes les lumières se subdivisent entre elles en aspects intérieurs et extérieurs. Selon le contexte, l'aspect extérieur peut être supérieur ou opposé à l'aspect intérieur. Pour les *Mo'hin*, l'aspect intérieur sont les *NHY* (*Netsa'h*, *Hod*, *Yesod*), et les aspects extérieurs sont les *HGT* ('*Hesed*, *Gevourah*, *Tiferet*) et *HBD* ('*Hokhma*, *Binah*, *Da'at*) qui sont supérieurs. En ce qui concerne la *Kedoushah*, le terme extérieur veut dire opposé ou négatif.

Hebrew / Aramaic *Phonétique*	L	Dictionnaire
חיצוניות *'Hitsoniut*	H	***Extériorité*** Il y a différentes sortes d'extériorité. L'extériorité d'un monde est son aspect inferieur. L'extériorité peut aussi être un contraire ou un opposé, et il est en général inférieur à son intériorité. De la même manière que la *Neshamah* est l'intériorité et le corps l'extériorité, il en est de même pour le *Kav* qui est l'intériorité et le *Reshimou* son extériorité etc... Les *Malkhout* des *Sephirot*, qui sont leur niveaux inférieurs, sont appelés leur extériorité. La force externe ou négative – *Sitra A'hra* est aussi appelée extériorité. *Voir Sitra A'hra*
חיריק *'Hirik*	H	***'Hirik – Voyelle I*** Voyelle qui représente la *Sephira Netsa'h*.

חכמה *Hokhma'*	H	***Sephira – Sagesse***
		Deuxième des *Sephirot*.
		Qualité : bonté pour tous, même pour ceux qui ne le méritent pas (mais moins que *Keter*, et non en tout temps).
		Colonne : droite - *'Hesed* (bonté)
		Position : en haut à droite.
		Autres *Sephirot* dans la même colonne : *'Hesed, Netsa'h*.
		Les *Partsoufim* faits de cette *Sephira* :
		    - Abah
		    - De *Malkhout* de *Abah*- *Israël Saba*

Hebrew / Aramaic *Phonétique*	L	Dictionnaire
		-　- de *Malkhout d'Israël Saba- Israël Saba 2* Nom correspondant : *YH* ה-י *Milouy* correspondant: *'AV* -עב *(72)* Voyelle correspondante : *Pata'h* Correspondance Physique : Le cerveau droit. Niveau de l'âme : *'Hayah*. *Voir Sephira, Partsouf*
חכמה *Hokhma'*	H	**Sagesse, Intelligence, Connaissance.** "Le début de la sagesse est la crainte de Dieu."*(Tehilim 111, 10)*
חכמת האמת *'Hokhmat HaEmet*	H	**Connaissance de la vérité** Un des noms de la Kabbalah.
חלון *'Halon*	H	**Fenêtre** Un des noms donné à *Yesod* de *Arikh Anpin*.
חלונות *'Halonot*	H	**Fenêtres** Nom donné aux sept ouvertures d'où sont sorties les lumières d'*Adam Kadmon* : les yeux, les oreilles, le nez (narines) et la bouche.
חלל *'Hallal'*	H	**Espace – Vide** C'est l'espace laissé par le *Tsimtsoum* de Sa lumière. Cet espace est circulaire et contient toutes les possibilités d'existence pour les entités séparées, étant éloignées de l'intensité de Sa lumière. *Voir Tsimtsoum, Kav, Reshimou*

Hebrew / Aramaic *Phonétique*	L	Dictionnaire
חסד *'Hesed*	H	***Générosité – Bonté***

Générosité – Bonté

Comme l'intention du Créateur est d'accorder la bonté à toutes Ses créatures, tous les niveaux de la création furent mis en place afin que Sa bonté puisse émaner vers eux, et de façon qu'elles soient capables de la recevoir.

Du *Kav* (rayon de Sa lumière) dix *Sephirot* furent formées en un arrangement linéaire et plus tard en trois colonnes droite, gauche et centrale représentant la direction du monde à la manière de *'Hesed*, *Din* et Ra'hamin (bonté, rigueur et miséricorde). Cette direction dépend du temps et des actions de l'homme.

Pour les émanations de bonté, il y a plusieurs *Tikounim* (actions) des *Sephirot* et des *Partsoufim*.

Certains *Partsoufim* sont masculins et confèrent la bonté, d'autres sont féminins et confèrent la rigueur. Par leur union, différents équilibres des deux forces de bonté et rigueur font la direction.

Une rigueur totale serait la destruction de tout ce qui n'est pas parfait, alors qu'une bonté totale permettrait tout sans aucune restriction.

La bonté se manifeste par les différentes positions et interactions de ces *Partsoufim* masculins et féminins, puisqu'ils ont un effet direct sur la mesure et la balance des facteurs de bonté, rigueur et miséricorde.

Voir Partsoufim

Hebrew / Aramaic *Phonétique*	L	Dictionnaire

חסד
'Hesed

Sephira (Bonté)
Quatrième des *Sephirot*.
Qualité : Bonté totale pour qui le mérite.
Colonne : droite *'Hesed* (Bonté)
Position : droite – Centre
Autres *Sephirot* qui sont dans la même colonne : *'Hokhma, Netsa'h*.
Partsoufim faits à partir de cette *Sephira* : Une des *Sephirot* qui font le *Partsouf Z'A*.
Nom correspondant : *El* – אל
Milouy correspondant : MaH (45) (מה)
Voyelle correspondante : *Segol*
Correspondance physique : bras droit
Niveau de l'âme : *Roua'h*

חסד
גבורה
תפארת
'Hesed,
Gevourah
Tiferet

'Hesed, Gevourah et Tiferet.
Deuxième triplet des *Sephirot*, ils correspondent au bras droit, gauche et au corps.
Ils agissent la plupart du temps comme *Mo'hin* (cerveaux) pour un *Partsouf* inférieur.

חסדים H
Hasadim'

Bontés
Pour la direction, cinq émanations de l'aspect de *'Hesed* (bonté) et cinq émanations de l'aspect de *Gevourah* (rigueur) sont données par la *Sephira* *Da'at* aux *Partsoufim* (configurations) *Z'A* et *Noukva*.
Le *Partsouf Z'A* reçoit les cinq *'Hasadim* et *Noukva* reçoit les cinq *Gevourot*.
Les cinq *'Hasadim* descendent pour se regrouper

Hebrew / Aramaic *Phonétique*	L	Dictionnaire

dans la *Sephira Yesod* du *Partsouf Z'A* et remontent sur leurs colonnes (*Netsa'h* et *Hod*) jusqu'a ce qu'ils remontent vers les six extrémités de *Partsouf Z'A*.

Les cinq *Gevourot* descendent ensuite et sont apaisées dans *Yesod* de *Partsouf Z'A,* deux et demi dans la descente, et deux et demi par les *'Hasadim* qui remontent. Après que les *'Hasadim* dans le *Partsouf Z'A* se soient complètement étalés et leur remontée jusqu'à *Keter, Partsouf Z'A* a atteint le niveau de croissance

---

חסדים
מכוסים
'Hasadim
Mekhusim

H **Bontés Cachées**

Lorsque le *Partsouf 'Atik* entra dans le *Partsouf Arikh Anpin,* deux *'Hasadim* et demi sortirent de la *Sephira Yesod* de *Atik* et firent sortir toutes les *Gevourot*.

Deux moitiés et demi de *'Hasadim* restèrent dans *Yesod* de *'Atik,* mais restèrent couvertes.

Par conséquent, il y a deux *'Hasadim* et demi révélés et deux et demi couverts.

חסרון
'Hisaron

H **Manque – déficience**

Condition de distance de la Kedusha et rapprochement à la *Sitra A'hra* (force négative).

חפירה
'Hafirah

H **Creuser – Approfondir**

Terme utilisé lorsqu'on analyse et approfondit les premiers niveaux de compréhension.

חשוב
'Hashuv

H **Important**

Voir 'Hashivout

Hebrew / Aramaic *Phonétique*	L	Dictionnaire

חשיבות H **Importance**
'Hashivut

Tous les mondes sont similaires, Ils contiennent tous dix *Sephirot* et cinq *Partsoufim*, mais le plus haut est plus complet et plus important que celui en-dessous de lui.

Il y a aussi une différence en termes d'importance dans la position et les diverses émanations des lumières, *Sephirot* et *Partsoufim*.

חשמל H **Nom d'un Levoush (Habit)**
'Hashma"l

Le *Levoush* (habit) est une émanation donnée à un *Partsouf* afin de le protéger des forces négatives.

La différence entre un *Levoush* est la lumière encerclante est que cette dernière soutient le Kéli alors que le *Levoush* est comme un rideau qui le protège des forces négatives.

'Hashma"l est un *Levoush* fait par les *NHY* (Netsa'h, Hod, Yesod) (*Tevounah*) de *Imah* et habille les *Partsoufim Zeir Anpin* et *Noukva*. Il encercle *Z'uN* au-dessous de ses pieds jusqu'en bas et fait un rideau – séparation entre *Atsilout* et *Bériah*.

חתך H **Coupure**
'Hatakh

Lorsque *Imah* et *Tevounah* sont joints ensembles, il y a trois niveaux de *Yesod* en eux : *Yesod* de *Imah*, *Yesod* de *Tevounah*, et à la coupure lorsqu'ils se séparent l'un de l'autre.Les *Kelim* (récipients) de *Partsouf Z'A* sont réparés par *Yesod* de *Tevounah*, ses étincelles à la place de la coupure et ses lumières par *Yesod* de *Binah* (*Imah*).

164

Hébreu / Araméen Phonétique	L	Dictionnaire

ט ראשונות
Tet Rishonot

H **Neuf premières**

Neuf premières *Sephirot*: *Keter*, *'Hokhma*, *Binah*, *'Hesed*, *Gevourah*, *Tiferet*, *Netsa'h*, *Hod*, *Yesod*.

טבור
Tabur

H **Nombril**

Le nombril correspond au second tiers de *Tiferet*. En général, les lumières pénètrent jusqu'à la poitrine, ou plus bas au niveau du nombril. Quant aux lumières de *BaN* (52), elles jaillirent des yeux d'*Adam Kadmon* et descendirent plus bas que le nombril. Elles n'étaient pas visibles au-dessus du nombril parce que les lumières des oreilles, du nez et de la bouche s'étaient propagées jusqu'à là.

טיפה
Tipah

H **Goutte**

Du *Zivoug* (union) des *Partsoufim Abah* et *Imah*, une goutte sort des *Mo'hin* (cerveaux) de *Abah* appelée *'Hokhma* et une goutte des *Mo'hin* de *Imah* appelée *Binah*.
Après la *Shvirat Hakelim* (brisure des récipients), les aspects du côté droit ont été réparés, ce qui correspond à: *'Hesed*, *Netsa'h*, la moitié de *Tiferet*, la moitié de *Yesod* et la moitié de *Malkhout* par la Tipah de *Abah*.
Par la suite, les aspects de la gauche ont été réparés, ce qui correspond à *Gevourah*, *Hod*, la moitié de *Tiferet*, la moitié de *Yesod* et la moitié

Hébreu / Araméen *Phonétique*	L	Dictionnaire
		de *Malkhout* par la *Tipah* de *Imah*.
טל *Tal*	H	**Trente-neuf** *Milouy* (orthographe) du nom - ו - ה - - י 39= יוד ואו הא
טלא **דבדולחא** *Tela Debadul'ha*	A	**Tela Debadul'ha** Deuxième des sept *Tikounim* de la tête d'*Arikh Anpin*. De la tête du *Partsouf* (configuration) *Arikh Anpin*, sortirent sept émanations pour agir et influencer sur la direction, et que l'on nomme les *Tikounim* de *Arikh Anpin*. Le deuxième *Tikoun* (action) du *Partsouf Arikh Anpin* se fait par le passage des sept *Sephirot* inférieures de *'Atik* dans sa tête avant qu'elles ne se logent à l'intérieur de lui. Ces sept *Tikounim* (actions) de la tête de *Arikh Anpin* sont révélés par les sept *Sephirot* inférieures de *'Atik* . Le deuxième *Tikoun* - טלא דבדולחא (*Tela Debadul'ha*) se fait par la *Gevourah* de *'Atik* dans *'Hokhma Stimaah*. Il inclut la bonté et la rigueur; bonté parce qu'il est placé sur la colonne de droite, et la rigueur à cause de *Gevourah* de *'Atik* qui est la racine de toutes les *Gevourot*.
טלית *Talit*	H	**Talit – Châle** Le *Talit* représente le *Or Makif* (la lumière encerclante).

Hébreu / Araméen *Phonétique*	L	Dictionnaire
		Lorsque *Partsouf Z'A* est au stade de croissance, le *NHY* (*Netsa'h*, *Hod*, *Yesod*) de *Imah* descend vers son dos, incitant les cheveux à sortir de sa tête, et à s'étendre vers le bas jusqu'à sa poitrine. Au niveau de son thorax, ceci correspond au *Talit*, et au niveau de *Ra'hel*, aux *Tsitsit*.
טמא *Tameh*	H	***Impure*** État causé par la distance de la *Kedoushah* et le rapprochement de la *Sitra A'hra* (force négative).
טמאים *Tmeim*	H	***Impures*** *Voir Tameh*
טנת"א *TaNTA*	H	***Ta'amim, Nekoudot, Tagin, et Autiot.*** Initiales
טעמים *Ta'amim*	H	***Cantillations*** À partir des lumières qui se trouvaient à l'intérieur d'*Adam Kadmon* plusieurs mondes ont émergé de ses sens et sont appelés ses branches. Ces «branches» sont les lumières qui surgissent d'*Adam Kadmon*, par le biais des ouvertures dans la tête. Ils s'étendent de ses yeux, ses oreilles, son nez et sa bouche. De l'aspect du nom de *'AV* de *SaG* ont émergé trois branches de l'aspect des *Ta'amim* (cantillations). Elles sont sorties par les oreilles, le nez et la bouche: la plus haute à partir des

Hébreu / Araméen *Phonétique*	L	Dictionnaire
		oreilles, la centrale à partir du nez, et la plus basse à partir de la bouche. Dans les catégories de lumières qui ont jailli d'*Adam Kadmon* telles que les *Ta'amim*, *Nekoudot* (voyelles), *Tagin* (couronnes), et *Autiot* (lettres), les *Ta'amim* sont ceux dont le niveau est le plus haut. *Voir Orot HaOzen. Orot Ha'Hotem, Orot HaPeh*
טעמים, נקודות, תגין, אותיות *Ta'amim,* *Nekoudot* *Tagin, et* *Autiot*	H	***Ta'amim, Nekoudot, Tagin, et Autiot*** Signes de cantillations, voyelles, couronnes et lettres. À partir des lumières qui se trouvaient à l'intérieur d'*Adam Kadmon* se manifestèrent plusieurs mondes par le biais de ses sens qui sont appelés ses branches. Ces «branches» sont les lumières qui surgissent d'*Adam Kadmon*, par le biais des ouvertures de sa tête. Ils sortent de ses yeux, ses oreilles, son nez et sa bouche. Les *Ta'amim* (notes de cantillations) sont du niveau le plus haut et sont subdivisés en trois niveaux: haut, milieu et bas. Les *Nekoudot* (voyelles) sont le deuxième niveau et également subdivisées en trois niveaux: haut, milieu et bas. Les *Tagin* (couronnes) sont le troisième niveau et apparaissent au-dessus de quelques lettres seulement. Les *Autiot* (lettres) sont le quatrième niveau.

Hébreu / Araméen *Phonétique*	L	Dictionnaire
		Les *Sephirot* qui sont sorties du front d'*Adam Kadmon* pour le *Tikoun* sont de l'aspect des *Tagin* et du nom de *MaH* (45). Des oreilles, du nez et de la bouche, elles sont de l'aspect des *Ta'amim* du nom de *SaG* (63). Des yeux, elles sont de l'aspect des *Autiot* du nom de *BaN* (52). La lecture de la *Torah* est incomplète sans les *Ta'amim, Nekoudot, Tagin*, et *Autiot*. Les *Autiot* sont l'expression de la *Ma'hshava* (la pensée). En combinaison avec les *Ta'amim, Nekoudot, Tagin*, ou d'autres lettres, elles transforment les lumières supérieures en actions.
טפל *Taffel*	H	***Subalterne - Accessoire*** Le *Taffel* est toujours subalterne au *'Ikar*, qui est le principal ou l'essentiel. Certaines émanations sont subalternes à d'autres lumières plus importantes.

Hébreu / Araméen *Phonétique*	L	Dictionnaire
ה - י Y-H	H	**Y-H** Un des noms de Dieu représenté par la *Sephira* '*Hokhma*.
ה-ו-ה-י *Adona-y*	H	***Y-H-V-H Tetragramme*** Nom principal de Dieu, révèle la bonté et la miséricorde, représenté par la *Sephira Tiferet*. Les forces créatrices ou énergies sont les différents pouvoirs contenus dans les quatre lettres du nom de Dieu ; **י-ה-ו-ה**, et l'ajout d'autres lettres pour une épellation différente. Selon les différentes lettres utilisées, la valeur numérique du nom change, et chacune de ces possibilités diffère dans sa nature et ses actions. Les lettres qui sont ajoutées pour les différentes épellations des lettres sont: **י ה ו א ד** Les différentes épellations des lettres sont: La lettre **י** (*Yud*) ne peut être orthographiée que d'une façon: **יוד** La lettre **ה** (*He*) peut être orthographiée avec un **י** (*Yud*) ou un **א** (*Aleph*) ou un **ה** (*He*): **הי הא הה** La Lettre **ו** (*Vav*) peut être orthographiée avec un **יו** (*Yud* et *Vav*) ou avec un **או** (*Aleph* et *Vav*) ou avec un **ו** (*Vav*): **ואו ויו וו** Les quatre *Milouyim* (épellations) sont: **עב ,סג , מה, בן -** '*AV* (72), *SaG* (63), *MaH* (45), *BaN* (52)

170

Hébreu / Araméen *Phonétique*	L	Dictionnaire
		עב - 'AV = 72 – יוד הי ויו הי
		סג - SaG = 63 - יוד הי ואו הי
		מה - MaH = 45 - יוד הא ואו הא
		בן - BaN = 52 - יוד הה וו הה
		Chaque nom peut également être divisé et subdivisé tel quel: *'AV* de *'AV*, *SaG* de *'AV*, *MaH* de *'AV* ... *BaN* de *BaN* de *SaG*, *SaG* de *MaH* de *'AV* etc Des lumières ou forces qui sont habillées par ces lettres ou leurs combinaisons émanent des configurations masculines ou féminines qui font la direction des mondes.
י-ה-ו-ה **צבאות** *Adona-y Tsebaot*	H	***A-donay Tsebaot*** Un des noms de Dieu représenté par la *Sephira Netsa'h*.
יודין *Yudin*	H	***De la lettre ' (yud)*** *Milouy* (épellation) lorsque la lettre ' (yud) est utilisée. *Voir 'AV*
יום *Yom*	H	***Jour*** Chaque nouveau jour provient d'une nouvelle émanation qui le régit. Pour chaque jour, il y a de nouveaux *Zivoug*im des différents aspects de *Z'uN*. Chaque jour, selon les actions de l'homme, les

171

Hébreu / Araméen *Phonétique*	L	Dictionnaire
		Tefilot durant les jours de semaine, du *Shabbat* et des jours de fêtes et en fonction du temps, diverses configurations permettent différents *Zivoug*im et en conséquence des flots d'abondance d'intensité variables. Chaque jour peut également être décrit en termes de permutations des noms de Dieu et par les différentes *Sephirot* et *Partsoufim* qui régissent ce jour.
יוסף *Yosef*	H	**Joseph** Correspond à la *Sephira Yesod*.
יוצר *Yotser*	H	**Créateur** Dieu, le seul et unique Créateur.
יושר *Yosher*	H	**Droit – Linéaire** *Voir Sephirot linéaires*
יחוד *Yi'hud*	H	**Unification - Union** L'union - *Zivoug* des *Sephirot* ou *Partsoufim* et pour la descente d'abondance. Un Yi'hud est également l'unification des noms ou des lettres, afin de provoquer une action ou réaction spécifique. Dans son livre «Sha'ar Roua'h Ha*Kodesh*» le Ari Z'al explique la signification des *Yi'hudim*, leurs différentes actions, et prévient également du danger d'utiliser ces noms sans préparation adéquate. En se

Hébreu / Araméen *Phonétique*	L	Dictionnaire

concentrant sur les permutations des différentes lettres ou noms des anges, on pourrait faire agir ces forces supérieures selon notre volonté.

Il y a aussi la révélation du *Yi'hud* (unicité) de Dieu. À la fin des temps, après tous les *Tikounim*, viendra le temps pour le Mashia'h de se révéler. Tout le monde sera témoin de cette unification complète à la perfection de Dieu produite par la révélation de Sa vérité, ce qui est l'objectif ultime de la création.

Les lumières ou illuminations de la *Dikna* (barbe) auront cette fonction suprême à la fin des temps: révéler ce *Yi'hud* - de la souveraineté divine.

Voir Gilouy Yi'hudo

Hébreu / Araméen *Phonétique*	L	Dictionnaire
יחודו *Yi'hudo*	H	**Son unicité**

La lumière de Dieu est unique, de force et qualité égales et au-delà de toute description. Elle est parfaite, et ne peut être définie par aucune définition ou termes restreints. Si nous pensons aux définitions, nous introduisons une notion de limite dans le temps ou l'espace. Toutefois, la notion d'illimité étant au-dessus de notre compréhension, nous devons utiliser des termes accessibles à notre intelligence. En étant nous-mêmes des êtres distincts indépendants, nous ne pouvons pas comprendre le concept du «non-distinct», puisque tout ce que nous connaissons a une limite ayant une mesure ou un opposé.

Hébreu / Araméen *Phonétique*	L	Dictionnaire
		Lorsque nous utilisons des termes comme «qualité», cela est pour différencier les diverses transformations de Son unicité à notre niveau, et pour nous aider à comprendre les effets de celle-ci sur la direction des mondes. À la fin des temps, après tous les *Tikounim* (rectifications), viendra le temps pour le Mashia'h de se révéler, et tout le monde sera témoin de cette unification complète à la perfection de Dieu, produite par la révélation de Sa vérité, ce qui est l'objectif ultime de la création. L'objectif est de permettre à l'homme de mériter par ses propres efforts, de se rapprocher de son Créateur, et de vivre la *Dvekout* – l'attachement à Dieu. Ainsi, l'homme atteindra la perfection et sera directement impliqué dans le but ultime de cette existence, qui est la révélation de l'unicité et souveraineté de Dieu - *Gilouy Ye'houdo*.
יחודים *Yi'hudim*	H	***Unifications - Unions*** *Voir Yi'hud*
יחיד *Ya'hid*	H	***Unique - Singulier*** *Voir E'had, Yi'hudo*
יחיד ומיוחד *Ya'hid Umeyu'had*	H	***Un et Unique*** Ne s'applique qu'à Dieu. *Voir E'had, Yi'hudo*

Hébreu / Araméen *Phonétique*	L	Dictionnaire
יחידה **Ye'hidah**	H	*Cinquième niveau de l'âme*

Cinquième niveau de l'âme

L'âme a cinq noms: *Nefesh, Roua'h, Neshamah, 'Hayah* et *Ye'hidah* qui correspondent à ses cinq niveaux. L'âme est l'entité spirituelle à l'intérieur du corps, ce dernier n'étant que son vêtement extérieur.

Puisque ce sont les hommes qui provoquent l'union des quatre mondes, il est important que l'origine de leurs âmes provienne d'eux ainsi que des cinq *Partsoufim*:

Âme / niveau	*Partsouf*	*Monde*
Nefesh	Noukva	'Asiah
Roua'h	Zeir Anpin	Yetsirah
Neshamah	Imah	Bériah
'Hayah	Abah	Atsilout
Ye'hidah	Arikh Anpin	Atsilout

Chaque niveau de l'âme est subdivisé en cinq niveaux. En ce qui concerne le niveau de *Nefesh*, il y a *Nefesh* de *Nefesh, Roua'h* de *Nefesh, Neshamah* de *Nefesh, 'Hayah* de *Nefesh* et *Ye'hidah* de *Nefesh*.

Chacun de ces niveaux de l'âme se subdivise pour chaque niveau de *Partsouf* et pour chaque monde. Il existe donc cinq niveaux d'âme pour *Partsouf Noukva* et il y a cinq niveaux de *Partsoufim* pour le monde de *'Asiah* etc. Aussi, comme il y a dans

Hébreu / Araméen *Phonétique*	L	Dictionnaire
		chaque monde dix *Sephirot*, chaque âme a son origine correspondant à l'une d'entre elles. Dès lors, une âme pourrait être du niveau de *Nefesh* de *Malkhout* de *Noukva* de 'Asiah', ou *Roua'h* de 'Hesed de *Abah* de *Yetsirah*, ou *Neshamah* de *Abah* de *Z'A* de *Yetsirah* etc . *Ye'hidah* est le cinquième niveau et ne peut être acquis qu'après les niveaux précédents. Les niveaux les plus élevés de l'âme ne peuvent pas être acquis immédiatement. La plupart des hommes n'ont que le niveau de *Nefesh*, et s'ils le méritent, ils acquerront les prochains niveaux - mais un par un. Pour atteindre le prochain niveau de son âme, l'homme doit faire le *Tikoun* du niveau précédent. S'il a besoin d'acquérir le niveau de *Imah* de 'Asiah', il faut d'abord qu'il fasse le *Tikoun* de *Malkhout* de 'Asiah' et *Z'A* de 'Asiah', et ainsi de suite. Pour acquérir son niveau de *Neshamah*, il doit faire le *Tikoun* de tous les niveaux des *Sephirot* et des *Partsoufim* de son *Nefesh* et *Roua'h* etc
ימים **Yamim**	H	***Jours*** *Voir Yom*
יניקה **Yenikah**	H	***Allaitement*** Tous les *Tikounim* (rectifications) des *Partsoufim* masculins et féminins sont réalisés à travers le

Hébreu / Araméen *Phonétique*	L	Dictionnaire

Zivoug (union), la grossesse et l'accouchement. Par la suite, c'est l'allaitement et finalement, la croissance pour que le *Partsouf* devienne totalement indépendant.

Au cours du *Zivoug*, les lumières de *MaH* (45) nécessaires au *Tikoun* sont attirées par les lumières de *BaN* (52), et demeurent dans le *Partsouf Noukva* supérieur qui donnera naissance au *Partsouf*.

Au cours de la grossesse à l'intérieur de *Noukva*, elles sont disposées et complétées jusqu'à ce qu'il n'y ait plus rien à ajouter. Après la grossesse, une fois entièrement réparé, le *Partsouf* est révélé. Les détails des lumières et des *Kelim* sont alors distincts et se positionnent ; ceci est la naissance (*Leida*).

Au cours de la grossesse, les *Mo'hin* (cerveaux) sont du niveau le plus bas, et sont considérés comme les *NHY* (*Netsa'h*, *Hod*, *Yesod*) des *Mo'hin* ; ils sont de l'aspect de *Nefesh*.

Au cours de l'allaitement, les lumières augmentent et les *Mo'hin* sont d'un niveau plus élevé, appelé *HGT* ('*Hesed*, *Gevourah*, *Tiferet*) des *Mo'hin* ; ils sont de l'aspect de *Roua'h*.

Les *Sephirot* qui se réparent durant l'allaitement sont les suivantes: *Hod*, *Yesod* et *Malkhout*, elles se réparent après toutes les autres *Sephirot*, tel un nouveau-né qui ne peut marcher à la

177

Hébreu / Araméen *Phonétique*	L	Dictionnaire
		naissance ; il a besoin de nourriture (allaitement) pour renforcer ses jambes et pouvoir se tenir debout. Pendant la grossesse, *Z'A* n'agit pas vraiment puisqu'il est en train d'être construit, alors qu'au moment de l'allaitement, il commence à agir et à la croissance, il est totalement prêt à agir. *Voir Gadlout*
יסוד *Yesod*	H	**Sephira (Fondation)** Neuvième des *Sephirot*. Qualité: La direction qui fait l'équilibre entre *Sephira Netsa'h* et *Hod*. Lien ou connexion entre toutes les *Sephirot* supérieures et *Malkhout*. Colonne: Centre - *Ra'hamim* (miséricorde) Position: Centre - inférieur Autres *Sephirot* sur la même colonne: *Keter*, *Tiferet*, *Malkhout* Les *Partsoufim* faits à partir de cette *Sephira*: Une des *Sephirot* qui fait le *Partsouf Z'A*. Nom correspondant: Shada-y שד-י *Milouy* du nom correspondant : *MaH* - מה(45) Voyelle correspondante: Shirik Correspondance physique: organe masculin Niveau de l'âme: *Roua'h* *Voir Sephira Partsouf*

Hébreu / Araméen Phonétique	L	Dictionnaire
יסודות *Yesodot*	H	***Pluriel de Yesod*** *Voir Yesod*
יעקב *Ya'acov*	H	***Partsouf Ya'acov*** *Partsouf Ya'acov* est un *Partsouf* masculin placé à la gauche de *Partsouf Z'A*. C'est à partir d'une émanation de la plus longue *Sephira Yesod* de *Partsouf Israël Saba*, se trouvant à l'intérieur de *Partsouf Z'A*, que *Ya'acov* est sorti. Son *Keter* se situe au niveau de *Tiferet* de *Partsouf Z'A*, et il s'étend jusqu'à la *Sephira Malkhout* de *Partsouf Z'A*. La face du *Partsouf Z'A* est au dos de *Ya'acov*, parfois *Ya'acov* se place à son côté, sa face devant *Ra'hel*. *Ya'acov* correspond aux *Tefilin* de Rabenu Tam, et *Ra'hel* aux *Tefilin* de Rachi. Il existe différents *Zivoug*im (unions) entre le *Partsouf Ya'acov* et le féminin (*Ra'hel*, *Léah*) pendant les *Tefilot*: Sha'hrit - *Ya'acov* et *Ra'hel* Arvit - *Yaacov* et *Léah* (de la poitrine vers le haut) Tikoun Hatsot - *Yaacov* et *Léah* (de la poitrine vers le bas) *Voir Partsouf, Zivoug*
יצירה *Yetsirah*	H	***Le monde de la formation – celui des anges*** De la première configuration *Adam Kadmon*, quatre mondes se sont dévoilés. Sur ces quatre mondes, gouvernent les quatre

Hébreu / Araméen *Phonétique*	L	Dictionnaire

lettres du Nom ה - ו - ה - י *B'H.*

י dans *Atsilout*; par lui, tous les niveaux réparés sont mis en place.

ה descend de *Atsilout* jusqu'à *Bériah* qu'il gouverne.

ו à *Yetsirah*, et

ה à *'Asiah.*

Le troisième monde révélé est appelé *Yetsirah* ; le monde de la formation, le monde des anges. Il est placé au-dessous d'*Atsilout* et *Bériah* et au-dessus de *'Asiah.*

Il consiste en cinq *Partsoufim* principaux: *Arikh Anpin, Abah, Imah, Zeir Anpin* et *Noukva.* Un autre *Partsouf 'Atik Yomin*, est placé au-dessus d'eux.

Quand l'émanation des lumières qui ont jailli des yeux d'*Adam Kadmon* se fit, le *Keli* (récipient) propre à chaque *Sephira* apparut en premier, suivi par sa lumière. Les *Kelim* ne purent contenir leurs lumières et se brisèrent. Les *Kelim* des sept *Sephirot* inférieures qui s'étaient brisés et qui ne contenaient plus leurs lumières, descendirent dans le monde de *Bériah*, les lumières tombèrent également, mais demeurèrent dans *Atsilout.* La brisure des *Kelim* provoqua une descente de tous les mondes. *SaG* (63), *MaH* (45) et *BaN* (52) descendirent dans les mondes inférieurs, *MaH* descendit dans *Yetsirah*, *Bériah* se retrouva dans

Hébreu / Araméen Phonétique	L	Dictionnaire
		la partie supérieure de *Yetsirah*, qui devint *Bériah* d'aujourd'hui, *Yetsirah* dans les parties supérieures de '*Asiah*, qui devint *Yetsirah* d'aujourd'hui, Il y a un rideau (une cloison) qui sépare un monde de l'autre. De ce rideau, les dix *Sephirot* du monde inférieur sortent des dix *Sephirot* du monde supérieur. Les trois mondes supérieurs de *Atsilout*, *Bériah* et *Yetsirah*, sont intérieurs au quatrième monde de '*Asiah*. En parallèle aux quatre mondes *(ABYA)*, il existe quatre types d'existence dans notre monde : minéral, correspondant à '*Asiah* (action) ; végétal, correspondant à *Yetsirah* (formation) ; animal, correspondant à *Bériah* (création), et verbal correspondant à *Atsilout* (émanation). Le monde de *Yetsirah* est de l'aspect de *MaH* (45). Ainsi, *Yetsirah* est de l'aspect de *Partsouf Z'A*.
יצר *Yetser*	H	***Instinct – Impulsion*** Le *Yetser Hatov* correspond à la bonne ou impulsion positive chez l'homme, le *Yetser Hara'* est son impulsion mauvaise ou négative. Les bonnes actions de l'homme ont un effet sur les quatre mondes supérieurs et ses mauvaises actions, sur les mondes inférieurs. Ce n'est que lorsque l'homme pèche que le côté négatif grandit en force. L'aspect négatif croît en lui, c'est là son

Hébreu / Araméen *Phonétique*	L	Dictionnaire

Yetser Hara', il l'isole des mondes supérieurs, et le déracine de la *Kedoushah*.

Le *Yetser Hara'* tente presque constamment de le séduire et le faire fauter, tandis que de l'autre côté, le *Yetser Hatov* cherche à l'attirer vers la *Torah* et les *Mitsvot* en l'aidant à faire le *Tikoun* (rectification) de sa *Neshamah*.

Les deux aspects de *Yetser HaTov* et *Yetser Hara* sont nécessaires pour la direction de la justice et pour donner à l'homme la possibilité du libre choix.

ירושלים
Yerushalaim

H **Jérusalem**

Le lieu le plus proche des émanations de Dieu.

ירחי עיבור
Yar'hei 'Ibour

H **Mois de grossesse**

Tous les *Tikounim* (rectifications) des *Partsoufim* masculins et féminins sont réalisés par voie de *Zivoug* (union), grossesse et accouchement.

Au cours du *Zivoug*, les lumières de *MaH* (45), nécessaires à la réalisation du *Tikoun*, sont attirées vers les lumières de *BaN* (52), et sont conservées dans le *Partsouf Noukva* supérieur qui donnera naissance au *Partsouf*.

Au cours de la grossesse à l'intérieur de la *Noukva*, ces lumières sont disposées et complétées jusqu'à ce qu'il n'y ait plus rien à ajouter. Après la grossesse, une fois entièrement réparé, le *Partsouf* est révélé. Les détails des lumières et des *Kelim* sont alors précis, elles se

Hébreu / Araméen *Phonétique*	L	Dictionnaire
		positionnent ; ceci est la naissance *(Leida).* Un *Partsouf* comprend trois composantes: *Kelim* (récipients), étincelles et lumières. Au début, dans le *'Olam Hanikudim*, seules six *Sephirot* de *Partsouf Z'A* apparurent; les parties nécessaires à son *HBD* ('Hokhma, *Binah, Da'at*) restèrent à l'intérieur de *Imah*. Au moment du *Shvirat Hakelim* (brisure des récipients), les lumières remontèrent, les *Kelim* et les étincelles descendirent jusqu'au monde de *Bériah*. Le *Tikoun* fut de réunir à nouveau ces trois aspects, par trois grossesses de sept, neuf et douze mois. *Voir Partsouf, Zivoug*
ירידה *Yeridah*	H	**Descente** En raison de la rupture des récipients, il y eut une descente des *Kelim* (récipients) du monde de *Atsilout* au monde inférieur de *Bériah* ; les lumières qui ne furent pas contenues dans les *Kelim* tombèrent, mais demeurèrent dans *Atsilout*. *SaG* (63), *MaH* (45) et *BaN* (52) descendirent également dans les mondes inférieurs, *SaG* dans *Bériah*, *MaH* dans *Yetsirah*, et *BaN* dans *'Asiah*. Toutefois, *KHB* (*Keter*, *'Hokhma, Binah*) restèrent dans ce qu'on appelle la «première *Atsilout* ». Les sept *Sephirot* inférieures tombèrent dans les parties supérieures de *Bériah*, qui devinrent le

Hébreu / Araméen *Phonétique*	L	Dictionnaire
		Atsilout d'aujourd'hui. *Bériah* tomba dans la partie supérieure de *Yetsirah*, qui devint la *Bériah* d'aujourd'hui. *Yetsirah* tomba dans les parties supérieures de *'Asiah*, qui devint la *Yetsirah* d'aujourd'hui. *'Asiah* tomba encore plus bas et devint la *'Asiah* d'aujourd'hui. Il existe d'autres types de descentes, comme celle des *'Hasadim* et *Gevourot* de *Sephira Da'at* à *Yesod*, et celle des *Mayin Doukhrin* (eaux masculines) aux *Mayin Noukvin* (eaux féminines) pour le *Zivoug* et le *Tikoun* des *Partsoufim*. *Voir Zivoug, Tikoun, Shvirat Hakelim*
יש מאין *Yesh Meein*	H	***Création à partir du néant*** Il y'a une force spéciale appelée "*Tsu'r T'K*", qui a le pouvoir de créer des entités distinctes à partir de rien. Cette force n'est pas liée aux *Sephirot*. Ceci a d'abord été expliqué dans le "Sepher HaYetsrira», qui est l'écrit kabbalistique le plus ancien. Ce n'est qu'après avoir été créée que la direction fut prise en charge par les *Sephirot*.
ישסו"ת *ISOT*	A	***Partsoufim d'Israël Saba et Tevounah*** Initiales
ישסו"ת ב *ISOT 2*	A	***Deuxièmes Partsoufim d'Israël Saba et Tevounah*** Initiales

Hébreu / Araméen Phonétique	L	Dictionnaire
ישר Yashar	H	**Direct - Droit - Linéaire** *Voir Or Yashar*
ישראל Israël	A	**Partsouf Israël** Partsouf Zeir Anpin en entier s'appelle *Israël*, ou quelquefois, sa partie supérieure seulement. *Voir Partsouf Zeir Anpin*
ישראל Israël	H	**Israël** La terre *d'Israël* correspond au *Partsouf Noukva - Ra'hel*, et se trouve à être la plus proche des émanations de Dieu.
ישראל **סבא א** Israël Saba 1	A	**Partsouf Israël Saba** La *Malkhout* de *Partsouf Abah* qui est parfois un *Partsouf* autonome. *Voir Partsoufim Israël Saba et Tevounah*
ישראל **סבא ב** Israël Saba 2	A	**Partsouf Israël Saba 2** La *Malkhout d'Israël Saba* est parfois un *Partsouf* autonome. *Voir Partsoufim Israël Saba et Tevounah, ISOT*
ישראל **סבא** **ותבונה** Israël Saba Ve Tevounah	A	**Partsoufim Israël Saba et Tevounah** Les *Sephirot Malkhout* des *Partsouf Abah* et *Imah* deviennent des *Partsoufim* distincts: *Israël Saba* et *Tevounah*. Leur rôle est d'être les *Mo'hin* (cerveaux) de *Partsouf Z'A*. Elles sont au niveau du nombril de *Partsouf Arikh*

185

Hébreu / Araméen *Phonétique*	L	Dictionnaire
		Anpin, et sont aussi connues par leurs initiales *ISOT* ou *ISOT* 2. Les premiers *ISOT* sont *Israël Saba* et *Tevounah*, les seconds *ISOT* sont *Israël Saba* 2 et *Tevounah* 2. - De *Sephira Malkhout* de *Abah* - *Israël Saba* - De *Malkhout d'Israël Saba* - *Israël Saba* 2. - De *Sephira Malkhout* de *Binah-Tevounah* - De *Malkhout* de *Tevounah* - *Tevounah* 2 *ISOT* se fait à partir du thorax de *Abah* et *Imah* et continue vers le bas. La moitié de *Tiferet* et *NHY* (*Netsa'h, Hod, Yesod*) de *Abah* et *Imah* se logent à l'intérieur d'*ISOT* comme leurs *Mo'hin*. *ISOT* est à l'intérieur de *NHY* de *ISOT* 2. Les *Mo'hin* (cerveaux) de *Z'A* lui sont donnés par le *Zivoug* (union) de *Abah* et *Imah*. Selon l'état de croissance de *Z'A*, ils sont de *ISOT*, ou directement de *Abah* et *Imah*. Lorsque *NHY* de *ISOT* 2 se logent à l'intérieur de *Z'A* en tant que leurs *Mo'hin*, c'est la première croissance, mais quand *NHY* de *ISOT* 1 se logent à l'intérieur de lui, ceci est considéré comme si *Abah* et *Imah* sont directement logés à l'intérieur de lui en tant que *Mo'hin*, et c'est la deuxième croissance. Le *Zivoug* de *Abah* et *Imah* est constant, tandis que celui de *ISOT* est occasionnel.

Hébreu / Araméen *Phonétique*	L	Dictionnaire
כבד **Kaved**	H	**Lourd** Lorsque les *Sephirot* apparurent la première fois de la bouche d'*Adam Kadmon*, la partie la plus subtile des lumières retourna à son lieu d'origine dans la bouche, mais pas entièrement, chacune laissant sa trace. Cette trace qui ne remonta pas devint plus lourde et plus épaisse.
כוונה **Kavanah**	H	**Intention - Concentration** Il existe différents niveaux de *Kavanah*. La *Kavanah* fondamentale est de comprendre les mots, et de se concentrer sur le but de la bénédiction ou de la *Tefilah*. Le niveau supérieur est de méditer sur les différents flux d'énergies, les systèmes de permutation des noms et des *Partsoufim* (configurations), afin d'obtenir une action particulière ou un résultat. L'ordre des *Tefilot* est basé sur les systèmes d'ascension des mondes, tel qu'expliqué dans la Kabbalah. À ce niveau, nous comprenons que nos *Tefilot* ont une influence directe sur les mondes supérieurs et leur direction. Dès le matin par la première action de *Netilat Yadayim* (lavage des mains à trois reprises en alternance), jusqu'à la fin de la *Tefilah*, il y a une élévation et une adhésion constantes des mondes de '*Asiah*, *Yetsirah* et *Bériah* vers *Atsilout*. Lorsque l'on prononce une bénédiction avec la

Hébreu / Araméen *Phonétique*	L	Dictionnaire
		méditation kabbalistique sur les mots ou noms, nous agissons et participons directement au *Tikoun* de l'acte ou la chose à bénir. Les *Hekhalot* (portails) sont les différents niveaux d'ascension des *Tefilot* avant d'atteindre le septième plus haut *Hekhal* (portail), le *Kodesh Hakodashim*. Leur fonction principale est de permettre l'adhésion et l'attachement de plusieurs manières distinctes durant les *Tefilot*, jusqu'au *'Olam Atsilout* (lors de la *'Amidah*). Au cours des *Tefilot*, celui qui est familier avec le système d'ascension des *Hekhalot* (portails), se concentre sur les mots qui font allusion à l'action précise du *Hekhal* (portail). Son but est d'aider à la réalisation du *Zivoug* (union) particulier de cette *Tefilah*. Quand on comprend les systèmes et les actions des *Tefilot*, nous réalisons l'importance de nos rituels, car seul l'homme, par la prière et les *Mitsvot*, peut influencer ces forces incroyables. *Voir Tefilah*
כוונות *Kavanot*	H	***Intentions - Concentration*** *Voir Kavanah*
כולל *Kolel*	H	***Kolel*** L'une des sept catégories de *Gematriot*. La valeur *Ragil* du mot + le nombre de lettres. Ex: הארץ = 4 + 1106 = 1110

Hébreu / Araméen *Phonétique*	L	Dictionnaire
כח **Koa'h**	H	**Force – Puissance** Les différentes émanations d'une lumière dépendent des différents niveaux de manifestation de sa force.
כחב **Ka'HaB**	H	**Keter, 'Hokhma, Binah** Initiales
כיסא **Kisey**	H	**Trône** Il existe trois types essentiels de trônes: Kisey Hadin - trône de la justice Kisey Hakavod - trône de la gloire Kisey *Ra'hamim* - trône de la miséricorde *Voir Kisey Hadin, Kisey Hakavod, Kisey Ra'hamim*
כיסא הדין **Kisey Hadin**	H	**Trône de la justice - la rigueur** Du trône de la justice, la direction provient de la colonne gauche - le pilier de la rigueur.
כיסא הכבוד **Kisey Hakavod**	H	**Trône de la gloire** "En présence de Dieu"
כיסא הרחמים **Kisey Ra'hamim**	H	**Trône de la miséricorde** Du trône de la miséricorde, la direction provient de la colonne intermédiaire - le pilier de la miséricorde.

Hébreu / Araméen *Phonétique*	L	Dictionnaire
כלה *Kalah*	H	**Bride** Sephira Malkhout. Partsouf Léah ou Ra'hel.
כלי *Keli*	H	**Récipient - Vase** La lumière de Dieu est unique, de force et qualité égales. Une *Sephira* est en quelque sorte un «filtre» qui transforme cette lumière en une force particulière ou en attribut, par laquelle le Créateur dirige les mondes. Chaque *Sephira* est composée d'un récipient appelé *Keli*, qui contient sa part de lumière appelée *Or*. Il n'y a pas de différence dans le *Or* lui-même, la différence vient de la particularité, ou position de la *Sephira*. Le *Keli* est le récipient de la lumière à l'intérieur de la *Sephira*. Le *Keli* a trois niveaux: intérieur, intermédiaire et extérieur. *NHY* (*Netsa'h*, *Hod*, *Yesod*) sont les *Kelim* extérieurs, *HGT* (*'Hesed*, *Gevourah*, *Tiferet*) les *Kelim* intermédiaires, et *HBD* (*Hokhma*, *Binah*, *Da'at*) les *Kelim* intérieurs. Les *Kelim* de *HGT* se logent à l'intérieur des *Kelim* de *NHY* et sont ainsi leur intériorité, mais sont l'extériorité des *Kelim* de *HBD*, qui eux-mêmes se logent à l'intérieur d'eux. Pour chaque niveau, il y a trois aspects comme suit: *NHY* de *NHY* – le *Keli* extérieur de *NHY*

Hébreu / Araméen *Phonétique*	L	Dictionnaire
		HGT de *NHY* – le *Keli* intermédiaire de *NHY* *HBD* de *NHY* – le Kéli intérieur de *NHY* *NHY* de *HGT* – le *Keli* extérieur de *HGT*, etc... Chacun de ces niveaux à ses actions et fonctions particulières. *Voir Shvirat Hakelim, Keli Hitson, Keli Pnimi, Keli Tikhon.*
כלי חיצון *Keli* *'Hitson*	H	***Récipient Extérieur*** Les *Kelim* extérieurs sont les *NHY* (*Netsa'h, Hod, Yesod*) du *Keli*. Ils habillent les *Kelim* intérieurs de *HGT* (*'Hesed, Gevourah, Tiferet*) qui eux habillent les *Kelim* de *HBD* (*'Hokhma, Binah, Da'at*). *NHY* est de l'aspect de *Nefesh*. *NHY* de *NHY* de l'aspect de *Nefesh* du *Keli* extérieur. Chacun de ces niveaux dispose de ses propres actions et fonctions. Cet aspect du *Keli* est révélé pendant la grossesse
כלי פנימי *Keli* *Pnimi*	H	***Keli Intérieur*** Les *Keli* intérieurs sont le *HBD* (*'Hokhma, Binah, Da'at*) du *Keli*. Ils sont à l'intérieur de *HGT* (*'Hesed, Gevourah, Tiferet*) qui eux se trouvent à l'intérieur des *NHY* (*Netsa'h, Hod, Yesod*) du *Keli*. *HBD* est de l'aspect de *Neshamah*. *HBD* de *HBD* est l'aspect de *Neshamah* du *Keli* intérieur. Cet aspect du *Keli* est révélé pendant la croissance.

Hébreu / Araméen Phonétique	L	Dictionnaire
כלי תיכון Keli Tikhon	H	**Keli Intermédiaire** Les *Kelim* intermédiaires sont les *HGT* (*'Hesed, Gevourah, Tiferet*) du *Keli*. Ils sont à l'intérieur de *NHY* (*Netsa'h, Hod*) du *Keli* et habillent les *Kelim* de *HBD* (*'Hokhma, Binah, Da'at*). *HGT* est de l'aspect de *Roua'h*, *NHY* de *HGT* de l'aspect de *Roua'h* du *Keli* intermédiaire. Cet aspect du *Keli* est révélé pendant l'allaitement.
כלים Kelim	H	**Récipients – Vases** *Voir Keli*
כניסה Kenisah	H	**Entrée** L'apparition des lumières est aussi appelée leur entrée.
כנסת ישראל Kneset Israël	H	**Assemblée d'Israël** Peuple *d'Israël*.
כתבי הארי Kitve Haari	H	**Écrits du Ari Z'al** *Voir Ari Z'al*
כתפין Ktafin	A	**Épaules** Le *Partsouf Noukva* descend de la *Sephira Da'at* de *Z'A* afin d'être construit à l'arrière des *NHY* (*Netsa'h, Hod, Yesod*) de *Z'A*. La *Sephira Yesod*

Hébreu / Araméen *Phonétique*	L	Dictionnaire
		de *Z'A* prend position dans *Da'at* de *Noukva*, entre ses épaules.
כתר *Keter*	H	**Sephira – Couronne** La première et plus importante des *Sephirot*. Qualité: Bonté totale envers tous, même aux non-méritants. Colonne: Intermédiaire - *Ra'hamim* (miséricorde) Position: Supérieure - intermédiaire Autres *Sephirot* sur la même colonne: *Tiferet, Yesod, Malkhout*. *Partsoufim* faits à partir de cette *Sephira*: - *'Atik Yomin* et sa *Noukva* - *Arikh Anpin* et sa *Noukva* Nom correspondant : AHY-H ה - אהי *Milouy* correspondant : *'AV* (72) – עב Voyelle Correspondante: *Kamatz* Correspondance physique: Tête Niveau de l'âme: *Ye'hidah* *Voir Sephira Partsouf*
כתר, חכמה, בינה *Keter, 'Hokhma Binah*	H	**Keter, 'Hokhma, Binah** Les trois premières *Sephirot*, souvent désignées comme les Ga'R; *Shalosh Rishonot* (les trois premières). Les racines de tous les créés sont dans les sept *Sephirot* inférieures (*ZaT*) ; les trois premières *Sephirot* sont comme une couronne sur les *ZaT* pour les réparer et les diriger. Dans les trois

Hébreu / Araméen *Phonétique*	L	Dictionnaire
		premières *Sephirot*, il n'y a pas vraiment de notion de dégât, elles sont au-dessus des actions des hommes, et ne sont pas affectées par leurs péchés. Dans la *Shvirat Hakelim* (brisure des récipients), les parties inférieures des *Kelim* de 'Hokhma et Binah n'ont pu contenir leurs lumières, elles tombèrent, mais ne se brisèrent pas. Ces parties inférieures correspondent à ce qui est nécessaire pour la direction des sept *Sephirot* inférieures; si elles avaient contenu leurs lumières, ces *Sephirot* ne se seraient pas brisées, et les notions de *Kilkoul* (dégâts) et *Tikoun* (réparation) n'auraient pas existé. *Voir Mo'hin*
כתרים *Ketarim*	H	***Sephirot - Couronnes*** Après la *Shvirat Hakelim* (brisure des récipients) les *Sephirot Keter* appartenant à chaque *Sephira* se réunirent pour faire le *Partsouf 'Atik Yomin*. Ce *Partsouf* fut donc réalisée par les *Ketarim* des *Sephirot* de l'aspect de *MaH* et *BaN*.

Hébreu / Araméen Phonétique	L	Dictionnaire
ל"ב נתיבות חכמה Lav Netivot 'Hokhma	H	**32 voies de la sagesse** Trente-deux voies des lumières provenant de la *Sephira 'Hokhma*. Elles sont les vingt deux lettres plus les dix *Sephirot*. Dans la Parasha Bereshit, le nom de *Elokim* est mentionné 32 fois.
לאה Léah	H	**Léah - Partsouf Noukva** Le *Partsouf Noukva* qui représente le féminin - le principe de recevoir, est composé de deux *Partsoufim* (configurations) distincts: *Ra'hel* et *Léah*. *Partsouf Ra'hel* est de l'aspect de bonté, *Partsouf Léah*, de l'aspect de rigueur. *Partsouf Léah* est au-dessus du *Partsouf Ra'hel*, au niveau de *Da'at* de *Partsouf Z'A* et s'étend jusqu'à la moitié de son *Tiferet*. C'est à partir d'une émanation du *Yesod* de *Partsouf Tevounah*, à l'intérieur de *Z'A*, que *Léah* est sortie. Toute l'abondance qui descend sur le monde se produit par les divers *Zivoug*im (unions) de *ZuN* (*Z'A* et *Noukva*). Il y a cinq différents *Zivoug*im entre *Z'A* et *Noukva*: deux avec *Ra'hel* et trois avec *Léah*. Les *Zivoug*im avec *Ra'hel* sont d'un niveau plus élevé, de l'aspect de la bonté; ceux avec *Léah* sont plus de l'aspect de la rigueur. Dans la *Tefila* de *Min'ha*, il y a le *Zivoug d'Israël* et de *Léah*.

Hébreu / Araméen *Phonétique*	L	Dictionnaire
		Dans la *Tefila* de *'Arvit*, il y a le *Zivoug* de *Ya'acov* et *Léah* (à partir de la poitrine vers le haut). Dans *Tikoun Hatsot*, il y a le *Zivoug* de *Ya'acov* et *Léah* (à partir du thorax vers le bas). *Voir Malkhout, Noukva, Zivoug, Kavanah*
לב *Lev*	H	***Cœur*** Identifie généralement une position de centre ou une partie essentielle.
לבוש *Levoush*	H	***Garment*** Le *Levoush* (vêtement) est une émanation donnée à un *Partsouf* pour le protéger des forces négatives. Pour soutenir les *Mo'hin* dans un *Partsouf*, le *Levoush* pénètre en premier afin que le *Partsouf* qui reçoit les *Mo'hin* puisse les supporter. Il y a aussi un *Levoush* ou enveloppe nécessaire pour que l'âme puisse s'attacher au corps de l'homme lors de sa réincarnation (*Gilgoul*). Quand une autre âme s'attache à lui (*'Ibour*), le même *Levoush* (vêtement) pourrait être utilisé pour la garder en lui. *Voir Gilgoul*
לבושים *Levoushim*	H	***Vêtements*** *Voir Levoush*

Hébreu / Araméen Phonétique	L	Dictionnaire
לבנת הספיר *Livnat Hasapir*	H	**Livnat Hasapir** Nom d'un *Hekhal* (portail). Premier des sept *Hekhalot*, correspondant à *Sephira Yesod* et *Malkhout*. Chaque monde *(ABYA)* est construit à partir de quatre aspects: *Partsouf*, *Levoush* (vêtement), *Or Makif* (lumières encerclantes), et *Hekhalot*. Dans chaque *Partsouf*, il y a intériorité et extériorité. L'extériorité est toujours de l'aspect de *Malkhout*, et les *Hekhalot* sont les ramifications des *Malkhout* des *Partsoufim*. Les *Hekhalot* sont aussi les différents niveaux d'ascension des *Tefilot* avant qu'elles n'atteignent le septième *Hekhal* (portail), *Kodesh Hakodashim*. Leur principale fonction est de permettre l'adhésion et l'attachement de différentes manières particulières, lors des *Tefilot*, jusqu'au 'Olam Atsilout (pendant la 'Amida). Les *Neshamot* et les anges prennent racine dans les *Hekhalot*, chacun selon son niveau respectif. *Voir Hekhal, Tefila*
להאיר *Lehair*	H	**Illuminer- éclairer** Une *Sephira* peut «éclairer» ou transmettre sa lumière à une autre *Sephira* ou *Partsouf*.
להחיות *Lehahayot*	H	**Vivre - Soutenir** Après la *Shvirat Hakelim* (brisure des récipients),

Hébreu / Araméen Phonétique	L	Dictionnaire
		les *Kelim* descendirent dans les mondes inférieurs. Pour les soutenir après s'être brisés, 288 étincelles de leur lumière descendirent aussi. Une connexion à leurs propres lumières d'origine était nécessaire pour les maintenir en vie. Pour survivre, les forces négatives se renforcent en s'attachant à l'extériorité des *Sephirot*; elles se nourrissent de leurs lumières et acquièrent plus de pouvoir pour agir négativement. Tout ce qui existe est soutenu par une seule et unique source: la lumière de Dieu, qui est transmise par les *Partsoufim* et *Sephirot*.
להחמיר *LeHa'hmir*	H	***Être plus strictes*** Une observance stricte de tous les détails lors de l'accomplissement d'une *Mitsvah* ou *Tefilah*. *Voir Kavanah*
להנהיג *LeHanhig*	H	***Pour guider*** *Voir Hanhagah*
להתיר *LeHatir*	H	***Pour permettre*** Permis de faire, ou d'observer.
לוצאטו *Luzzatto*		***Rabbi Moshe 'Haïm Luzzatto - Ram'hal*** Né à Padoue, en Italie en 1707, mort en *Israël* en 1746. Dès son jeune âge, Rabbi Moshe 'Haïm Luzzatto démontra un talent exceptionnel pour l'étude de

Hébreu / Araméen *Phonétique*	L	Dictionnaire

la Kabbalah. Il est dit qu'à l'âge de quatorze ans seulement, il connaissait déjà par cœur toute la Kabbalah du Ari Z'al, et personne n'était au courant de cela, pas même ses parents. Il était un auteur prolifique qui a écrit sur l'ensemble des aspects de la *Torah* et de la Kabbalah. Certaines de ses principales oeuvres sont *«Kala'h Pit'he'Hokhma" "Klalut Hallan" "Adir Bamaron".*

ליאדי
Liadi — H

Shneur Zalman de Liadi - Le (Alter) Rabbi

Né en Russie en 1745, mort en Russie en 1813. *Le "Baal HaTanya",* fondateur du mouvement *Habad - Loubavitch.* Il était un descendant du Maharal de Prague. Il étudia, sous la tutelle du Maggid de Mezritch les écrits du Ari et composa le *"Tanya".*

לידה
Leida — H

Naissance

Tous les *Tikounim* des *Partsoufim* (masculins et féminins) sont réalisés par le *Zivoug* (union), la grossesse et l'accouchement. Au cours du *Zivoug,* les lumières de *MaH* (45) nécessaires au *Tikoun* sont attirées par les lumières de *BaN* (52), et demeurent dans la *Noukva* supérieure qui donnera naissance au *Partsouf.*

Au cours de la grossesse à l'intérieur de la *Noukva,* elles sont disposées et complétées jusqu'à ce qu'il n'y ait plus rien à ajouter. Après la grossesse, une fois entièrement réparé, le

Hébreu / Araméen *Phonétique*	L	Dictionnaire
		Partsouf est révélé. Les détails des lumières et des *Kelim* sont alors précis, ils se positionnent ; c'est la naissance *(Leida)*. Il y a ensuite l'allaitement, et enfin la croissance afin que le *Partsouf* devienne totalement indépendant. *Voir Partsoufim*
למטה *Lemata*	H	***En bas - descendre*** Processus de descente.
למעלה *Lema'la*	H	***En-haut - élever*** Processus d'ascension.
לפרקים *Lifrakim*	H	***Intermittence*** Certaines actions ou illuminations sont occasionnelles. Le *Zivoug* (union) du *Partsouf Abah* et *Imah* est constant, mais celui du *Partsouf ISOT* est occasionnel. Le *Zivoug* de *Abah* et *Imah* pour la vivacité de l'univers est constant, mais celui des *Mo'hin* (cerveaux) est occasionnel.
לקבל *Lekabel*	H	***Recevoir*** Le mot Kabbalah vient du verbe *Lekabel* (recevoir), mais pour recevoir, il est tout d'abord nécessaire de vouloir recevoir et de devenir un *Keli* (récipient) capable de contenir et retenir cette connaissance. Un kabbaliste est une personne autorisée à recevoir ces connaissances, tout en

Hébreu / Araméen *Phonétique*	L	Dictionnaire

se renforçant constamment dans la voie de la *Torah* et de la justice.

Lorsque l'on décide de connaître son Créateur, on réalise en apprenant cette science, sa petitesse par rapport à ces forces incroyables, la perfection du Seigneur et Son amour infini pour Ses créatures.

Puisque l'intention du Créateur est de procurer la bonté à Ses créatures, tous les niveaux de création ont été mis en place pour que Sa bonté s'émane vers eux, mais de telle manière à ce qu'ils soient en mesure de la recevoir.

L'*Ein Sof* (Infini) *B'H* influe quand il y a initiative de la part du receveur, ce dernier correspondant à l'aspect de *BaN* (52). Cette influence est transmise par différentes illuminations (*Sephirot*), puis par *Noukva* suivant son *Zivoug* (union) avec *Z'A*, au receveur (l'homme).

Voir Kabbalah

Hébreu / Araméen *Phonétique*	L	Dictionnaire
מ"ב		**MaV (42)** Nom des 42 lettres produit à partir des quatre lettres du nom ה - ו - ה -י, le *Milouy* (épellation) de chacune des quatre lettres pour un total de dix lettres, et le *Milouy* de chacune de ces dix lettres pour un total de vingt huit. Ce nom est évoqué (par allusion) lorsque l'on récite le *Kadish* pendant la *Tefilah*. Il permet l'ascension de chaque monde vers le prochain monde plus haut.
מ"ד *M"D*	A	**Mayin Doukhrin - Eaux masculines** Initiales
מ"ה *MaH*		**MaH (45)** *Milouy* (épellation) du nom י- ה - ו - ה pour un total de 45. Les forces créatrices ou énergies sont les différents pouvoirs contenus dans les quatre lettres du nom de Dieu י-ה - ו - ה, et l'ajout d'autres lettres pour les différentes épellations. Selon le type de lettres utilisées, la valeur numérique du nom change, et chacune de ces possibilités diffère dans sa nature et ses actions. Les lettres qui sont ajoutées pour les différentes épellations sont: ד א ו ה י Les différentes épellations des lettres sont les

Hébreu / Araméen *Phonétique*	L	Dictionnaire

suivantes:

La lettre י (*Yud*) ne peut être orthographiée que d'une seule manière: יוד

La lettre ה (*Hé*) peut être épelée avec un י (*Yud*), un א (*Aleph*) ou un ה (*Hé*): הה הי ה

La Lettre ו (*Vav*) peut être orthographiée avec un יו (*Yud* et *Vav*) ou avec או (*Aleph* et *Vav*) ou avec un ו (*Vav*):

וו ויו ואו

Les quatre *Milouyim* (épellations) sont:

עב, סג, מה, בן -

- *'AV* (72), *SaG* (63), *MaH* (45), *BaN* (52)

'AV = 72 V - עב - יוד הי ויו הי

SaG = 63 - סג - יוד הי ואו הי

MaH = 45 - מה - יוד הא ואו הא

BaN = 52 - בן - יוד הה וו הה

Chaque nom peut aussi être divisé et subdivisé tel que:

'AV de *'AV*, *SaG* de *'AV*, *MaH* de *'AV* ...

BaN de *BaN* de *SaG*, *SaG* de *MaH* de *'AV* etc

Le nom de *MaH* (45) est le *Milouyim* (épellation) de א, qui est une ligne (ו) (*Vav*) au milieu (miséricorde) qui unit deux י (*Yud*) (bonté et rigueur). Son aspect est masculin et représente la miséricorde.

MaH = 45 - מה - יוד הא ואו הא

Après la brisure des *Kelim* (récipients) et la séparation avec leurs lumières, il était

Hébreu / Araméen *Phonétique*	L	Dictionnaire

nécessaire pour la direction du monde que la réparation puisse se faire. Du front d'*Adam Kadmon* sortirent dix *Sephirot* ayant l'aspect du nom de *MaH* (45), correspondant au masculin - réparation. À l'opposé, les *Sephirot* de *BaN* (52) correspondent à l'aspect féminin - rigueur, et sont à l'origine de la détérioration. Le *Tikoun* (réparation) est l'union de *MaH* et *BaN* en des dispositions complexes, permettant au *BaN* féminin d'être réparé par le *MaH* masculin et aussi pour les *Sephirot*, de pouvoir se disposer en trois colonnes représentant la bonté, rigueur et miséricorde.

Il n'y a pas d'existence qui ne soit composée des aspects de *MaH* (45) ou *BaN* (52); l'influenceur et le receveur, le masculin et le féminin, etc... L'*Ein Sof*, *B'H* influence quand il y a une initiative de la part du receveur. Cette influence est transmise par les différentes illuminations à l'aspect de *MaH*, puis par *Noukva* après son *Zivoug* avec *Z'A*. De *Z'A* se fait le renouvellement de l'aspect de *MaH*, et de *Noukva* se fait le renouvellement de l'aspect de *BaN*. Ces deux aspects de *MaH* et *BaN* sont nécessaires pour la direction basée sur la justice et pour donner à l'homme la possibilité du libre choix.

Les *Mayin Noukvin* sont de l'aspect de *BaN*

Hébreu / Araméen *Phonétique*	L	Dictionnaire
		(52), les *Mayin Doukhrin*, de l'aspect de *MaH* (45). Après le dégât causé par les *Kelim* (récipients) brisés *SaG*, *MaH* et *BaN* descendirent dans les mondes inférieurs. *MaH* descendit dans *Yetsirah*; ainsi, *Yetsirah* est de l'aspect de *MaH*. Toutes les émanations et *Sephirot* qui sortirent d'*Adam Kadmon* (l'homme primordial) par le biais de ses ouvertures avaient des aspects variés de ces quatre noms. Ils possèdent des actions et *Tikounim* différents, et tous les *Partsoufim* (configurations) seront construits à partir de leur union. *Voir Orot HaMetsa'h, Sephirot Shel MaH*
מ"ן *M"N*		***Mayin Noukvin - Eaux féminines*** Initiales
מאציל *Maatsil*	H	***Émanateur*** Sa lumière, force ou énergie est infinie, et d'une telle sainteté et intensité, qu'il est impossible pour n'importe quelle existence de vivre dans sa proximité. Sa première action dans cette création était alors de mettre des limites à Sa lumière afin qu'elle n'émane pas de toute son intensité. Puisque l'intention du Créateur est d'accorder Sa bonté à ses créatures, tous les niveaux de la création ont été mis en place pour que Sa bonté

Hébreu / Araméen *Phonétique*	L	Dictionnaire
		parvienne à eux, mais de telle manière à ce qu'elles soient en mesure de la recevoir. Les *Sephirot* sont le lien entre l'Émanateur et la direction du monde. Par elles, se manifestent les actions de l'*Ein Sof*, - de l'Émanateur aux receveurs. Ses émanations sont transmises par différentes illuminations de l'aspect du nom de *MaH* (45), et par la *Noukva* suite à son *Zivoug* avec *Partsouf Z'A*.
‏מגיד‏ *Maguid*	H	***Mentor Céleste*** Un *Maguid* se révèle pour enseigner des secrets célestes. Le Ram'hal eut la révélation d'un *Maguid*; sous l'égide de ce dernier, il a écrit des milliers de pages et révélé des secrets magnifiques.
‏מדבר‏ *Medaber*	H	***Parler*** En parallèle aux quatre mondes de *Atsilout*, *Bériah*, *Yetsirah* et *'Asiah*, il existe quatre types d'existence dans notre monde: minéral (‏דומם‏), végétal (‏צומח‏), animal (‏חי‏), et verbal (‏מדבר‏) Minéral correspondant à *'Asiah*, végétal à *Yetsirah*, animal à *Bériah*, et verbal à *Atsilout*.
‏מדה‏ *Midah*	H	***Attributs – Qualité – Mesure*** La lumière de Dieu est unique, de force et qualité égales et au-delà de toute description.

Hébreu / Araméen Phonétique	L	Dictionnaire
		Puisque la notion d'illimité va au-delà de la compréhension de l'homme, nous devons donc utiliser des termes accessibles à notre discernement. Dans la Kabbalah, le terme "qualité" est utilisé pour différencier les diverses transformations de cette lumière "unique", et nous aider à comprendre ses effets sur la direction des mondes. Les *Sephirot* ou *Partsoufim* sont appelés attributs ou qualités de Dieu. Une *Sephira* est en quelque sorte un "filtre" qui transforme cette lumière en une force ou qualité spécifique, par laquelle le Créateur dirige les mondes. *Voir Sephirot, Partsoufim*
מדרגה *Madregah*	H	***Niveaux*** Niveaux d'importance. Les actions ou manifestations des lumières et des émanations s'accomplissent selon leur niveau d'importance.
מדרגות *Madregot*	H	***Niveaux*** *Voir Madregah*
מדת הדין *Midat Hadin*	H	***L'attribut (qualité) de jugement*** La lumière de Dieu est unique, de force et qualité égales, et au-delà de toute description. Dans la Kabbalah, le terme "qualité" est utilisé pour différencier les diverses transformations de

Hébreu / Araméen *Phonétique*	L	Dictionnaire

cette lumière "unique", et nous aider à comprendre ses effets sur la direction de l'univers.

Les *Sephirot* ou *Partsoufim* (configurations) sont appelés les attributs ou qualités de Dieu. Une *Sephira* est en quelque sorte un "filtre" qui transforme cette lumière en une force ou qualité spécifique par laquelle le Créateur guide les mondes. La rigueur émane de l'une des manifestations de cette lumière, une fois filtrée par la *Sephira Gevourah*.

Les *Sephirot* sont disposées en trois colonnes: droite, gauche et milieu, ce qui représente la direction du monde à la manière de *'Hesed*, *Din* et *Ra'hamim* - Bonté, rigueur et miséricorde. Dans l'attribut de rigueur, la direction se fait à partir de la colonne de gauche - le pilier de la rigueur qui contient les *Sephirot*: *Binah*, *Gevourah*, *Hod*. Le nom correspondant à cet attribut est:

Élohi-m - ם - אלהי

Certains *Partsoufim* sont masculins et confèrent la bonté, d'autres sont féminins et confèrent la rigueur. Par leur union, les différents équilibres de ces deux forces (la bonté et la rigueur), font la direction. Une rigueur totale serait la destruction de tout ce qui est imparfait, alors qu'une bonté totale

Hébreu / Araméen *Phonétique*	L	Dictionnaire

permettrait tout sans restriction. Ainsi, nous voyons que tout ce qui existe et se produit est toujours formé d'une mesure et d'un équilibre variables de ces deux forces.

La rigueur se manifeste en général par l'ensemble des aspects féminins tels que: le nom de *BaN* (52), la *Sephira Gevourah* et par toutes les dissimulations des aspects masculins qui représentent la bonté.

Il y a des moments ou jours spécifiques de rigueur durant l'année. Ceci résulte des différentes positions des *Partsoufim*, en l'absence de *Zivoug* (union) alors que les *Partsoufim* masculin et féminin sont dos à dos, cela correspond à la dissimulation et à la rigueur.

‎מדת החסד *Midat Ha'Hesed* — H

L'attribut (qualité) de Générosité

La lumière de Dieu est unique, de force et qualité égales, et au-delà de toute description. Dans la Kabbalah Le terme «qualité» est utilisé pour différencier les diverses transformations de cette lumière "unique", et pour nous aider à mieux comprendre ses effets sur la direction des mondes.

Les *Sephirot* linéaires sont disposées en trois colonnes: droite, gauche et milieu, ce qui représente la direction du monde à la manière de *'Hesed*, *Din* et *Ra'hamim* - Bonté, rigueur

Hébreu / Araméen *Phonétique*	L	Dictionnaire
		et miséricorde. Certains *Partsoufim* sont masculin et confèrent la bonté, d'autres sont féminin et confèrent la rigueur. Par leurs unions, les divers équilibres entre les deux forces de bonté et rigueur font la direction. Lorsque les *Partsoufim* masculin et féminin sont face à face, c'est le niveau idéal qui correspond à l'octroi de l'abondance. Dans l'attribut de générosité, la direction se fait à partir du pilier droit - le pilier de la bonté. Le nom correspondant à cet attribut est le suivant: YHV-K ה - ו - ה - י - *Voir Sephirot, Partsoufim*
מדת הרחמים *Midat* *HaRa'hamim*	H	***L'attribut (qualité) de Miséricorde*** La lumière de Dieu est unique, de force et qualité égales et au-delà de toute description. Dans la Kabbalah le terme «qualité» est utilisé pour différencier les diverses transformations de cette lumière "unique", et pour nous aider à comprendre ses effets sur la direction des mondes. Les *Sephirot* ou *Partsoufim* sont appelés attributs ou qualités de Dieu. Une *Sephira* est en quelque sorte un «filtre» qui transforme cette lumière en une force ou qualité spécifique, par laquelle le Créateur dirige les mondes.

Hébreu / Araméen *Phonétique*	L	Dictionnaire
		Les *Sephirot* linéaires sont disposées en trois colonnes: droite, gauche et milieu, ce qui représente la direction du monde à la manière de *'Hesed*, *Din* et *Ra'hamim* - Bonté, rigueur et miséricorde. Certains *Partsoufim* sont masculins et confèrent la bonté, d'autres sont féminins et confèrent la rigueur. Par leurs unions, différents équilibres appartenant à ces deux forces que sont la Bonté et la rigueur font la direction. Dans l'attribut de miséricorde, la direction est du pilier central - le pilier de *Ra'hamim*. Cette direction produit l'équilibre entre les directions de rigueur et générosité. *Voir Sephirot, Partsoufim*
מהות *Mahout*	H	***Essence*** Nature ou qualité intérieure.
מוח *Moa'h*	H	***Cerveau*** *Voir Mo'hin*
מוחא סתימאה *Mo'ha Stimaah*	A	***La troisième des trois têtes d'Arikh Anpin*** Les trois têtes d'*Arikh Anpin* sont la source de la direction de bonté, rigueur et miséricorde. Elles émanent d'*Arikh Anpin* à *Abah* et *Imah*, et de là, aux *Mo'hin* (cerveaux) de *Z'A*. Ces trois têtes sont le premier *Tikoun* (action) du *Partsouf Arikh Anpin*, elles se nomment:

Hébreu / Araméen *Phonétique*	L	Dictionnaire
		1 - *Goulgolta* - *Keter* de *Arikh Anpin* 2 - *Avirah* - dans l'écart entre *Keter* et *'Hokhma* de *Arikh Anpin*, se trouve *Da'at* de *'Atik* 3 - *Mo'ha* - *'Hokhma* de *Arikh* Pour chaque tête, il y a trois niveaux de lumière: Intérieur, encerclant (*Makif*), et encerclant de l'encerclant (*Makif* le *Makif*), le nom ה-ו-ה-י représente l'intériorité et le nom א- ה-י-ה l'encerclant. En fonction de leurs voyelles, ils correspondent à l'une des trois têtes. Lorsque les premières lettres ont des *Nekoudot* voyelles telles qu'énoncées, mais Segol au lieu de *Tsere* et *Pata'h* au lieu de *Kamatz*. Le *Milouy* a des voyelles telles qu'énoncées et *Pata'h* comme voyelle. Il s'agit de la troisième tête - *Mo'ha Stimaah*.
מוחין *Mo'hin*	H	**Cerveaux** Les *Mo'hin* sont les forces directrices conférées au *Partsouf*. Il existe des *Mo'hin* intérieurs et encerclants. Les *Mo'hin* intérieurs sont les *Sephirot NHY* (*Netsa'h*, *Hod*, *Yesod*) du *Partsouf* supérieur qui pénètrent à l'intérieur du *Partsouf* inférieur pour devenir son cerveau ou intelligence. Les *Mo'hin* encerclants se tiennent à l'extérieur. Il y a deux *Mo'hin* distincts qui viennent pour *Z'A*: les *Mo'hin* de *Imah* arrivent en premier,

Hébreu / Araméen *Phonétique*	L	Dictionnaire

puis les *Mo'hin* de *Abah*. Les *Mo'hin* qui sont donnés par *Abah* et *Imah* à *Z'A* sont appelés ses (צלמ) Tselem et ne pénètrent pas entièrement en lui, seuls les *NHY* (*Netsa'h, Hod, Yesod*) (צ) le font, les autres demeurent au-dessus de lui, encerclant sa tête.

Les *NHY* du *Partsouf* supérieur qui sont composés de neuf parties correspondant au צ, se répartissent dans les neuf *Sephirot* de *Z'A*. Les encerclants sont מ ל, ils n'ont pas à se répandre en lui et se tiennent à l'extérieur de lui, disposés dans l'arrangement des trois colonnes de bonté, rigueur et miséricorde.

Au cours de la grossesse, les *Mo'hin* sont du niveau le plus bas et sont appelés *NHY* des *Mo'hin*, ils sont de l'aspect de *Nefesh*.

Au cours de l'allaitement, les lumières s'intensifient et les *Mo'hin* sont alors d'un niveau supérieur, ils sont appelés *HGT* (*'Hesed, Gevourah, Tiferet*) des *Mo'hin* et sont de l'aspect de *Roua'h*.

Pendant la croissance, les *Mo'hin* sont à présent entièrement développés pour guider *ZuN* avec toute la force des *HBD* (*'Hokhma, Binah, Da'at*), ils sont de l'aspect de *Neshamah*.

Il y a deux grossesses et deux croissances pour le *Partsouf Z'A*. Les *Mo'hin* de la

Hébreu / Araméen *Phonétique*	L	Dictionnaire
		première croissance sont de *Tevounah*, les *Mo'hin* de la deuxième croissance sont de *Imah*. Ce n'est qu'après la deuxième croissance que *Z'A* atteint sa pleine capacité. Ceci est appelé *Gadlout* 2. *Voir Partsouf, Gadlout*
מוחין דגדלות *Mo'hin de Gadlout*	H	***Cerveaux de croissance*** Il y a les *Mo'hin* (cerveaux) de *Gadlout* 1 et *Mo'hin* de *Gadlout* 2. Lorsque *Partsouf Z'A* reçoit tous ses *Mo'hin*; intérieurs et encerclants (*Tselem*) à partir de *Tevounah*, ils sont les *Mo'hin* de *Gadlout* 1. Quand il reçoit tous ses *Mo'hin* directement de *Imah*, ils sont les *Mo'hin* de *Gadlout* 2 et il atteint alors sa pleine croissance. *Voir Partsouf, Gadlout*
מוחין דקתנות *Mo'hin de Katnout*	H	***Cerveau d'enfance*** Il y a les *Mo'hin* (cerveaux) de *Katnout* 1 et *Mo'hin* de *Katnout* 2. Lorsque *Partsouf Z'A* reçoit NHY (*Netsa'h, Hod, Yesod*) de son *Mo'hin* - interne, et non ses encerclants (*Tselem*) de *Tevounah*, ils sont les *Mo'hin* de *Katnout* 1. Quand il reçoit NHY (*Netsa'h, Hod, Yesod*) de son *Mo'hin* directement de *Imah*, ils sont alors les *Mo'hin* de *Katnout* 2. *Voir Partsouf, Gadlout*

Hébreu / Araméen Phonétique	L	Dictionnaire
מוחין מקיפין Mo'hin Makifin	H	**Cerveaux Encerclants** Les *Mo'hin* encerclants sont d'un aspect plus élevé que les *Mo'hin* intérieurs. Ils n'entrent pas à l'intérieur du *Partsouf* inférieur, et l'encerclent de l'extérieur. C'est l'encerclement - למ du *Mo'hin* interne - צ Les *HGT* (*'Hesed, Gevourah, Tiferet*) qui l'entourent, correspondent au ל Les *KHBD* (*Keter, 'Hokhma, Binah, Da'at*) qui l'encerclent, correspondent à מ *Voir Mo'hin*
מוחין פנימין Mo'hin Penimim	H	**Cerveaux Intérieurs** Les *Mo'hin* intérieurs pénètrent à l'intérieur du *Partsouf* inférieur. C'est les *NHY* (*Netsa'h, Hod, Yesod*) du *Partsouf* supérieur qui sont composés de neuf parties et correspondent au צ. Ils se répandent dans les neufs *Sephirot* de *Z'A*. *Voir Mo'hin*
מושך Moshekh	H	**Attirances – Attractions** Une lumière ou émanation attire ou entraîne une autre dans le but d'un *Tikoun* ou *Zivoug*.
מזון Mazon	H	**Nourriture - Subsistance** Pour leur subsistance, les forces négatives se renforcent en se liant à l'extériorité des trois *Sephirot* inférieures.

Hébreu / Araméen *Phonétique*	L	Dictionnaire
מזוקק *Mezukak*	H	***Raffinée*** *Voir Zakh*
מזל *Mazal*	H	***Chance – Destinée - Constellation*** Chaque jour et chaque instant se manifeste de manière différente. Ces manifestations positives ou négatives varient et influencent continuellement. Les sept planètes principales correspondent à sept *Sephirot*.

Lune	לבנה	'Hesed
Mars	מאדים	Gevourah
Soleil	חמה	Tiferet
Venus	נוגה	Netsa'h
Mercure	כוכב	Hod
Saturne	שבתאי	Yesod
Jupiter	צדק	Malkhout

Hébreu / Araméen *Phonétique*	L	Dictionnaire
מזל נוצר *Mazal Notser*	H	***Mazal Notser*** Il y a des poils (lumières) qui sortent de la face de la *Sephira* 'Stimaah Hokhma' de *Partsouf Arikh Anpin* et qui se prolongent vers le bas. Ils se divisent en treize et sont appelés les treize *Tikounim* (rectifications) de la *Dikna* (barbe) de *Arikh Anpin*. *Mazal Notser* est le huitième *Tikoun* de la *Dikna* de *Arikh Anpin*, correspondant au (barbe sur le) haut du menton. La longueur des deux *Mazalot* (*Notser* et *Nake*)

Hébreu / Araméen *Phonétique*	L	Dictionnaire

s'étend jusqu'au nombril, là où se trouve la tête de *Partsouf Z'A*.

La *Dikna* révèle la direction de bonté, rigueur et miséricorde qui était dissimulée dans *'Hokhma Stimaah*, en la dirigeant vers *Z'A* à travers les deux *Mazalot*; *Notser* et *Nake*, qui sont les huitième et treizième *Tikoun*

Voir Sheta'h 'Elyon

מזל נקה
Mazal Nakeh

Mazal Nakeh

Il y a des poils (lumières) qui sortent de la face de la *Sephira 'Hokhma Stimaah* de *Partsouf Arikh Anpin* et qui se prolongent vers le bas. Ils se divisent en treize et sont appelés les treize *Tikounim* de la *Dikna* (barbe) de *Arikh Anpin*. *Mazal Nake* est le troisième *Tikoun* de la *Dikna* de *Arikh Anpin*, correspondant au (barbe au) bas du menton.

La longueur des deux *Mazalot* (*Notser* et *Nake*) descend jusqu'au nombril, où se situe la tête de *Partsouf Z'A*.

La *Dikna* révèle la direction de la bonté, rigueur et miséricorde, qui étaient dissimulées dans *'Hokhma Stimaah*, en la faisant descendre vers *Z'A* à travers les deux *Mazalot* - *Notser* et *Nake*, qui sont les huitième et treizième *Tikoun*.

Voir Sheta'h Ta'hton

Hébreu / Araméen *Phonétique*	L	Dictionnaire
מחשבה *Ma'hashavah*		***Pensée - Intention – Volonté*** «Il y a plusieurs pensées dans le cœur d'un homme, mais seul l'avis de Dieu prévaudra". *(Mishle - Proverbes 19, 21)*
מחשבות *Ma'hashavot*	H	***Pensées*** *Voir pensée*
מטה *Matah*	H	***Plus bas*** Généralement, bas veut dire inférieur ou moins important.
מטה האלהים *Mateh Elokim*	H	***Sceptre de Elokim*** Lumière diagonale ou *Partsouf* du côté gauche de *Léah*. Cette lumière, ou *Partsouf*, n'est pas considérée comme un *Partsouf* entier, ses actions sont temporaires et s'effectuent à des moments spécifiques seulement.
מטה משה *Mateh Moshe*	H	***Sceptre de Moshe*** Lumière Diagonale ou *Partsouf* du côté droit de *Léah*. Cette lumière, ou *Partsouf*, n'est pas considérée comme un *Partsouf* entier, ses actions sont temporaires et s'effectuent uniquement à des moments spécifiques.

Hébreu / Araméen *Phonétique*	L	Dictionnaire
מטטרו"ן *Matatro"n*		**Matatro"n** Nom de l'un des trois grands princes des Anges.
מידות *Midot*	H	**Attributs - Qualités** *Voir Midah*
מיוחד *Meyu'had*	H	**Unique** *Voir Y'hudo*
מיין *Mayin*	A	**Eau** Émanations métaphoriquement appelées eaux masculines ou féminines. *Voir Mayin Doukhrin, Mayin Nukvin*
מיין דוכרין *Mayin Doukhrin*	A	**Eaux masculines** Émanation de haut en bas, métaphoriquement appelée eaux masculines. Le *Tikoun* (rectification) se fait par le *Zivoug* (union) du masculin et du féminin. Il y a deux exigences nécessaires pour que le *Zivoug* puisse s'effectuer: les *Partsoufim* (configurations) doivent être construits, et le féminin doit éveiller une réaction de la part du masculin. Cette stimulation se produit lorsque le *Partsouf Noukva* élève ses *Mayin Noukvin* (eaux féminines) de l'aspect féminin de *BaN* (52), qui par la suite, inciteront la descente des *Mayin Doukhrin* via l'aspect masculin de *MaH* (45).

Hébreu / Araméen *Phonétique*	L	Dictionnaire
		Le masculin réagit, stimulé par le féminin, qui est à son tour, motivé par les actions de l'homme. Aussi, en raison des *Tikounim* (rectifications) réalisées par les hommes à travers les *Tefilot* et les *Mitsvot*, *Noukva* élève ses *Mayin Noukvin*, et en retour, les *Mayin Doukhrin* descendent pour compléter le *Zivoug*. Les *Mayin Doukhrin* et les *Mayin Noukvin* sont les déterminants du *Zivoug*. Les *Mayin Noukvin* proviennent du féminin et les *Mayin Doukhrin* du masculin. Il n'existe pas de *Mayin Doukhrin* sans *Mayin Noukvin*, et il n'existe pas de *Mayin Noukvin* sans désir.
מיין נוקבין *Mayin* *Noukvin*	A	***Eaux Féminines*** Émanation de bas en haut, métaphoriquement appelée eaux masculines ou eaux féminines. Le *Tikoun* (rectification) se fait par le *Zivoug* (union) du masculin et du féminin. Il y a deux exigences nécessaires pour que le *Zivoug* puisse s'effectuer: les *Partsoufim* doivent être construits, et le féminin doit éveiller une réaction de la part du masculin. Cette stimulation se produit lorsque le *Partsouf Noukva* élève ses *Mayin Noukvin* (eaux féminines) de l'aspect féminin de *BaN* (52), qui par la suite, inciteront la descente des *Mayin Doukhrin* via l'aspect masculin de *MaH* (45).

Hébreu / Araméen *Phonétique*	L	Dictionnaire

Le masculin réagit, stimulé par le féminin, qui est à son tour motivé par les actions de l'homme. De plus, en raison des *Tikounim* (rectifications) réalisés par les hommes avec les *Tefilot* et les *Mitsvot*, *Noukva* élève ses *Mayin Noukvin*, et en retour, les *Mayin Doukhrin* descendent pour compléter le *Zivoug*.

Les *Mayin Doukhrin* et les *Mayin Noukvin* sont les déterminants du *Zivoug*. Les *Mayin Noukvin* proviennent du féminin et les *Mayin Doukhrin* du masculin. Il n'existe pas de *Mayin Doukhrin* sans *Mayin Noukvin*, et il n'existe pas de *Mayin Noukvin* sans désir.

Pour la construction du *Partsouf Noukva*, vingt-deux lettres lui sont données par *Z'A*; elles la construisent, descendent dans son *Yesod* et forment un *Keli*. Elle reçoit également les cinq dernières lettres: מנצפך, qui sont ses cinq *Gevourot* (rigueurs) et qui contiennent les *Mayin Noukvin*.

Après la *Nesirah*, quand *Abah* et *Imah* l'auront conçue, ils lui donneront également vingt-deux lettres, מנצפך et *Mayin Noukvin*. Elle est maintenant complète et prête à agir indépendamment.

Voir Zivoug, Malkhout, Noukva

Hébreu / Araméen *Phonétique*	L	Dictionnaire
מילוי *Milouy*	H	**_Épellation_** Les forces ou énergies créatrices sont les différents pouvoirs contenus dans les quatre lettres du nom de Dieu י-ה-ו-ה, et l'ajout d'autres lettres pour une orthographe différente. Selon le type de lettres utilisées, la valeur numérique du nom change, et chacune de ces possibilités diffère dans sa nature et ses actions. Les lettres ajoutées pour les différentes épellations des lettres sont: י ה ו א ד Les différentes épellations des lettres sont: La lettre י (Yod) ne peut être orthographiée que d'une seule manière: יוד La lettre ה (Hé) peut être orthographiée avec un י (*Yud*) un א (Aleph) ou un ה (Hé): הי הא הה La Lettre ו (*Vav*) peut être orthographiée avec un יו (*Yud* et *Vav*) ou avec un או (Aleph et *Vav*) ou Avec un ו (*Vav*): ואו ויו וו Les quatre *Milouyim* (épellations) sont: *'AV, SaG, MaH, BaN* - עב, סג , מה, בן *'AV* = 72 עב - הי ויו הי יוד – *'AV* = 72 (_'AV = 72 – יוד הי ויו הי - עב_) *SaG* = 63 סג - הי ואו הי יוד - *SaG* = 63 (_SaG = 63 - יוד הי ואו הי - סג_) *MaH* = 45 מה - הא ואו הא יוד - *MaH* = 45 (_MaH = 45 - יוד הא ואו הא - מה_) *BaN* = 52 בן - הה וו הה יוד - *BaN* = 52 (_BaN = 52 - יוד הה וו הה - בן_)

Hébreu / Araméen *Phonétique*	L	Dictionnaire
		Chaque nom peut également être divisé et subdivisé comme suit: *'AV* de *'AV*, *SaG* de *'AV*, *MaH* de *'A V* ... *BaN* de *BaN* de *SaG*, *SaG* de *MaH* de *'A V* etc Le nom de *'AV* est le plus haut niveau parmi les quatre noms. Son *Milouy* est avec la lettre ' (*Yud*) pour un total de 72.
		Le nom de *SaG* est le deuxième niveau des quatre noms. Son *Milouy* est avec la lettre ' (*Yud*) et א (Aleph) pour un total de 63. Le nom de *MaH* (45) est le troisième niveau des quatre noms. Son *Milouy* est avec la lettre א (Aleph) pour un total de 45. Le nom de *BaN* (52) est le quatrième niveau des quatre noms. Son *Milouy* est avec la lettre ו (*Vav*) pour un total de 52. Toutes les émanations et *Sephirot* qui sont sorties d'*Adam Kadmon* (l'homme Primordial) par le biais de ses ouvertures ont des aspects différents de ces quatre noms. Ils ont différentes actions et *Tikounim*, et tous les *Partsoufim* (configurations) seront construits par leur union. *Voir 'Av, SaG, MAH, BaN*
גמטריות מילוי *Milouy de Gematriot*	H	***Milouy de Gematriot*** L'un des sept principaux types de Gematriot. La somme des épellations de chaque lettre.

Hébreu / Araméen *Phonétique*	L	Dictionnaire

Lettre	*Milouy*	Valeur
ה	הא	6
א	אלף	111
ר	ריש	510
צ	צדי	104

Ex: הארץ = 731

Voir Gématria

מילוי של מ"ה
Milouy Shel
MaH

H

Épellation, insertions dans le nom de MaH (45)

Lettres ajoutées à chaque première lettre du nom de ה-ו-ה-י **(26)** pour les épellations du nom de *MaH* (45). Le *Milouy* de *MaH* est de dix-neuf; *MaH* = 45 - 26 = 19

L'un des trois *Milouyim* des étincelles des noms de *'AV*, *SaG*, et *MaH* qui pénètrent dans les *Kelim* de *Z'A* après la *Shvirat Hakelim* (brisure des récipients) pour les maintenir.

מילוי של ס"ג
Milouy Shel
SaG

Épellation, insertions dans le nom de SaG (63)

Lettres ajoutées à chaque première lettre du nom de ה-ו-ה-י **(26)** pour les épellations du nom de *SaG* (63). Le *Milouy* de *SaG* est de trente sept; *SaG* = 63 - 26 = 37

L'un des trois *Milouyim* des étincelles des noms de *'AV*, *SaG*, et *MaH* qui pénètrent dans

Hébreu / Araméen *Phonétique*	L	Dictionnaire
		les *Kelim* de *Z'A* après la *Shvirat Hakelim* (brisure des récipients) pour les maintenir.
מילוי של ע"ב *Milouy Shel 'AV*	H	**_Épellations - Insertions dans le nom de 'AV (72)_** Lettres ajoutées à chaque première lettre du nom de ה-ו-ה-י **(26)** pour les épellations du nom de 'AV (72). Le *Milouy* de *'AV* est de quarante six; *'AV* = 72 - 26 = 46 L'un des trois *Milouyim* des étincelles des noms de *'AV, SaG,* et *MaH* qui pénètrent dans les *Kelim* de *Z'A* après la *Shvirat Hakelim* (brisure des récipients) pour les maintenir.
מיליים *Milouyim*	H	**_Épellations_** *Voir Milouy*
מיעוט *Mi'ut*	H	**_Baisse - Diminution_** Il y a une baisse ou diminution d'une émanation selon son degré d'évolution.
מיתה *Mitah*	H	**_Mort_** *Voir Malkin Kadmain, Nitsutsot*
מיתוק *Mituk*	H	**_Adoucissement - Atténuation_** Une atténuation ou adoucissement des *Gevourot* (rigueurs) se produit quand elles sont en contact direct avec les *'Hasadim* (bontés).

Hébreu / Araméen *Phonétique*	L	Dictionnaire
		Lorsque les cinq *Gevourot* descendent de la *Sephira Da'at* de *Z'A*, elles sont adoucies (apaisées) dans la *Sephira Yesod* de *Z'A*, deux et demie dans la descente, et deux et demie par les *'Hasadim* qui remontent. *Voir 'Hasadim, Gevourot*
מכוסים *Mekhusim*	H	***Couvert - dissimulé*** Certaines lumières ou émanations sont cachées ou couvertes par d'autres. Des cinq *'Hasadim* de la *Sephira Yesod* du *Partsouf 'Atik*, la moitié (deux et demi) sont cachés et l'autre moitié est révélée. Au départ, les *Gevourot* (rigueurs) ont été poussées hors de la *Sephira Yesod* de *Partsouf 'Atik* par les *'Hasadim*. Deux *Gevourot* et demie descendirent du thorax vers le bas, et deux *'Hasadim* et demi descendirent pour les apaiser. En conséquence, il y a deux Hasadim et demi qui sont révélés, et deux et demi dissimulés, qui sont demeurés dans le *Yesod* d'*Atik*. Le tiers de la partie supérieure de la *Sephira Tiferet* est également masqué ou couvert par la *Sephira Yesod* du *Partsouf Tevounah*. *Voir Noukva, Zivoug*
מלאך *Malakh*	H	***Ange*** *Voir Malakhim*

Hébreu / Araméen *Phonétique*	L	Dictionnaire
מלאכים *Malakhim*	H	**Anges**

Anges

Le monde des anges est le troisième monde; *'Olam Yetsirah* - le monde de la formation.

Les anges de la paix forment dix groupes et servent les dix *Sephirot* de la droite, tandis que les anges de la destruction forment dix niveaux et servent les dix *Sephirot* du côté inférieur - à l'opposé.

Il existe deux types d'anges: les anges de la nature qui ont été créés au début du monde, ils sont responsables de la nature même. Le deuxième type sont les anges de la "récompense et punition". Ils accomplissent la volonté divine et sont constamment renouvelés en fonction des actions des hommes.

Les dix groupes d'anges positifs sont répartis comme suit: trois groupes dans le monde de *Bériah* (création), six groupes dans le monde de *Yetsirah* (formation), et un groupe dans le monde de *Asiah* (action).

Les princes de ces trois groupes sont:
- *Shemu'i-El*
- *Matatro-n*
- *Vihu-El*

Ils sont également divisés en quatre camps: Michael, Gabriel, Ouriel, et Rephaël.

Hébreu / Araméen *Phonétique*	L	Dictionnaire

Le nom des anges et des princes des dix groupes sont:

Groupe	Anges	Prince
1	שרפי-ם **Seraphi-m**	יהו-אל **Yehu-El**
2	אופני-ם **Ofani-m**	רפ-אל **Repha-El**
3	כרובי-ם **Keruvi-m**	כרו-ב **Keru-v**
4	שנאני-ם **Shanani-m**	צדקי-אל **Tsadiki-El**
5	תרשישי-ם **Tarshishi-m**	תרשי-ש **Tarshi-sh**
6	חשמלי-ם **'Hashmali-m**	חשמ-ל **'Hashm-al**
7	מלאכי-ם **Malakhi-m**	עוזי-אל **'Uzi-El**
8	בני אלהי-ם **Bene Eloh-im**	חפני-אל **'Hafni-El**
9	אישי-ם **Ishi-m**	צפני-ה **Tsefani-ah**
10	אראלי-ם **Areli-m**	מיכ-אל **Mikha-El**

L'autre entité, qui est appelée la *Sitra A'hra* - (l'autre côté, ou la force négative) a ses propres quatre mondes de *Atsilout*, *Bériah*,

Hébreu / Araméen *Phonétique*	L	Dictionnaire
		Yetsirah et *'Asiah*. Elle a également des *Partsoufim*, *Sephirot*, *Hekhalot* et des anges, tout comme le monde positif, mais d'une force inférieure. Ses anges destructeurs se subdivisent eux aussi dans le même ordre et en fonction de leur valeur, ils proviennent des mondes appartenant à *Bériah*, *Yetsirah* ou *'Asiah*.
מלבוש *Malbush*	H	**Habillement** *Voir Levoush*
מלבושים *Malbushim*	H	**Vêtements** *Voir Levoush*
מלך *Melekh*	H	**Roi** *Voir Malkin*
מלכות *Malkhout*		**Sephira (Royauté)** Dixième des *Sephirot*. Qualité: traduit toutes les émanations supérieures en une seule qui sera ensuite reflétée à la création. Lien ou connexion entre toutes les *Sephirot* supérieures et l'homme. Colonne: Centre - *Ra'hamim* (miséricorde) Position: Centre - Bas Autres *Sephirot* sur la même colonne: *Keter*, *Tiferet*, *Yesod*

Hébreu / Araméen Phonétique	L	Dictionnaire
		Les *Partsoufim* produits à partir de cette *Sephira*: *Noukva*, divisée en deux *Partsoufim*: *Ra'hel* et *Léah* Nom correspondant : Adona-y - אדנ-י *Milouy* du nom correspondant: *BaN* (52) - בן Voyelle correspondante: aucune Correspondance physique: la couronne sur l'organe masculin Niveau de l'âme: *Nefesh* *Voir Sephira, Partsouf, Noukva*
מלכים *Melakhim*	H	**Rois** *Voir Malkin Kadmain*
מלכין קדמאין *Malkin Kadmain*	A	***Rois d'Edom - correspondant à Z'aT*** Les sept rois d'Edom qui sont morts (Bereshit, 36, 31), correspondent aux sept *Sephirot* inférieures (*Z'aT*) qui se sont brisées. *Voir Shvirat Hakelim*
מן *Manna*	A	***Manna*** Lumière diagonale ou *Partsouf* (configuration) sur le côté gauche de *Partsouf Z'A*. Cette lumière, ou *Partsouf*, n'est pas considérée comme un *Partsouf* entier, ses actions sont temporaires et se font uniquement à des moments spécifiques.

Hébreu / Araméen Phonétique	L	Dictionnaire
מנצפ"ך MNTSP"KH		***Cinq Gevourot*** Les cinq dernières lettres correspondent aux cinq *Gevourot* (rigueurs). Voir Gevourot, Mayin Nukvin
מסך Masakh		***Écran*** Voir Pargod
מעקה Ma'akeh	H	***Parapet*** Lorsque les Kelims (récipients) se brisèrent, *SaG* (63), *MaH* (45) et *BaN* (52) descendirent dans les mondes inférieurs, *SaG* dans *Bériah*, *MaH* dans *Yetsirah*, et *BaN* dans *'Asiah*. Ils se retrouvèrent sous le rideau de *Atsilout*, et *BaN* érigea un parapet (מעקה) au-dessus d'eux, de sorte que les *Klipots* ne puissent pas s'attacher aux lumières supérieures.
מעשה בראשית Ma'ase Bereshit		***Travaux ou actions de la création*** Nom donné pour toutes les particularités du début de la création, à partir du *Tsimtsoum*, des premiers mondes, des *Sephirot* etc...
מעשה המרכבה Ma'ase Hamerkava	H	***Travaux ou actions du Char Céleste*** Nom donné à toutes les particularités des *Sephirot*, *Partsoufim*, *Tikounim* et *Zivoug*im qui font la direction.

Hébreu / Araméen *Phonétique*	L	Dictionnaire
מצוה *Mitsvah*	H	**Commandement**

Commandement

La *Torah* contient quatre niveaux de compréhension, dont le plus important est le *Sod* (secret). À ce niveau, nous comprenons que nos *Tefilot* et l'accomplissement de chacune des *Mitsvot*, a une influence directe sur les mondes supérieurs et sur la direction. La Kabbalah nous enseigne que le monde est guidé par un système extrêmement complexe composé de forces ou lumières, qui par leurs interactions, provoquent des réactions en chaîne qui ont un impact direct sur l'homme et les mondes. Chacune de ces réactions a de nombreuses ramifications, renfermant de nombreux détails et résultats. Seul l'homme, par la prière et l'accomplissement des *Mitsvot*, peut influer sur ces incroyables forces.

Comme il y a 613 *Mitsvot*, il y a 613 veines et os dans l'homme, 613 parties dans l'âme, et chaque *Sephira* et *Partsouf* a aussi 613 parties. Ce nombre n'est pas arbitraire, car il y a des interrelations et interactions importantes entre elles.

Après la *Shvirat Hakelim* (brisure des récipients), le but de toutes les œuvres, actes et prières des hommes dans cette existence, est d'aider et de participer à l'ascension des 288 étincelles tombées vers leur origine. Ceci peut

Hébreu / Araméen *Phonétique*	L	Dictionnaire

se faire par l'accomplissement des *Mitsvot* et des *Tefilot*. Une fois que ce *Tikoun* de réunification des étincelles qui ont chuté vers leur *Kelim* sera complété, viendra le temps de la résurrection des morts et l'arrivée de Mashia'h. Les *Klipot* (écorces) sont la manifestation de la force négative, ils obstruent les lumières des *Sephirot*, dissimulent l'homme de ses racines et de sa lumière. En raison des mauvais actes des êtres inférieurs, les *Klipot* se renforcent et deviennent malveillants pour le monde en s'attachant aux lumières supérieures. Les *Tikounim* (rectifications) des êtres inférieurs ont comme raison de parvenir à détacher ces *Klipot* de la *Kedoushah* par l'accomplissement des *Mitsvot* et *Tefilot*.

Le *Tikoun* de l'âme est réalisé par le *Gilgoul* (réincarnation), et par le «Ibur (attachement). En accomplissant ce qu'il n'a pas accompli parmi les 613 *Mitsvot*, l'homme fait le *Tikoun* nécessaire de son âme, qui peut maintenant s'élever à des dimensions supérieures et rejoindre sa source.

Voir Tefilot, Kavanah

מצוות *Mitsvot*	H	***Commandements*** *Voir Mitsvah*

Hébreu / Araméen *Phonétique*	L	Dictionnaire
מצח Metsa'h	H	***Front*** *Voir Orot HaMetsa'h*
מצח הרצון *Metsa'h HaRatson*	H	***Front de la miséricorde*** Le quatrième *Tikoun* (action) de la tête de *Arikh Anpin* - רעוא דמצחא (Ra'ava Demits'ha) est réalisé par la *Sephira Yesod* de *Partsouf Atik* ; ses *'Hasadim* brillent à travers le front de *Arikh Anpin*. Quand il se révèle entièrement, toutes les rigueurs sont annulées.
מצחא *Mits'ha*	A	***Front*** *Voir Orot HaMetsa'h*
מקבל *Mekabel*	H	***Récepteur*** Puisque l'intention du Créateur est de conférer la bonté sur ses créatures, tous les niveaux de création ont été mis en place pour que Sa bonté puisse se propager sur eux, mais de telle manière à ce qu'ils soient en mesure de la recevoir. L'*Ein Sof*, *B'H* influence quand il y a initiative de la part du receveur, ce dernier correspondant à l'aspect de *BaN* (52). Cette influence est transmise par différentes illuminations (*Sephirot*), puis par *Partsouf* (configuration) *Noukva* après son *Zivoug* (union) avec *Partsouf Z'A*, vers le receveur (l'homme).

Hébreu / Araméen *Phonétique*	L	Dictionnaire

Pour les *Sephirot*, il existe aussi des interactions entre l'influent et le receveur. Le *Partsouf* inférieur est guidé et reçoit ses *Mo'hin* (cerveaux) à partir du *Partsouf* supérieur.

מקובל
Mekubal — H

Kabbaliste - Accepté

Le mot Kabbalah vient du verbe *Lekabel* (recevoir), mais pour recevoir, il faut d'abord être préparé et devenir un *Keli* (récipient) capable de recevoir et de contenir cette connaissance.

Un Mekubal est une personne qui est admise à recevoir ces connaissances, et est capable de s'y conformer en vivant dans la voie de la *Torah* et de la droiture afin de pouvoir se renforcer en tout temps.

מקום
Makom — H

Place – espace

Jusqu'au moment où le monde fut créé, Lui et Son nom ne faisaient qu'un. Il voulut créer, et pour cela réduisit Sa lumière afin de créer tous les êtres en leur donnant un espace.

Lorsque Sa lumière se rétracta, formant un espace rond, une trace de celle-ci, appelée *Reshimou*, demeura à l'intérieur. Cette lumière de petite intensité, permit un espace (*Makom*) d'existence, pour tous les mondes et les êtres. Par "espace" (*Makom*), il ne faut pas comprendre un espace physique, mais plutôt

Hébreu / Araméen *Phonétique*	L	Dictionnaire
		une possibilité d'existence car il n'y a point d'existence qui ne dispose de son propre espace. Également l'un des noms de Dieu.
מקור Makor	H	**Source - Origine** Chaque émanation a sa source dans les hautes sphères
מקיף Makif	H	**Encerclant** *Voir Or Makif*
מקיפין Makifin	H	**Encerclants** *Voir Or Makif*
מרקבה Merkavah	H	**Chariot Céleste** Les *Partsoufim* (configurations), *Sephirot* et l'arbre *Sephirotique*, avec toutes leurs inter-relations, actions et illuminations.
משובח Meshuba'h	H	**Premier rang - Important** Les émanations qui proviennent des lumières supérieures sont dotées d'une force supérieure et plus puissante.
משל Mashal	H	**Allégorie** Parfois utilisée pour expliquer ou illustrer des concepts difficiles.

Hébreu / Araméen Phonétique	L	Dictionnaire
משפיע *Mashpia'h*	H	**Influenceur** Puisque l'intention du Créateur est de conférer la bonté à ses créatures, tous les niveaux de création ont été mis en place pour que Sa bonté puisse se propager sur eux, mais de telle manière à ce qu'ils soient en mesure de la recevoir. Les *Sephirot* sont les liens entre l'Émanateur et la direction du monde. Par elles, se manifeste l'influence de l'*Ein Sof*, - de l'influent aux receveurs. Son influence est transmise par les différentes illuminations de l'aspect de *MaH* (45), puis par *Partsouf* (configuration) *Noukva* après son *Zivoug* (union) avec *Partsouf Z'A*.
מתלבש *Mitlabesh*	H	**Habiller** Les *Partsoufim* s'habillent sur ou à l'intérieur l'un de l'autre. Le plus important *Partsouf* se placera à l'intérieur du moins important pour le diriger. *Voir Partsoufim, Mo'hin*
מתערין *Mit'arin*	H	**Éveil** *Voir Eta'aruta de La'ila, Eta'aruta de Tata*
מתקלא Matkala	A	**Matkala** Puisque l'intention du Créateur est de conférer la bonté sur ses créatures, tous les niveaux de

Hébreu / Araméen *Phonétique*	L	Dictionnaire

création ont été mis en place pour que Sa bonté puisse se propager sur eux, mais de telle manière à ce qu'ils soient en mesure de la recevoir.

Avec l'émanation des lumières de *MaH* (45) et *BaN* (52), Il aurait pu faire le *Tikoun* (rectification) de tous les mondes après la *Shvirat Hakelim* (brisure des récipients), mais alors il n'y aurait pas eu de raison à ce que l'homme puisse participer à ce *Tikoun*. Pour donner à l'homme une possibilité d'agir et de réparer la création, Dieu s'est retenu, dans un sens, d'accorder sa bonté à ce monde, et c'est là le rôle de la Matkala.

La *Matkala* est la source de tous les *Tikounim* et provient des *Sephirot 'Hesed* et *Gevourah* de la *Radl'a* (la tête inconnue).

Voir Radl'a

Hébreu / Araméen *Phonétique*	L	Dictionnaire
נאצל *Neetsal*	H	**Etre émané** Les hommes, les anges, etc
נאצלים *Neetsalim*	H	**Êtres Émanés** *Voir Neetsal*
נביא *Navi*	H	**Prophète** La prophétie découle de la *Sephira Netsa'h* ou de la *Sephira Hod*. Ces *Sephirot* sont composées chacune de trois parties. La différence entre les niveaux des prophètes dépend de laquelle des trois parties de ces *Sephirot*, ils reçoivent la prophétie.
נביאים *Neviim*	H	**Prophètes** *Voir Navi*
נגה *Nogah*	A	**Nogah – Brillance** L'un des quatre principaux niveaux des *Klipot* correspondant aux quatre mondes inférieurs. *Voir Klipot, Klipah Nogah*
נהי *NeHY*		**Netsa'h, Hod et Yesod** Initiales du troisième triplet des *Sephirot*: *Netsa'h, Hod* et *Yesod*. La plupart du temps, elles fonctionnent conjointement comme *Mo'hin* intérieurs (cerveaux) pour un *Partsouf* inférieur

Hébreu / Araméen *Phonétique*	L	Dictionnaire
נהר *Nahar*	H	***Rivière - Ruisseau*** Les débordements de certaines émanations sont parfois décrites comme un ou plusieurs ruisseaux ou rivières.
נוגה *Nogah*	A	***Nogah*** Nom d'un *Hekhal* (portail). Troisième des sept *Hekhalot*, correspondant à *Netsa'h*. Chaque monde *(ABYA)* est bâti à partir de quatre aspects: *Partsouf*, *Levoush* (vêtement), *Or Makif* (lumières encerclantes), et *Hekhalot*. Dans chaque *Partsouf*, il y'a intériorité et extériorité. L'extériorité a toujours l'aspect de *Malkhout*, et les *Hekhalot* sont les ramifications des *Malkhout* des *Partsoufim*. Les *Hekhalot* sont aussi les différents niveaux d'ascension des *Tefilot* avant d'atteindre le septième (portail), *Kodesh Hakodashim*. Leur principale fonction est de permettre l'adhésion et l'attachement, de façons variées et particulières, lors des *Tefilot*, jusqu'au *'Olam Atsilout* (durant la *Amidah*). Les *Neshamot* et les anges prennent racine dans les *Hekhalot*, chacun selon son niveau respectif.
נוטריקון *Notrikun*		***Notrikun (acronyme)*** Notrikun est une méthode d'interprétation dans

Hébreu / Araméen *Phonétique*	L	Dictionnaire

laquelle les initiales de différents mots forment un nouveau mot.

אל מלך נאמן = אמן

נופל
Nofel

H **Tomber - Dégradation**

Voir Shvirat Hakelim, Nitsutsot

נוקבא
Noukva

A **Féminin - Sephira Malkhout - Partsouf Ra'hel, Léah**

Le *Partsouf* (configuration) *Noukva* représente le féminin - le principe de recevoir. Elle est constituée de deux *Partsoufim* distincts: *Ra'hel* et *Léah*.

Le *Partsouf* masculin *Zeir Anpin* et la *Noukva* féminine sont la source de tout ce qui est créé. C'est par eux que la direction se manifeste. Même si ils sont deux *Partsoufim* distincts ayant leurs propres *Tikounim* (actions), alors que *Z'A* est en train de se construire, *Noukva* reste attachée à lui. Une fois que le *Partsouf Z'A* a été construit, la construction de *Noukva* débute avec les lumières que lui procurent le *Partsouf Abah*, *Imah* et *Zeir Anpin*. Une fois complétée, elle se sépare de *Z'A*, et peut désormais agir en tant que *Partsouf* autonome.

Il n'y a perfection pour le masculin que lorsqu'il se complète avec son féminin, et il ne peut y avoir d'abondance que lorsque le masculin et le féminin sont en harmonie. Cette abondance

Hébreu / Araméen *Phonétique*	L	Dictionnaire

descend sur le monde, par les divers *Zivoug*im (unions) de *Zeir Anpin* avec *Noukva*. L'union du *Partsouf Israël* et *Partsouf Ra'hel* est du plus haut niveau. *Israël* représente l'essentiel de *Z'A* et *Ra'hel* de *Noukva*. L'abondance qui est conférée par ce *Zivoug* est la plus complète. Les autres *Zivoug*im de *Zeir Anpin* et *Noukva* sont de différents niveaux, s'effectuent à différents moments, et de moindre ampleur.

Il y a deux exigences nécessaires pour que le *Zivoug* (union) se réalise: les *Partsoufim* doivent être construits et le féminin doit éveiller une réaction du masculin. Cette stimulation se produit en raison des *Tikounim* faits par les hommes à travers les *Tefilot* (prières) et les *Mitsvot*. La *Noukva* fait monter des émanations nommées *Mayin Noukvin* (eaux féminines) de l'aspect de *BaN* (52), qui à leur tour, provoquent la descente d'émanations nommées *Mayin Doukhrin* (eaux masculines) de l'aspect de *MaH* (45) par le masculin, pour la finition du *Zivoug*.

C'est là l'objectif des créatures : aider à préparer les *Partsoufim Z'A* et *Noukva* pour le *Zivoug*, et ce, par l'élévation et l'adhésion des mondes de *Bériah*, *Yetsirah* et *'Asiah* aux *Hekhalot* (portails) de *Noukva*, dans le monde de *Atsilout*, durant les *Tefilot*.

La *Noukva* (*Ra'hel*) possède également un

Hébreu / Araméen *Phonétique*	L	Dictionnaire
		aspect de *Tefilin* et s'attache sur le bras gauche (*Gevourah*) de *Z'A*. Elle a quatre *Parashiot* dans ses *Tefilin*, et reçoit ses *Mo'hin* (cerveaux) à travers la *Sephira Netsa'h* et *Hod* du *Partsouf Z'A*. *Voir Partsouf, Zivoug, Tikoun, Partsouf Z'A*
נחתם *Ne'htam*	H	***Scellé - Empreintes*** *Voir 'Hotam*
נימין *Nimin*	A	***Extrémités des poils sur la tête*** Du *Partsouf* (configuration) *Arikh Anpin*, des émanations émergent de sa tête pour agir et avoir une influence sur la direction; nommées *Tikounim* (actions) d'*Arikh Anpin*. Un de ces *Tikounim* de *Arikh Anpin* provient d'*Avirah* (*Sephira Da'at* de *'Atik*, située entre *Sephira Keter* et *'Hokhma* de *Arikh*) et se nomme נימין (*Nimin*), les extrémités des cheveux sur la tête. À partir de *Avirah*, les treize נימין (*Nimin*) sont répartis de manière à répandre les lumières de la *Sephira Hokhma Stimaah*. Ce sont ses cheveux, quatre sur le côté droit, quatre à gauche, quatre à l'arrière de la nuque, et un au milieu de la tête qui les contient tous. Ces poils sont blancs, bien que les cheveux représentent la rigueur, ici il n'y a pas de rigueur. C'est la différence avec les cheveux de *Z'A* qui sont

Hébreu / Araméen *Phonétique*	L	Dictionnaire
		noirs et entremêlés; tandis qu'ici, ils sont blancs et séparés. Les *Nimin* sont appelés cheveux, car ils se répandent par des conduits distincts. Le deuxième *Tikoun* de *Z'A* s'exprime par les lumières qui jaillissent de lui, comme les cheveux sur sa tête et sur son visage. Il a aussi des *Nimin* et ces *Tikounim* sont similaires à ceux de *Arikh Anpin*, mais à quelque différence près. À partir de *Arikh Anpin*, tous les poils sortent de *'Hokhma Stimaah*, de *Z'A*; ils sortent de son *HBD* ('*Hokhma*, *Binah*, *Da'at*). Les poils de *Z'A* sont noirs et entremêlés; ayant davantage l'aspect de *Gevourah*, les poils de *Arikh Anpin* sont blancs et expriment la bonté. Il y a aussi les *Nimin* de *Noukva*; ils sont au nombre de quinze et leur couleur est pourpre.
ניצוץ *Nitsuts*	H	***Étincelle*** L'une des 288 étincelles (*Nitsutsot*).
ניצוצות *Nitsutsot*	H	***Étincelles*** Dans l'émanation des lumières provenant des yeux d'*Adam Kadmon*, le *Keli* (récipient) spécifique à chaque *Sephira* sortit en premier, suivi par sa lumière. Chacune de ces *Sephirot* avait son propre *Keli*, mais les sept *Sephirot* inférieures furent alignées l'une sous l'autre en ligne droite, n'étant pas encore prêtes pour la direction de bonté, rigueur et miséricorde. En

Hébreu / Araméen *Phonétique*	L	Dictionnaire

conséquence, elles ne furent pas en mesure de contenir leurs lumières et se brisèrent.

Les trois premières *Sephirot*: *Keter*, *'Hokhma* et *Binah* étaient structurées en trois colonnes: soit B^{K}H. Leurs parties inférieures ne purent contenir leurs lumières et tombèrent, mais ne se brisèrent pas. Ces parties inférieures correspondent à ce qui est nécessaire pour la direction des sept *Sephirot* inférieures. Si elles avaient contenu leurs lumières, les sept *Sephirot* n'auraient pas brisé et les notions de *Kilkoul* (dommages) et *Tikoun* (réparation) n'auraient pas existé.

Ceci causa un dommage important appelé *Shvirat Hakelim* - la brisure des récipients. Les *Kelim* (récipients) des sept *Sephirot* qui n'ont pu contenir leurs lumières, tombèrent dans le monde de *Bériah* (création), les lumières descendirent également, mais demeurèrent dans le monde de *Atsilout*. La brisure des *Kelim* provoqua une descente de tous les mondes. Toutefois, *KHB* resta dans ce que l'on appelle le « premier *Atsilout* ». Les sept *Kelim* inférieurs tombèrent dans les parties supérieures du monde de *Bériah*. Les racines de tous les créés se trouvent dans les sept *Sephirot* inférieures (*ZaT*), les trois premières *Sephirot* sont comme une couronne sur les *ZaT* pour les réparer et les diriger. Dans les trois premières *Sephirot*, il n'y a pas vraiment

Hébreu / Araméen *Phonétique*	L	Dictionnaire

de notion de dégât. Elles sont hors des actions de l'homme et ne sont pas affectées par leurs péchés.

Pour soutenir les *Kelim* après leur brisure, 288 étincelles descendirent également, vu qu'une connexion à leurs lumières originales était nécessaire pour les maintenir en vie. Ces étincelles correspondent aux quatre aspects de *'AV* des noms de *'AV* (72), *SaG* (63), *MaH* (45), *BaN* (52), 4 x 72 = 288.

Il est important de comprendre que tout ce qui se passe dans notre monde est semblable à ce qui s'est passé durant cette descente.

Le but de toutes les œuvres, actes et prières des hommes dans cette existence, est d'aider et participer à l'ascension vers leur lieu d'origine, de ces 288 étincelles qui sont tombées. Cela peut se faire à travers l'accomplissement des *Mitsvot* et des *Tefilot*. À la fin de ce *Tikoun* de réunification de toutes les étincelles tombées et leur *Kelim*, ce sera le moment de la résurrection des morts et l'arrivée de *Mashia'h*.

Voir Shvirat Hakelim, Tikoun, Tefilah

ניצוצין *Nitsutsin*	A	***Étincelles*** *Voir Nitsoutsot*

Hébreu / Araméen Phonétique	L	Dictionnaire
‏נמשך‎ Nimshakh	H	**Attirer** *Voir Hamshakhah*
‏נמשל‎ Nimshal	H	**Morale** Parfois utilisée pour expliquer ou illustrer des concepts difficiles.
‏נסירה‎ Nesirah		**Coupure - Séparation**

Coupure - Séparation

Lorsque le *Partsouf* (configuration) *Zeir Anpin* se construit, le *Partsouf Noukva* est attaché à son dos. Une fois le *Partsouf Zeir Anpin* construit, *Noukva* se sépare de lui pour obtenir ses propres *Mo'hin* (cerveaux), et il y a *Nesirah* (coupure). Les *Mo'hin* à l'intérieur de *Z'A* - les *Sephirot NHY* (*Netsa'h, Hod, Yesod*) de *Partsouf Imah* quittent l'intérieur de *Z'A* pour se placer à l'intérieur de *Noukva*, qui est alors entièrement détachée et qui se positionnera ensuite face à face pour une possibilité de *Zivoug* (union).

Noukva a besoin d'obtenir ses propres aspects des *Gevourot* (rigueurs), qui lui sont à présent donnés directement par *Imah* et elles sont plus atténuées que lorsqu'elle les recevait de *Z'A*. *Noukva* a maintenant des *Gevourot* de *Imah* et de *Z'A*.

Après la *Nesirah*, une fois qu'*Abah* et *Imah* l'ont construit, ils lui donnent aussi les vingt-deux lettres et les cinq lettres finales, soit: ‏מנצפך‎, qui feront son *Keli*.

Hébreu / Araméen *Phonétique*	L	Dictionnaire
		Elle est maintenant complète, et séparée de *Z'A*, peut agir comme un *Partsouf* autonome. Son côté arrière étant complété avec les aspects des *Gevourot*, et celui de *Z'A* avec les aspects des *'Hasadim*, ils sont maintenant face à face et prêts pour les différents *Zivoug*im (unions).
נערה *Na'arah*	H	***Fille*** Le *Malkhout* est parfois appelé jeune fille. *Voir Partsouf Noukva*
נפילה *Nefilah*	H	***Tomber*** *Voir Shvirat Hakelim, Nitsutsot*
נפש *Nefesh*	H	***Âme - Premier niveau de l'âme*** L'âme a cinq noms: *Nefesh*, *Roua'h*, *Neshamah*, *'Hayah* et *Ye'hidah* qui correspondent à ses cinq niveaux. L'âme est l'entité spirituelle à l'intérieur du corps, ce dernier n'étant que ses vêtements extérieurs. Puisque ce sont les hommes qui provoquent l'union des quatre mondes, il est nécessaire que l'origine de leur âme provienne d'eux ainsi que des cinq *Partsoufim*:

Ame / Niveau	Partsouf	Monde
Nefesh	Noukva	'Asiah
Roua'h	Zeir Anpin	Yetsirah
Neshamah	Imah	Bériah
'Hayah	Abah	Atsilout
Ye'hidah	Arikh Anpin	Atsilout

Chaque niveau de l'âme est subdivisé en cinq niveaux. En ce qui concerne le niveau de *Nefesh*, il y a *Nefesh* de *Nefesh*, *Roua'h* de *Nefesh*, *Neshamah* de *Nefesh*, *'Hayah* de *Nefesh* et *Ye'hidah* de *Nefesh*.

Chacun de ces niveaux de l'âme se subdivise pour chaque niveau de *Partsouf* et pour chaque monde. En conséquence, il existe cinq niveaux de l'âme pour *Partsouf Noukva* et il existe cinq niveaux de *Partsoufim* pour le monde d'*Asiah* etc... Aussi, comme il y a dans chaque monde dix *Sephirot*, chaque âme a son origine correspondant à l'une d'entre elles.

Dès lors, une âme pourrait être du niveau de *Nefesh* de *Malkhout* de *Noukva* de 'Asiah, ou *Roua'h* de *'Hesed* de *Abah* de *Yetsirah*, ou *Neshamah* de *Abah* de *Z'A* de *Yetsirah* etc *Nefesh* est le premier niveau et est acquis avant les niveaux suivants. Les niveaux les plus élevés

Hébreu / Araméen *Phonétique*	L	Dictionnaire

de l'âme ne peuvent être acquis en une seule fois.

La plupart des hommes n'ont que le niveau de *Nefesh*, et s'ils le méritent, ils acquerront les prochains niveaux - mais un par un. Pour atteindre le niveau suivant de l'âme, l'homme doit faire le *Tikoun* du niveau précédent. Dans l'éventualité où il aurait besoin d'acquérir le niveau de *Imah* de 'Asiah, il devra d'abord faire le *Tikoun* de *Malkhout* de 'Asiah et *Z'A* de 'Asiah, et ainsi de suite. Pour acquérir son niveau de *Neshamah*, il doit faire le *Tikoun* de tous les niveaux des *Sephirot* et *Partsoufim* de son niveau de *Nefesh* et *Roua'h* et ainsi de suite.

נפש, רוח, נשמה
Nefesh, Roua'h, Neshamah

Nefesh, Roua'h, Neshamah
Les trois premiers niveaux de l'âme.

נפש, רוח, נשמה, חיה, יחידה
Nefesh Roua'h Neshamah

Nefesh, Roua'h, Neshamah, 'Hayah et Ye'hidah
L'âme a cinq noms: *Nefesh*, *Roua'h*, *Neshamah*, *'Hayah* et *Ye'hidah*, qui correspondent à ses cinq niveaux. L'âme est l'entité spirituelle à l'intérieur du corps, ce dernier n'étant que son vêtement

Hébreu / Araméen *Phonétique*	L	Dictionnaire
'Hayah, Ye'hidah		extérieur.

Puisque ce sont les hommes qui provoquent l'union des quatre mondes, il est nécessaire que l'origine de leur âme provienne d'eux ainsi que des cinq *Partsoufim*:

Âme - Niveau	Partsouf	Monde
Nefesh	**Noukva**	**'Asiah**
Roua'h	**Zeir Anpin**	**Yetsirah**
Neshamah	**Imah**	**Bériah**
'Hayah	**Abah**	**Atsilout**
Ye'hidah	**Arikh Anpin**	**Atsilout**

Chaque niveau de l'âme se subdivise en cinq niveaux. Ainsi pour *Nefesh*, il y a le niveau de *Nefesh* de *Nefesh*, *Roua'h* de *Nefesh*, *Neshamah* de *Nefesh*, *'Hayah* de *Nefesh* et *Ye'hidah* de *Nefesh* etc. Chacun de ces niveaux de l'âme se subdivise par les niveaux de *Partsouf* et monde. En conséquence, il existe cinq niveaux de l'âme pour les cinq niveaux de *Partsouf* et cinq niveaux de *Partsoufim* pour les cinq niveaux du monde. Aussi, comme il y a dans chaque monde dix *Sephirot*, chaque âme a son origine qui correspond à l'une d'entre elles.

Par conséquent, une âme pourrait être du niveau

Hébreu / Araméen *Phonétique*	L	Dictionnaire
		de *Nefesh* de *Malkhout* de *Noukva* de 'Asiah, ou de *Roua'h*' Hesed de *Abah* de "*Yetsirah*, ou *Neshamah* de *Abah* de Z'A de *Yetsirah* etc ... Les niveaux les plus élevés de l'âme ne peuvent être acquis en une seule fois. La plupart des hommes n'ont que le niveau de *Nefesh* et s'ils le méritent, ils acquerront les prochains niveaux - mais un par un. Pour atteindre le prochain niveau de son âme, l'homme doit faire le *Tikoun* du niveau précédent. S'il a besoin d'acquérir le niveau de *Imah* de 'Asiah, il faut d'abord qu'il fasse le *Tikoun* de *Malkhout* de' Asiah et Z'A de 'Asiah, et ainsi de suite. Pour acquérir son niveau de *Neshamah*, il doit faire le *Tikoun* de tous les niveaux des *Sephirot* et *Partsoufim* de ses niveaux de *Nefesh* et *Roua'h* etc... *Voir nefesh, Roua'h, Neshamah, Hayah et Ye'hidah*
נפשות *Nefashot*	H	**Âmes (premier niveau)** L'aspect de Nefashot veut dire le plus bas niveau.
נצח *Netsa'h*	H	***Sephira (splendeur)*** Septième des *Sephirot*. Qualité: Bonté réduite à qui le mérite. Colonne: Droite - '*Hesed* (bonté) Position: à droite – en bas Autres *Sephirot* sur la même colonne: '*Hokhma*,

Hébreu / Araméen Phonétique	L	Dictionnaire
		'Hesed. *Partsoufim* fabriqués à partir de cette *Sephira*: Une des *Sephirot* qui font le *Partsouf Z'A*. Correspondant au nom: YKVK Tsebaot *יהו-ה -צבאות* Correspondant au *Milouy* du nom: *MaH* (45) (מה) Correspondant à la voyelle: 'Hirik Correspondance physique: Jambe droite Niveau de l'âme: *Roua'h* **Voir Sephira Partsouf**
נצח, הוד, יסוד *Netsa'h,* *Hod Yesod*		***Netsa'h, Hod et Yesod*** Troisième triplet des *Sephirot*. Elles agissent souvent ensemble comme *Mo'hin* (cerveau) intérieur pour le *Partsouf* inférieur afin de le diriger et sont appelées par leurs initiales; *NHY* Les *Mo'hin* (cerveaux) sont la force directrice donnée au *Partsouf*. Il existe des *Mo'hin* intérieurs et des *Mo'hin* encerclants. Les *Mo'hin* intérieurs sont les *Sephirot NHY* (*Netsa'h, Hod, Yesod*) du *Partsouf* supérieur et se composent de neuf parties. Ils pénètrent à l'intérieur du *Partsouf* inférieur pour être sa force directrice et se propagent à ses neuf *Sephirot* de *'Hokhma* à *Yesod*. Les *Mo'hin* encerclants qui sont les autres *Sephirot*; *HGT* ('Hessed, Gevourah, Tiferet) et *HBD* (' Hokhma, Binah, Da'at) l'encerclent de l'extérieur.

Hébreu / Araméen *Phonétique*	L	Dictionnaire

En général, les *Mo'hin* parviennent au *Partsouf* inférieur en trois étapes. En premier lieu, le *NHY* pénètre suivi de *HGT*, et enfin de *HBD*. Lorsque les *NHY* du *Partsouf* supérieur rentrent à l'intérieur du *Partsouf* inférieur, un nouveau *NHY* est donné au *Partsouf* supérieur pour se compléter de nouveau.

Netsa'h et *Hod* ont trois parties chacune et pour *Yesod*, il n'y en a que deux. Ces parties individuelles peuvent parfois agir de manière indépendante. Le *Yesod* masculin est plus long que le féminin. Le *NHY* de *Partsouf Abah* se place à l'intérieur du *NHY* de *Partsouf Imah*. *Yesod* de *Abah* et à l'intérieur de *Yesod* de *Imah* et est prédominant entre *Netsa'h* et *Hod* de *Imah*. Ils font les *Mo'hin* de *Z'A* et en fonction de sa croissance, ils proviennent des *Partsoufim ISOT* ou directement d'eux. Les *Mo'hin* du niveau *NHY* sont nommés *Nefesh* des *Mo'hin*. Les *Kelim* des *Sephirot* ont trois niveaux: intérieur, intermédiaire et extérieur. *NHY* est le *Keli* extérieur, *HGT* le *Keli* intermédiaire et *HBD* le *Keli* intérieur.

Pour chaque niveau, il y a trois aspects:
NHY de *NHY* – le *Keli* extérieur de *NHY*.
HGT de *NHY* – le *Keli* intermédiaire de *NHY*.
HBD de *NHY* – le *Kéli* intérieur de *NHY*.
NHY de *HGT* – le *Keli* extérieur de *HGT* etc …

Hébreu / Araméen *Phonétique*	L	Dictionnaire

NHY a l'aspect de *Nefesh*, *HGT* de *Roua'h*, et *HBD* de *Neshamah*. *NHY* de *NHY* a l'aspect de *Nefesh* de *NHY*, *HBD* de *HBD* a l'aspect de *Neshamah* de *HBD*, et ainsi de suite.

Les *NHY* sont aussi les A'horaim (arrières) d'un *Partsouf*.

Voir Mo'hin, Zeir ANPIN, Zivoug, Gadlout

נקבה
Nekevah

H

Femme - Féminin

La rigueur se manifeste par tous les aspects féminins et par la dissimulation de l'aspect masculin qui représente la bonté. Certains *Partsoufim* sont masculins et confèrent cette bonté, d'autres sont féminins et confèrent la rigueur.

Le *Zivoug* est l'union du masculin avec son féminin. Tous les résultats des émanations supérieures sont le résultat des différentes unions de ces lumières masculines et féminines.

Le genre masculin correspond à *'Hesed* et *MaH* (45), le féminin à *Gevourah* et *BaN* (52). Le *Tikoun* (rectification) n'est possible que par le *Zivoug* (l'union) du masculin et du féminin.

La direction du monde est assujettie aux différents positionnements et interactions des *Partsoufim* masculins et féminins, puisqu'ils ont un effet direct sur la mesure et l'équilibre des facteurs de bonté, rigueur et miséricorde.

Voir Noukva, Malkhout

Hébreu / Araméen _Phonétique_	L	Dictionnaire
נקוד Nekud	H	**_Point_** _Voir Olam 'HaNekudim_
נקוד Nikoud	H	**_Ponctuation - Point_** _Voir Nikudot_
נקודה Nekudah	H	**_Point - Point_** Lorsque le _Partsouf_ (configuration) _Zeir Anpin_ se construit, le _Partsouf Noukva_ s'attache à son dos, et son état correspond à un point. Lorsque _Z'A_ monte, elle s'élève avec lui, durant la grossesse, l'allaitement et la croissance, Au cours de la grossesse, elle s'attache à sa _Sephira Yesod_ (étant encore à l'état d'un point). Au cours de l'allaitement, elle est sur sa _Sephira Tiferet_, et pendant la croissance, elle est sur sa _Sephira Da'at_. Ce n'est qu'après que sa construction se soit achevée, que _Z'A_ commence à structurer _Noukva_ par ses _NHY_ (_Netsa'h_, _Hod_, _Yesod_) pour qu'elle puisse devenir un _Partsouf_ autonome. Durant la nuit, la _Noukva_ du monde de _Atsilout_ (émanation) descend dans le monde de _Bériah_ (création) et correspond à un point. Pendant la _Tefilah_ de _Sha'hrit_ du matin, nous contribuons à sa reconstruction et à son ascension de retour vers _Atsilout_.

Hébreu / Araméen Phonétique	L	Dictionnaire
נקודות Nekoudot	H	**Voyelles ponctuation - Points** Chaque voyelle correspond à une *Sephira*, elles expriment par leurs combinaisons aux lettres, l'identité profonde du mot.

Voyelle	Sephira
Kamatz	Keter
Pata'h	'Hokhma
Tsere	Binah
Segol	'Hesed
Shevah	Gevourah
'Holam	Tiferet
'Hirik	Netsa'h
Kubutz	Hod
Shuruk	Yesod
No vowel	Malkhout

Hébreu / Araméen Phonétique	L	Dictionnaire
נקודות אמצעיות Nekoudot Atsma'iot	H	**Nekoudot intermédiaires** Les voyelles au milieu des lettres correspondent aux émanations des yeux d'*Adam Kadmon*.
נקודות דס"ג Nekoudot de SaG	H	**Voyelles de SaG** À partir des lumières qui se trouvaient à l'intérieur d'*Adam Kadmon* ont émergé par ses sens plusieurs mondes que l'on nomme ses branches. Ces «branches» sont les lumières émises par *Adam Kadmon*, par le biais des

Hébreu / Araméen Phonétique	L	Dictionnaire

ouvertures de sa tête. Elles se manifestent à partir de ses yeux, ses oreilles, son nez et sa bouche.

À l'intérieur d'*Adam Kadmon*, la lumière de l'aspect de *SaG* (63) réunit ensemble ses propres aspects de *MaH* (45) et *BaN* (52) avec les aspects généraux de *MaH* et *BaN* d'*Adam Kadmon*. Il les plaça au-dessus du nombril et mit un voile en guise de séparation. Ces émanations sont les *Nekoudot* (voyelles) et ont plus spécifiquement l'aspect de *BaN* de *SaG*. Ils correspondent à l'aspect féminin - rigueur, et sont à l'origine de la détérioration.

Ces *Sephirot* sortirent en dix *Sephirot* encerclantes de l'oeil droit et dix intérieures de l'œil gauche et descendirent plus bas que le nombril. Quand elles sortirent, les trois premières *Sephirot* - *KHB* (*Keter*, *'Hokhma*, *Binah*) furent en mesure de se tenir dans les trois colonnes, mais les sept *Sephirot* inférieures ne purent se tenir dans cet ordre et se brisèrent.

Voir Orot HaOzen, 'Olam HaNekudim, Shvirat Hakelim

נקודות עליונות Nekoudot 'Elyonot	H	**_Nekoudot supérieures_** Les voyelles au-dessus des lettres. Elles correspondent à un aspect des émanations des yeux d'*Adam Kadmon*.

Hébreu / Araméen *Phonétique*	L	Dictionnaire
נקודות תחתונות *Nekoudot Ta'htonot*	H	**Nekoudot inférieures** Les voyelles au-dessous des lettres. Elles correspondent à un aspect des émanations des yeux d'*Adam Kadmon*.
נקודים *Nekoudim*	H	**Points** *Olam Voir 'HaNekudim*
נר"ן *Naran*		**Nefesh, Roua'h, Neshamah** Initiales des trois premiers niveaux de l'âme.
נרנח"י *NRNHY*		**Nefesh, Roua'h, Neshamah, Hayah et Ye'hidah** Initiales des cinq niveaux d'âmes.
נשיקין *Neshikin*	H	**Embrasser** *Voir Zivoug De Neshikin*
נשמה *Néshamah*	H	**Âme - Troisième niveau de l'âme** L'âme a cinq noms: *Nefesh, Roua'h, Neshamah, 'Hayah* et *Ye'hidah*, qui correspondent à ses cinq niveaux. L'âme est l'entité spirituelle à l'intérieur du corps, ce dernier n'étant que son vêtement extérieur. Puisque ce sont les hommes qui provoquent l'union des quatre mondes, il est nécessaire que l'origine de leur âme provienne d'eux ainsi que des cinq *Partsoufim*:

Hébreu / Araméen L *Phonétique*	Dictionnaire

Âme/Niveau	Partsouf	Monde
Nefesh	*Noukva*	*'Asiah*
Roua'h	*Zeir Anpin*	*Yetsirah*
Neshamah	*Imah*	*Bériah*
'Hayah	*Abah*	*Atsilout*
Ye'hidah	*Arikh Anpin*	*Atsilout*

Chaque niveau de l'âme se subdivise en cinq niveaux. Ainsi pour *Nefesh*, il y a le niveau de *Nefesh* de *Nefesh*, *Roua'h* de *Nefesh*, *Neshamah* de *Nefesh*, *'Hayah* de *Nefesh* et *Ye'hidah* de *Nefesh* etc. Chacun de ces niveaux de l'âme se subdivise par niveau de *Partsouf* et monde. En conséquence, il existe cinq niveaux d'âme pour les cinq niveaux de *Partsouf* et cinq niveaux de *Partsoufim* pour les cinq niveaux de monde. Aussi, comme il y a dans chaque monde dix *Sephirot*, chaque âme a son origine qui correspond à l'une d'entre elles.

Ainsi, une âme pourrait être du niveau de *Nefesh* de *Malkhout* de *Noukva* de *'Asiah*, ou *Roua'h* de *'Hesed* de *Abah* de *Yetsirah*, ou *Neshamah* de *Abah* de *Z'A* de *Yetsirah* etc

La *Neshamah* est le troisième niveau et ne peut être acquise qu'une fois les niveaux de *Nefesh* et *Roua'h* ont été obtenus.

Hébreu / Araméen *Phonétique*	L	Dictionnaire

Les niveaux les plus élevés de l'âme ne peuvent être acquis en une seule fois. La plupart des hommes n'ont que le niveau de *Nefesh* et s'ils le méritent, ils acquerront les prochains niveaux - mais un par un.   Pour atteindre le prochain niveau de son âme, l'homme doit faire le *Tikoun* du niveau précédent. S'il a besoin d'acquérir le niveau de *Imah* de *'Asiah*, il faut d'abord qu'il fasse le *Tikoun* de *Malkhout* de *'Asiah* et *Z'A* de *'Asiah*, et ainsi de suite. Pour acquérir son niveau de *Neshamah*, il doit faire le *Tikoun* de tous les niveaux des *Sephirot* et *Partsoufim* de ses niveaux de *Nefesh* et *Roua'h*.

נשמות *Neshamot*	H	***Âmes*** *Voir Neshamah*

Hébreu / Araméen *Phonétique*	L	Dictionnaire
ס"ג *SaG*	H	**_SaG (63)_** *Milouy* (épellation), du nom **י-ה-ו-ה** pour un total de 63. Les forces ou énergies créatrices sont les différents pouvoirs contenus dans les quatre lettres du nom de Dieu - **ה-ו-ה-י**, et les diverses lettres ajoutées pour en faire des épellations différentes. Selon le type de lettres utilisées, la valeur numérique du nom change et chacune de ces possibilités devient différente dans sa nature et ses actions. Les lettres ajoutées pour les différentes épellations des lettres sont: **י ה ו א ד** Les épellations différentes des lettres sont les suivantes: La lettre **י** (*Yud*) ne peut être orthographiée que d'une manière: **יוד** La lettre **ה** (Hé) peut être orthographiée avec un **י** (*Yud*) ou un **א** (Aleph) ou un **ה** (Hé): **הי הא הה** La Lettre **ו** (*Vav*) peut être orthographiée avec un **יו** (*Yud* et *Vav*) ou avec **או** (Aleph et *Vav*) ou avec un **ו** (*Vav*): **ואו ויו וו** Les quatre *Milouyim* (épellations) sont: - **עב, סג, מה, בן** – *'AV, SaG, MaH, BaN* **עב - יוד הי ויו הי** – *'AV* = 72 **סג - יוד הי ואו הי** - *SaG* = 63 **מה - יוד הא ואו הא** - *MaH* = 45 **בן - יוד הה וו הה** - *BaN* = 52

Hébreu / Araméen *Phonétique*	L	Dictionnaire

Chaque nom peut aussi être divisé et subdivisé comme suit:
'AV de *'AV, SaG* de *'AV, MaH* de *'AV...*
BaN de *BaN* de *SaG, SaG* de *MaH* de *'AV* etc
Le nom de *SaG* est le deuxième niveau des quatre noms de *'AV, SaG, MaH* et *BaN*. Son *Milouy* (épellation) est avec la lettre **א** ' (*Yud* et Aleph) pour un total de 63.

יוד הי ואו הי - סג   - *SaG* = 63

Dans les catégories de lumières qui sont sorties d'*Adam Kadmon* telles que les *Ta'amim, Nekoudot, Tagin,* et *Autiot,* les *Ta'amim* sont du plus haut niveau. Ils se subdivisent en trois: supérieurs, intermédiaires et inférieurs. Ils sortirent des oreilles, du nez et de la bouche: les plus hauts des oreilles, les intermédiaires du nez et les inférieurs de la bouche. Ces émanations correspondent au nom de *SaG.*

ס"מ
S"M

Initiales de l'Ange destructeur
Il existe quatre niveaux de *Klipot* (écorces): ils sont les quatre mondes de *S'M*, ils obstruent les lumières des *Sephirot* et détournent l'homme de ses racines et de la lumière.
En parallèle ou à l'opposé aux quatre mondes, il y a quatre mondes négatifs et dix groupes d'anges négatifs répartis comme suit: trois groupes dans le monde de *Bériah*, six groupes

Hébreu / Araméen *Phonétique*	L	Dictionnaire
		dans *Yetsirah*, et un groupe dans '*Asiah*. Ils se nourrissent à partir des extrémités des lumières supérieures alors que ces dernières sont affaiblies par les mauvaises actions de l'homme. Ces anges destructeurs deviennent alors plus puissants et viennent faire du mal dans le monde.
סגול *Segol*	H	***Ségol - Voyelle E*** La voyelle qui représente la *Sephira 'Hesed*
סגולה *Segulah*	H	***Remède - Protection*** Noms ou combinaisons de noms d'anges avec des signes spéciaux ou des incantations, écrits sur un parchemin pour protéger, ou pour invoquer des pouvoirs particuliers. En écrivant plusieurs permutations de lettres ou noms d'anges, on peut faire agir ces forces supérieures selon sa volonté. Il y a un grand danger à utiliser ces noms sans préparation adéquate et une bonne connaissance de leurs forces et limites. *Voir Kemi'a*
סדר *Seder*	H	***Ordre*** Chaque lumière ou émanation a son ordre particulier lorsqu'elle se propage.
סהר *Sahar*	H	***Lune*** Elle a l'aspect de *Noukva*.

264

Hébreu / Araméen Phonétique	L	Dictionnaire
סובב Sovev	H	**Encercler** *Voir Or Makif*
סוד Sod	H	**Secret** La *Torah* contient quatre niveaux de compréhension, dont le plus haut est le *Sod*. À ce niveau, nous comprenons que nos *Téfilot* et l'accomplissement de chacune des *Mitsvot* a une influence directe sur les mondes supérieurs et sur la direction. Par la connaissance de la Kabbalah, nous parvenons à un véritable niveau de compréhension de la volonté du Créateur, et d'une certaine manière, «décoder» les secrets profonds de notre sainte *Torah*. *Voir Kabbalah*
סודות Sodot	H	**Secrets** *Voir Sod*
סולם Soulam	H	**Échelle** Traduction et commentaires sur le Zohar par Rabbi Yehuda Ashlag. *Voir Rabbi Yehuda Ashlag*
סוף Sof	H	**Fin - Extrémité** *Voir Siyum*

Hébreu / Araméen Phonétique	L	Dictionnaire
סיבה **Sibah**	H	***Raison - Cause*** Puisque l'intention du Créateur est d'accorder la bonté à ses créatures, tous les niveaux de création ont été mis en place pour que Sa bonté puisse descendre vers elles, mais de telle manière à ce qu'elles soient en mesure de la recevoir. Avec l'émanation des lumières de *MaH* (45) et *BaN* (52), le Créateur aurait pu faire le *Tikoun* (rectification) de tous les mondes après la *Shvirat Hakelim* (brisure des récipients), mais alors, il n'y aurait pas eu de raison pour que l'homme participe dans ce *Tikoun*. Ce n'est que pour donner une possibilité à l'homme d'agir et de réparer la création, que Dieu s'est retenu, en quelque sorte, de répandre sa pleine bonté à ce monde.
סיבות **Sibot**	H	***Raisons - Causes*** *Voir Sibah*
סיהרא **Sihara**	A	***Lune*** *Voir Sahar*
סיום **Siyum**	H	***Fin - Extrémité*** De l'extrémité de la *Sephira Malkhout* du monde de '*Asiah*, découle la *Sitra A'hra* (force négative). *Voir Malkhout, Sephirot*
סיטרא אחרא	A	***Force négative*** Lorsque les *Sephirot* de *BaN* (52) surgirent des

Hébreu / Araméen *Phonétique*	L	Dictionnaire
Sitra A'hra		yeux d'*Adam Kadmon*, les trois premières *Sephirot* - *KHB* (*Keter*, *'Hokhma*, *Binah*), se fortifièrent par les lumières qui provenaient des oreilles, du nez et de la bouche d'*Adam Kadmon*, et ainsi furent en mesure de se positionner sur les trois colonnes. Les sept *Sephirot* inférieures ne se positionnèrent pas dans cet ordre, et n'étant pas en mesure de conserver leurs lumières, elles se brisèrent. Ce n'est que lorsque la colonne de la miséricorde se tient entre la colonne de la bonté et celle de la rigueur qu'elles peuvent s'attacher et se lier ensemble.

Cette disposition imparfaite est l'origine de la *Sitra A'hra* ou "mal". Ce type d'existence ne pouvait pas provenir d'une source parfaite, il devait provenir d'un état imparfait.

La rupture des sept *Sephirot* inférieures provoqua une descente des mondes. Toutefois, *KHB* demeura dans ce qui est appelé le «premier *Atsilout*». Les sept *Sephirot* inférieures tombèrent dans les parties supérieures de *Bériah*, et devinrent le *Atsilout* d'aujourd'hui, *Bériah* tomba dans la partie supérieure de *Yetsirah*, et devint la *Bériah* d'aujourd'hui, *Yetsirah* dans les parties supérieures de *'Asiah*, et devint la *Yetsirah* d'aujourd'hui, *'Asiah* tomba encore plus bas et devint la *'Asiah* d'aujourd'hui. De l'extrémité d'*Asiah* provient la *Sitra A'hra*.

Hébreu / Araméen *Phonétique*	L	Dictionnaire

Les *Sephirot* prennent racine dans la *Kedoushah* du *Ein Sof*, B'H. La racine de la *Sitra A'hra* se trouve dans le manque, ou absence de la *Kedoushah*. Ces *Klipot* (écorces) entravent les lumières des *Sephirot*, et dissimulent l'homme de ses racines et de sa lumière.

En parallèle (à l'opposé) aux quatre mondes, cette entité négative - *Sitra A'hra* a ses quatre mondes, où l'on retrouve dix groupes d'anges négatifs qui se divisent comme suit: trois groupes dans leur monde de *Bériah*, six groupes dans *Yetsirah*, et un groupe dans *'Asiah*. Ils se nourrissent à partir des extrémités des lumières supérieures quand ces dernières sont affaiblies par les mauvaises actions de l'homme. Ces anges destructeurs se renforcent et viennent faire le mal dans le monde.

L'existence de la *Sitra A'hra* a été voulue par le Créateur pour donner à l'homme le choix du libre arbitre. Par la fausseté, elle tente constamment de le séduire et de le faire trébucher.

Les bonnes actions de l'homme ont un effet sur les quatre mondes supérieurs, ses mauvaises actions, sur les quatre mondes inférieurs. Ce n'est que lorsque l'homme pèche, que le côté négatif se renforce. Chez l'homme, cet aspect négatif croît en lui, c'est là son *Yetser 'Hara*, il l'isole des mondes supérieurs, et le déracine de la *Kedoushah*.

Hébreu / Araméen *Phonétique*	L	Dictionnaire
ספירה **Sephira**	H	**Sephira**

Sephira

La lumière de Dieu est unique, de force et de qualité égales. Une *Sephira* est en quelque sorte un «filtre» qui transforme cette lumière en une force ou attribut, par laquelle le Créateur dirige les mondes. Chaque *Sephira* est composée d'un récipient appelé *Keli*, qui tient sa part de lumière appelée *Or*. Il n'y a pas de différence dans le *Or* même, la différence vient de la particularité, ou position de la *Sephira*. Il y a dix *Sephirot* nommées :

Keter
Couronne

Binah   **'Hokhma**
Intelligence   *Sagesse*

Da'at
Connaissance

Gevourah   **'Hesed**
Rigueur   *Bonté*

Tiferet
Beauté

Hod   **Netsa'h**
Splendeur   *Gloire*

Yesod
Fondation

Malkhout
Royauté

Sur la droite, la colonne *'Hesed* (bonté): *'Hokhma, 'Hesed, Netsa'h*.

Au centre, la colonne *Ra'hamim* (miséricorde): *Keter, Tiferet, Yesod, Malkhout*

269

Hébreu / Araméen *Phonétique*	L	Dictionnaire

Sur la gauche, la colonne *Din* (rigueur) : *Binah, Gevourah, Hod.*

Il y a aussi une *Sephira* appelée *Da'at*, qui est comptée lorsque *Keter* ne l'est pas, et se trouve également dans la colonne de *Ra'hamim.*

La première et plus importante des *Sephirot* est *Keter.* Elle confère la bonté totale à tous, même aux non-méritants.

La deuxième *Sephira 'Hokhma* confère aussi la bonté à tous, même aux non-méritants, mais moins que *Keter*, et non en tout temps.

La troisième *Sephira Binah* confère la bonté à tous, même aux moins-méritants, mais c'est à partir d'elle que commence la rigueur.

La quatrième *Sephira 'Hesed* est la bonté totale, mais uniquement à ceux qui le méritent.

La cinquième *Sephira Gevourah* est pleine rigueur à qui le mérite.

La sixième *Sephira Tiferet* fait l'équilibre entre la bonté totale et la rigueur.

La septième *Sephira Netsa'h* est bonté réduite à ceux qui le méritent.

La huitième *Sephira Hod* est rigueur réduite à ceux qui le méritent.

La neuvième *Sephira Yesod* fait l'équilibre entre la *Sephira Netsa'h* et *Hod* pour la direction, et se trouve à être le lien ou la connexion entre toutes les *Sephirot* supérieures et la *Sephira Malkhout.*

Hébreu / Araméen *Phonétique*	L	Dictionnaire

La dixième *Sephira* est *Malkhout* qui réunit toutes les émanations supérieures en une seule qui se reflètera sur la création. C'est le lien ou la connexion entre toutes les *Sephirot* supérieures et l'homme.

Il existe également des configurations d'une ou plusieurs *Sephirot* qui agissent en coordination et qui sont appelées *Partsoufim*.

Voir Partsouf, Keter, 'Hokhma, Binah,' Hesed, Gevourah, Tiferet, Netsa'h, Hod, Yesod, Malkhout

---

ספירות
Sephirot

H   ***Pluriel de Sephira***

Voir Sephira

ספירות
הישר
Sephirot
HaYashar

H   ***Sephirot linéaires***

Après être entré dans le *'Hallal* (espace libre) et avoir créé dix *Sephirot* circulaires, le *Kav* (Rayon) a maintenu sa forme droite et a créé dix autres *Sephirot*, mais cette fois-ci en un agencement linéaire. Elles furent réparties en trois colonnes: droite, gauche et centre, ce qui représente la direction du monde à la manière de *'Hesed, Din* et *Ra'hamim* (bonté, rigueur et miséricorde). Cette première configuration ou premier monde où les lumières émanées se sont formées en dix *Sephirot* est appelée *Adam Kadmon* (Homme Primordial). C'est l'union entre le *Reshimou* (empreinte) et le *Kav* (rayon). À partir de cette première configuration sont nés tous les autres

Hébreu / Araméen *Phonétique*	L	Dictionnaire
		mondes et de cette émanation, les quatre autres mondes de *Atsilout* (émanation), *Bériah* (création), *Yetsirah* (formation) et '*Asiah* (action) vont se dévoiler. *Voir Sephira Partsouf, Hanhagah, Adam Kadmon*
ספירות העיגולים *Sephirot Ha'Igulim*	H	***Sephirot encerclantes*** Après être entré dans le '*Hallal* (espace libre), le *Kav* (Rayon) créa dix *Sephirot* circulaires, s'entourant l'une dans l'autre, tout en maintenant une forme droite. Ces dix *Sephirot* sont responsables de la direction générale des mondes, et ne sont pas influencées par les actions des hommes.
ספירות של ב"ן *Sephirot Shel BaN*	H	***Sephirot de BaN*** Les lumières de *BaN* (52) sont de l'aspect de '*Olam HaNekudim*. Des yeux d'*Adam Kadmon* sortirent dix *Sephirot* de l'aspect du nom de *BaN* (52); dix *Sephirot* encerclantes provenant de l'oeil droit, et dix autres *Sephirot* intérieures provenant de l'œil gauche et qui descendirent plus bas que le nombril. Elles correspondent à l'aspect féminin - rigueur, et sont à l'origine de la détérioration. Quand elles sortirent, les trois premières *Sephirot* - KHB (*Keter*, '*Hokhma*, *Binah*), prirent leur force de la lumière des oreilles, du nez et de la bouche d'*Adam Kadmon* et purent se tenir en trois colonnes. Les

Hébreu / Araméen *Phonétique*	L	Dictionnaire

sept *Sephirot* inférieures qui ne prirent leur force que par les lumières de la bouche, ne pouvaient pas rester dans cet ordre et se brisèrent. C'est ce qu'on appelle *Shvirat Hakelim* (brisure des récipients), cet arrangement imparfait est la première origine de la *Sitra A'hra* ou "mal".

Le *Tikoun* (rectification) fut fait par l'union des *Sephirot* de *BaN* (52) (rigueur) avec les *Sephirot* de *MaH* (45) (miséricorde) qui sortirent du front d'*Adam Kadmon*. Par cette union, le *BaN* féminin (52) fut réparé par le *MaH* masculin (45) et créèrent les *Partsoufim* (configurations). Par cette nouvelle disposition, les *Sephirot* purent se tenir dans les trois colonnes de bonté, rigueur et miséricorde.

Voir Orot Ha'Enayim, Orot HaMetsa'h

ספירות
מ"ה של
Sephirot
Shel
MaH

H **Sephirot de MaH (45)**

Les *Sephirot* de *MaH* (45) sont de l'aspect de *'Olam HaTiKun*.

Après la brisure des *Kelim* et la séparation de leurs lumières, il fut nécessaire pour la direction du monde que la réparation ait lieu. Du front d'*Adam Kadmon* émergèrent dix *Sephirot* de l'aspect du nom de *MaH* (45), correspondant au masculin – réparation, contrairement aux *Sephirot* de *BaN* (52) qui correspondent à l'aspect féminin - rigueur, et sont à l'origine de la

Hébreu / Araméen *Phonétique*	L	Dictionnaire

détérioration.

Le *Tikoun* a été créé par l'union des *Sephirot* de *MaH* (45) (miséricorde) et *BaN* (52) (rigueur) en des dispositions complexes, pour permettre au *BaN* féminin (52) d'être réparé par le *MaH* masculin (45), et pour les *Sephirot* de se tenir dans les trois colonnes de bonté, rigueur et miséricorde. Avec l'ordre approprié des *Sephirot* en place, différentes configurations nommées *Partsoufim* complétèrent la création.

Voir Orot Ha'Enayim, Orot HaMetsa'h, Partsouf

Hébreu / Araméen *Phonétique*	L	Dictionnaire
ע"ב 'AV	H	***Nom de soixante douze triplets de lettres*** Nom évoqué dans le livre de *Shemot* Chapitre 14. Des trois *Pesoukim* (versets) 18, 19, 20 (72 lettres chaque), nous prenons la première lettre du *Pasouk* 18, la dernière du *Pasouk* 19, la première du *Pasouk* 20 et ainsi de suite jusqu'à l'obtention de 72 triplets. Chacun de ces triplets de lettres, tel qu'expliqué dans le Zohar, a un pouvoir particulier.
ע"ב 'AV	H	***Nom de Dieu ayant un total de 72*** *Milouy* (épellation) du nom - י-ה-ו-ה pour un total de 72. Les forces ou énergies créatrices sont les différents pouvoirs contenus dans les quatre lettres du nom de Dieu י-ה-ו-ה, et les diverses lettres ajoutées qui rendent leurs épellations différentes. Selon le type de lettres utilisées, la valeur numérique du nom change, et chacune de ces possibilités devient différente dans sa nature et ses actions. Les lettres qui sont ajoutées pour les différentes épellations des lettres sont: י ה ו א ד Les épellations différentes des lettres sont les suivantes: La lettre י (*Yud*) ne peut être épelée que dans un sens: יוד La lettre ה (Hé) peut être épelée avec un י (*Yud*) ou un א (Aleph) ou un ה (Hé): הי הא הה

Hébreu / Araméen *Phonétique*	L	Dictionnaire
		La Lettre ו (*Vav*) peut être épelée avec un יו (*Yud et Vav*) ou avec או (Aleph et *Vav*) ou avec un ו (*Vav*): ואו ויו וו

Les quatre *Milouyim* (épellations) sont:
עב, סג, מה, בן – 'AV, SaG, MaH, BaN

עב - יוד הי ויו הי – 'AV = 72 V
סג - יוד הי ואו הי - SaG = 63
מה - יוד הא ואו הא - MaH = 45
בן - יוד הה וו הה - BaN = 52

Chaque nom peut aussi être divisé et subdivisé comme suit:
'AV de 'AV, SaG de 'AV, MaH de 'AV ...
BaN de BaN de SaG, SaG de MaH de 'AV etc

Le nom de 'AV est le plus haut niveau des quatre noms de 'AV, SaG, MaH et BaN. Son *Milouy* (épellation) se fait avec la lettre י (*Yud*) pour un total de 72.

עב - יוד הי ויו הי – 'AV = 72

À partir d'*Adam Kadmon* émergèrent plusieurs mondes, dont quatre sont appelés: vue, ouïe, odorat et parole qui sortirent de ses yeux, oreilles, nez et bouche. La première émanation qui sortit

Hébreu / Araméen Phonétique	L	Dictionnaire
		est la branche de 'AV, qui sortit de ses cheveux. Cette lumière est au-delà de notre compréhension. Pour soutenir les Kelim après qu'ils se soient brisés, 288 étincelles descendirent aussi, la connexion à leurs lumières d'origine était nécessaire pour les maintenir en vie. Ces étincelles correspondent aux quatre 'AV des noms 'AV, SaG, MaH, BaN, 4 x 72 = 288. Le plus haut monde - Atsilout a l'aspect du nom de 'AV. Toutes les émanations et Sephirot qui avaient émergé d'Adam Kadmon (Homme Primordial) par le biais de ses ouvertures correspondent aux différents aspects de ces quatre noms. Leurs actions et Tikounim sont différents et tous les Partsoufim (configurations) sont construits à partir de leurs unions.
עב 'AV	H	**Épais - Rude** Dans le monde de Ha'Akudim (attachés), lorsque les Sephirot ont émergé la première fois de la bouche d'Adam Kadmon, chacune avait sa propre place, mais dans un unique Keli. La partie la plus subtile des lumières revint à son origine dans la bouche, mais non pas entièrement, chacune laissant une trace. Les parties des lumières qui restèrent, s'épaissirent.

Hébreu / Araméen *Phonétique*	L	Dictionnaire
עב, סג מה, בן	H	**'AV, SaG, MaH, BaN** Épellation du Nom ה-ו-ה-י *'AV* (72), *SaG* (63), *MaH* (45), *BaN* (52) Les forces ou énergies créatrices sont les différents pouvoirs contenus dans les quatre lettres du nom de Dieu י-ה-ו-ה, et les diverses lettres ajoutées pour parvenir à d'autres épellations différentes. Selon le type de lettres utilisées, la valeur numérique du nom change et chacune de ces possibilités devient différente dans sa nature et ses actions. La lettre י (*Yud*) ne peut être orthographiée que d'une manière: יוד La lettre ה (Hé) peut être orthographiée avec un י (*Yud*) ou un א (Aleph) ou un ה (Hé): הי הא הה La lettre ו (*Vav*) peut être orthographiée avec un יו (*Yud* et *Vav*) ou avec או (Aleph et *Vav*) ou Avec un ו (*Vav*): ואו ויו וו Les quatre *Milouyim* (épellations) sont: - בן ,מה , סג, עב – *'AV, SaG, MaH, BaN* - עב - יוד הי ויו הי - *'AV* = 72 V סג - יוד הי ואו הי - *SaG* = 63 מה - הא ואו הא יוד - *MaH* = 45 בן - יוד הה וו הה - *BaN* = 52 Chaque nom peut aussi être divisé et subdivisé

Hébreu / Araméen *Phonétique*	L	Dictionnaire
		comme suit:
		'AV de *'AV*, *SaG* de *'AV*, *MaH* des *'AV* ...
		BaN de *BaN* de *SaG*, *SaG* de *MaH* de *'AV* etc
		Tous les mondes qui avaient émergé d'*Adam Kadmon* par le biais de ses ouvertures appartiennent aux différents aspects des quatre noms. Leurs actions et *Tikounim* sont différents, et les *Partsoufim* sont construits par l'union de *BaN* (52) et *MaH* (45).
		Voir BaN, MaH, SaG, 'AV
עבה **'Avey**	H	***Épais***
		Voir 'Aviyut
עבודה **'Avoda**	H	***Service - Devoir***
		De la première configuration d'*Adam Kadmon* sortirent différentes émanations pour la construction des mondes. De ses yeux émergèrent dix *Sephirot* de l'aspect féminin de *BaN* (52), les trois premières *Sephirot* purent contenir leurs lumières, mais les sept *Sephirot* inférieures ne purent les contenir et se brisèrent. Ceci causa un dégât important appelé *Shvirat Hakelim* - la brisure des récipients. Les *Kelim* (récipients) des sept *Sephirot* qui ne purent contenir leurs lumières tombèrent dans les mondes inférieurs.
		Pour soutenir ces *Kelim* après leur brisure, 288 étincelles de ces lumières descendirent

Hébreu / Araméen _Phonétique_	L	Dictionnaire

également, puisqu'une connexion à leurs lumières originales était nécessaire pour les maintenir en vie. Ces étincelles correspondent aux quatre aspects de *'AV* des noms *'AV* (72), *SaG* (63), *MaH* (45), *BaN* (52), 4 x 72 = 288.

Il est important de comprendre que tout ce qui se passe dans notre monde est semblable à ce qui s'est passé durant cette descente.

Le but de tous les travaux, actes et prières des hommes dans ce monde est d'aider et de participer à l'ascension vers leur origine des 288 étincelles qui ont chuté. Ceci peut se faire lorsqu'on accomplit les *Mitsvot* et les *Tefilot*. À la conclusion de ce *Tikoun* de réunification entre toutes les étincelles tombées et leur *Keli*, ce sera alors le moment de la résurrection des morts et l'arrivée de Mashia'h.

Voir Shvirat Hakelim, Tikoun, Tefila

עביות
'Aviyut
H

Épaisseur - Rigueur

Après que les *Sephirot* émergèrent la première fois de la bouche d'*Adam Kadmon*, la partie la plus *subtile* de chaque lumière revint à son origine dans la bouche, mais pas entièrement, chacune laissant une trace. Cette trace, qui ne retourna pas s'épaissit, et conjointement avec les étincelles qui étaient tombées de la collision des lumières supérieures qui étaient retournées, créèrent les *Kelim* (récipients).

Hébreu / Araméen Phonétique	L	Dictionnaire
עבר 'Avar	H	**Passé** Il y a une dimension supérieure où la notion de temps n'existe pas. Passé, présent et futur ne font qu'un. L'homme étant une entité limité physiquement et matériellement, il est impossible pour lui de comprendre cette réalité. Tout, passé, présent et futur a sa raison d'être, et à la fin, tout sera clair et compréhensible.
עגל 'Agol	H	**Rond - cercle** La forme du *'Hallal* (espace libre) après le *Tsimtsoum* (rétraction).
עובי 'Ovi	H	**Épaisseur** *Voir 'Aviyut*
עובר 'Ubar	H	**Embryon - Fétus** Les *Tikounim* (rectifications) des *Partsoufim* masculins et féminins (configurations) sont réalisés à travers le *Zivoug* (l'union), la grossesse et l'accouchement. *'Ubar* est la première étape du *Tikoun* d'un *Partsouf*. Au cours du *Zivoug*, les lumières de *MaH* (45) nécessaires au *Tikoun* sont attirées par les lumières de *BaN* (52) et sont conservées dans le *Partsouf Noukva* supérieur. Au cours de la grossesse, à l'intérieur de la *Noukva*, elles sont disposées et complétées

Hébreu / Araméen Phonétique	L	Dictionnaire
		jusqu'à ce qu'il n'y ait plus rien à ajouter. Quand il est complètement réparé, le *Partsouf* est révélé, et c'est la naissance. Au cours de la grossesse, qui est la première sélection dans la disposition des trois piliers, les *Mo'hin* (cerveaux) sont au niveau le plus bas et sont appelés *NHY* (*Netsa'h*, *Hod*, *Yesod*) des *Mo'hin* et de l'aspect de *Nefesh*. Pendant la durée de la grossesse, en tant qu'*Ubar*, le *Partsouf* n'agit pas vraiment pendant qu'il prend forme. Au moment de l'allaitement, il commence à agir, et à la croissance, il est totalement prêt à agir. *Voir Tikoun, Zivoug*
עובר *'Over*	H	**Passer** Il y a passage quand les lumières "se déplacent" d'une position à l'autre. Le deuxième *Tikoun* (action) du *Partsouf Arikh Anpin* est révélé par le passage des sept *Sephirot* inférieures de *Partsouf ' Atik* dans sa tête, avant de s'habiller à l'intérieur de lui. Les lumières d'un monde supérieur doivent passer à travers un rideau avant de créer les *Partsoufim* d'un monde inférieur.
עולם *'Olam*	H	**Monde** Un *'Olam* est une possibilité et un type d'existence dans une dimension particulière.

Hébreu / Araméen *Phonétique*	L	Dictionnaire

De la première configuration d'*Adam Kadmon* (Homme primordial), des émanations créèrent les quatre mondes inférieurs. Il y a un écran (cloison) qui sépare un monde d'un autre et de cet écran, les dix *Sephirot* du monde inférieur furent produites par les dix *Sephirot* du monde supérieur. Le premier monde à se dévoiler à partir d'*Adam Kadmon* (homme primordial) est appelée *Atsilout*, le monde de l'émanation, où il n'y a pas d'existence de sépararation, et aucune *Sitra A'hra* (force négative), même au niveau le plus bas. Le deuxième monde est *Bériah* (création), le monde des *Neshamot*, des âmes. Le troisième monde est celui de *Yetsirah* (formation), le monde de la formation, le monde des anges. Le quatrième monde est '*Asiah* (action), le monde de l'action, le monde de l'existence physique.

Chaque monde est construit à partir de quatre aspects: *Partsouf* (configuration), *Levoush* (vêtement), *Or Makif* (lumières encerclantes) et *Hekhalot* (portails). Les cinq principaux *Partsoufim* (configurations) sont: *Arikh Anpin, Abah, Imah, Zeir Anpin* et *Noukva*. Un autre *Partsouf* : *'Atik Yomin*, est au-dessus d'eux, ses trois premières *Sephirot* sont dans le monde supérieur, ses sept *Sephirot* inférieures sont à l'intérieur des dix *Sephirot* de *Arikh Anpin* et font le lien entre un monde et celui au-dessous de lui.

Hébreu / Araméen Phonétique	L	Dictionnaire

Atsilout est de l'aspect de *Partsouf Abah*, *Bériah* de *Imah*, *Yetsirah* de *Z'A*, et '*Asiah* de *Noukva*.
Voir Atsilout, Bériah, Yetsirah, Asiah

עולם הברודים
'Olam Haberudim

H

Monde de la réparation

Également appelé *Olam HaTikun*. Des yeux d'*Adam Kadmon* émergèrent dix *Sephirot* de l'aspect féminin du nom de *BaN* (52), les trois premières *Sephirot* purent contenir leurs lumières, mais les sept *Sephirot* inférieures ne purent les contenir et se brisèrent.

Ceci causa un dégât important appelé *Shvirat Hakelim* - la brisure des récipients. Les *Kelim* (récipients) des sept *Sephirot* qui n'ont pu contenir leurs lumières tombèrent dans les mondes inférieurs.

Après les lumières de l'aspect de *BaN* (52) et la brisure des *Kelim* (récipients), les lumières de l'aspect du nom de *MaH* (45) jaillirent à partir du front d'*Adam Kadmon*. L'union entre les lumières de *MaH*, qui représentent la miséricorde, à celles de *BaN*, qui représentent la rigueur, produirent le *Tikoun* (rectification) des *Sephirot* brisées.

Ce *Tikoun* est également celui de la disposition des *Sephirot* en trois colonnes, ce qui permettra le début de la construction des premiers *Partsoufim*.

Voir Shvirat Hakelim, Tikoun

284

Hébreu / Araméen *Phonétique*	L	Dictionnaire
עולם הנקודים *'Olam Hanikoudim*	H	**Le monde de points**

Le monde de points

Les *Sephirot* qui émergèrent des yeux d'*Adam Kadmon* étaient de l'aspect des *Nekoudim* (ponctuation) et du nom de *BaN* (52). Ce monde s'appelle le monde des points parce que ces *Sephirot* avaient leurs propres *Kelim* (récipients), mais étaient séparées.

Quand les lumières de *BaN* (52) jaillirent, les *Kelim* n'étaient pas disposés en trois piliers nécessaires à la direction de la Bonté, rigueur et miséricorde. Par conséquent, ils ne pouvaient pas contenir le flot de ces lumières et se brisèrent.

Voir Shvirat Hakelim

עולם העקודים
'Olam Ha'Akoudim H **Le monde des attachés**

Dans le *Olam Ha'Akoudim* (des attachés), lorsque les *Sephirot* émergèrent la première fois de la bouche d'*Adam Kadmon*, chacune avait sa propre place, mais tous se trouvaient dans un seul *Keli* (récipient).

Les sept *Sephirot* inférieures étaient alignées l'une sous l'autre en ligne droite, n'étaient pas disposées en trois colonnes et ainsi n'étaient pas prêtes pour la direction selon la bonté, rigueur et miséricorde. Elles ne pouvaient tenir dans cette configuration, et la partie la plus *subtile* de la lumière retourna à son origine dans la bouche, mais pas complètement, chacune laissant une trace. Les

285

Hébreu / Araméen *Phonétique*	L	Dictionnaire
		parties des lumières qui restèrent s'épaissirent, mais demeuraient encore illuminées par leurs propres parties qui étaient remontées. Les lumières se heurtèrent l'une contre l'autre et produirent des étincelles qui formèrent les *Keli* (récipients) pour les lumières les plus *subtiles* qui étaient revenues une seconde fois. Ceci est considéré comme une annulation, mais pas autant que celle de *'Olam HaNikoudim*.
עולמות *'Olamot*	H	**Mondes** *Voir 'Olam*
עונש *'Onesh*	H	**Punition** Du monde d'*Atsilout* se sont dévoilés tous les mondes inférieurs. Le dernier monde à se déployer est celui d'*Asiah*, le monde physique avec possibilité de récompense, punition et mal. Il existe deux principaux types de direction: la direction générale ou variable. La direction générale est pour la subsistance des mondes et n'est pas influencée par les actions des hommes. Cette direction se fait par les *Sephirot* encerclantes. La direction variable s'appuie sur la justice, la récompense et la punition et est influencée par les actions de l'homme. Cette direction se fait par les *Sephirot* linéaires. S'il n'y avait que le bon dans ce monde, la direction fondée sur la dualité de la récompense et

Hébreu / Araméen *Phonétique*	L	Dictionnaire
		punition ne serait pas nécessaire, mais alors, les hommes n'auraient ni le libre choix, ni le mérite d'accomplir la volonté de Dieu.
עור *'Or*	H	**_Peau_** Certaines émanations sont décrites allégoriquement comme des parties physiques. Lorsque *NHY* (*Netsa'h, Hod, Yesod*) du *Partsouf Imah* est introduit dans le *Partsouf Zeir Anpin*, certaines de ces émanations appelées peau, chair, os et veines viennent s'introduire en lui. Un *Levoush* (vêtement) est fait pour *Partsouf Zeir Anpin* et *Noukva* des extérieurs de *NHY* (*Partsouf Tevounah*) de *Imah*. Dans *NHY*, il y a trois aspects de *Kelim* (récipients): chair, os et veines, et un autre aspect de *Keli* de *Malkhout*, la peau, qui est un supplément de *Imah*.
עורף *'Oref*	H	**_Nuque_** La plus hautre partie à l'arrière où les *Klipot* (écorces) peuvent s'attacher. *Voir Klipa*
עיבוי *'Ibuy*	H	**_Épaississement_** *Voir 'Aviyut*
עיבור *'Ibour*	H	**_Attachement - Grossesse_** Il existe *'Ibour* pour la grossesse des *Partsoufim* (configurations), et *'Ibour* pour l'attachement de

Hébreu / Araméen *Phonétique*	L	Dictionnaire

l'âme.

Grossesse - Tous les *Tikounim* (rectifications) des *Partsoufim* (masculins et féminins) sont réalisés par voie de *Zivoug* (union), *'Ibour* (grossesse) et *Leida* (naissance).

Au cours du *Zivoug*, les lumières de *MaH* (45) nécessaires au *Tikoun* sont attirées par les lumières de *BaN* (52), et demeurent dans le *Partsouf Noukva* supérieur qui donnera naissance au *Partsouf*. Lorsque les *Mayin Noukvin* (eaux féminines) et *Mayin Doukhrin* (eaux masculines) se tiennent dans la *Noukva* et sont réparées dans son intérieur, ceci correspond au *'Ibour* (grossesse).

Au cours de la grossesse à l'intérieur de la *Noukva*, elles sont disposées et complétées jusqu'à ce qu'il n'y ait plus rien à ajouter. Une fois entièrement réparé, le *Partsouf* est révélé et c'est la naissance. Il y a par la suite l'allaitement et finalement la croissance pour que le *Partsouf* devienne complètement indépendant.

Attachement - Le *Tikoun* de l'âme se fait par le *Gilgoul* (réincarnation), et par le *'Ibour* (attachement). En accomplissant ce qu'il n'a pas accompli des 613 *Mitsvot*, l'homme fait le *Tikoun* nécessaire de son âme, qui peut désormais s'élever aux royaumes les plus élevés et rejoindre

Hébreu / Araméen Phonétique	L	Dictionnaire

sa source.

Le *Gilgoul* est la réincarnation de l'âme à partir de la naissance jusqu'à la mort, le *'Ibour* est l'attachement d'une autre âme à la sienne, qui pourrait venir et partir à n'importe quel moment. Pour l'aider à accomplir les *Mitsvot* manquantes, une autre âme peut s'attacher à son âme (*'Ibour*), jusqu'à ce qu'il les produise et repart par la suite. La *Mitsvah* manquante pourrait être une qu'il a choisie de ne pas faire, ou une qu'il n'a pas pu faire dans sa vie antérieure.

Il y'a un *Levoush* (vêtement) ou enveloppe, qui est nécessaire pour que l'âme s'attache au corps de l'homme (*Gilgoul*), et quand une autre âme s'attache à lui (*'Ibour*), elle pourrait utiliser le même *Levoush* pour demeurer en lui.

עיגול *'Igul*	H	***Cercle - Circulaire*** Voir 'Hallal, Sephirot Ha'Igulim
עיגולים *'Igulim*	H	***Cercles - Circulaires*** Voir Sephirot Ha'Igulim
עיינין *'Eynin*	A	***Yeux*** Voir 'Enayim
עינוג *'Inug*	A	***Plaisir - Délice*** Voir Ta'anug

Hébreu / Araméen *Phonétique*	L	Dictionnaire
עיניים *'Enayim*	H	**Yeux** Des lumières de l'aspect de *BaN* (52) émergèrent des yeux d'*Adam Kadmon*. *Voir Orot Ha'Enayim, Orot Shel BaN*
עיקר *'Ikar*	A	**Essentiel** Le *Taffel* (accessoire) dépend toujours du *'Ikar*, qui est le principal ou l'essentiel. De même, certaines émanations sont dépendantes d'autres lumières plus importantes.
עירוב *'Iruv*	H	**Mélange** Dans la *Sephira Yesod*, les lumières de l'aspect des *'Hasadim* (bonté) se mêlent aux *Gevourot* (rigueurs).
על *'Al*	H	**Sur – Par-dessus** Parfois, des *Partsoufim* plus importants sont décrits comme étant au-dessus d'autres *Partsoufim* inférieurs. En réalité, ceci représente une position de supériorité, car les plus importants *Partsoufim* sont généralement à l'intérieur des *Partsoufim* inférieurs. *Voir Partsouf*
עלאה *'Ilaa*	A	**Hauteur** *Voir 'Al*

Hébreu / Araméen *Phonétique*	L	Dictionnaire
עליה **'Aliyah**	H	***Élévation - Ascension*** Il y a ascension quand il y a réparation ou amélioration. La première ascension a été celle des *Malkin* (rois), représentant les *Kelim* (récipients) des *Sephirot* qui se sont brisés et tombés de *Bériah* à *Atsilout*. Cette ascension a duré quarante jours: Dix jours: *Kelim* de *'Hesed* et *Netsa'h*, à *Netsa'h* de *Atsilout*. Dix jours: *Kelim* de *Da'at* et Tiféret, à *Yesod* de *Atsilout* Dix jours: *Kelim* de *Gevourah* et *Hod*, à *Hod* de *Atsilout* Dix jours: *Kelim* de *Yesod* et *Malkhout*, à *Malkhout* de *Atsilout*. Il y a aussi une élévation des mondes au cours des *Tefilot*, quand les mondes de *'Asiah*, *Yetsirah* et *Bériah* montent jusqu'au *Atsilout* durant la *'Amidah*. *Voir Tefilah, Kavanah*
עליון *'Elyon*	H	***Plus haut- Supérieur*** Parfois, les *Partsoufim* les plus importants sont décrits comme étant au-dessus ou plus haut que d'autres *Partsoufim*. En réalité, cela représente une position de supériorité, car les *Partsoufim* les plus importants sont généralement à l'intérieur des *Partsoufim* inférieurs. *Voir Partsouf*

Hébreu / Araméen Phonétique	L	Dictionnaire
עליונים *'Elyonim*	H	**Plus haut - Supérieurs** *Voir 'Elyon*
עלמא *'Alma*	A	**Monde** *Voir 'Olam*
עמר *'Omer*	H	**Compte du 'Omer** Pendant le compte du *'Omer*, on reconstruit pendant les 49 jours, les sept parties des sept *Sephirot* de *Partsouf Z'A*, de *'Hesed* à *Malkhout* (7 x 7 = 49).
עמר נקי *'Amer* *Naki*	A	**Cinquième des sept Tikounim de la tête de Arikh Anpin** Du *Partsouf* (configuration) *Arikh Anpin*, il y a des émanations qui sortent de sa tête afin d'agir et d'influencer la direction et que l'on appelle les *Tikounim* de *Arikh Anpin*. Le deuxième *Tikoun* (action) de *Arikh Anpin* est atteint par le passage des sept *Sephirot* inférieures du *Partsouf 'Atik* dans sa tête avant de se retrouver à l'intérieur de lui. Ces sept *Tikounim* de la tête de *Arikh Anpin* proviennent des sept *Sephirot* inférieures de *'Atik*. Le cinquième *Tikoun* - **עמר נקי** ('Amer Naki) s'accomplit par les premières parties de *Netsa'h* et *Hod*, qui sont positionnées plus haut que *Yesod* ; il donne forme aux cheveux qui se répandent de' *Hokhma Stimaah*.

Hébreu / Araméen Phonétique	L	Dictionnaire
ענן דול **'Anan Gadol**	H	**'Anan Gadol - Un gros nuage** L'un des quatre principaux niveaux de *Klipot* correspondant aux quatre mondes inférieurs. *Voir Klipot*
ענני כבוד **'Anane Kavod**	H	**Les nuages de la gloire** Lumière diagonale ou *Partsouf*, sur le côté droit de *Partsouf Z'A*. Cette lumière, ou *Partsouf* n'est pas considérée comme un *Partsouf* complet, ses actions sont temporaires et ne se font seulement qu'à certains moments.
ענף **'Anaf**	H	**Branche** Lumière ou *Sephira* qui résulte d'une source.
ענפי א"ק **'Anafe A'K**	H	**Branches d'Adam Kadmon** *Adam Kadmon* étant très proche de l'*Ein Sof*, nous ne pouvons rien saisir de sa nature. Notre compréhension ne commence qu'à partir des émanations qui sont sorties de lui par ses sens et qui sont appelées ses branches. Ces quatre branches sont appelées: vue, ouïe, odorat et parole. Ils s'émanent de ses yeux, ses oreilles, son nez et sa bouche. Dans le langage de la Kabbalah, nous utilisons les noms des parties du corps uniquement pour décrire le sens profond, ou la position qu'ils représentent. Il est entendu, bien sûr, qu'il n'y a pas d'existence physique à ces

Hébreu / Araméen *Phonétique*	L	Dictionnaire
		niveaux. Ces quatre émanations sont les aspects des noms de *'AV* (72), *SaG* (63), *MaH* (45) et *BaN* (52). La première à sortir est la branche de *'AV*, qui provient des cheveux sur sa tête. Cette lumière est d'un niveau trop élevé pour notre compréhension. Des oreilles, jaillirent des lumières de l'aspect du nom de *SaG* (63); dix *Sephirot* linéaires de l'oreille gauche, et dix *Sephirot* encerclantes de l'oreille droite. Du nez, jaillirent aussi des lumières de l'aspect du nom de *SaG* (63); dix *Sephirot* encerclantes de la narine droite et dix linéaires de la narine gauche. Les lumières des *Sephirot* encerclantes ont un aspect plus raffiné, ce qui explique pourquoi elles sont sorties du côté droit, le côté de *'Hesed* (bonté), par opposition au côté gauche, qui est celui de *Gevourah* (rigueur). Dans les émanations (lumières) des oreilles et du nez, le concept de *Keli* (récipient) n'existait pas encore. De la bouche ont jailli des lumières de l'aspect du nom de *SaG* (63); dix *Sephirot* intérieures, et dix *Sephirot* encerclantes. Des yeux, jaillirent des lumières de l'aspect du nom de *BaN* (52). Ces lumières féminines furent la cause de la *Shvirat Hakelim* (brisure des récipients). Du front, jaillirent des lumières de l'aspect du nom

Hébreu / Araméen Phonétique	L	Dictionnaire
		de *MaH* (45), ces lumières masculines effectueront le *Tikoun* (rectification) des *Sephirot* brisées, et conjointement avec *BaN* créeront tous les *Partsoufim* (configurations) pour la direction des mondes. De toutes ces émanations, les quatre mondes de *Atsilout* (émanation), *Bériah* (création), *Yetsirah* (formation) et '*Asiah* (action) se révèleront.
ענפים 'Anafim	H	**Branches** Lumières ou *Sephirot* qui résultent d'une racine ou source.
עסמ"ב 'ASMaB	H	**'AV (72), SaG (63), MaH (45), BaN (52)** Initiales
עפר 'Afar	H	**Terre - Poussière** Le corps est appelé terre. Il entrave l'aspect spirituel, qui est la *Neshamah*, de voir et de comprendre.
עץ הדעת טוב ורע Ets Hada'at Tov ve Ra'	H	***L'arbre de la connaissance du bien et du mal*** Les Bné *Israël* furent en exil en Égypte pour effectuer le *Tikoun* (rectification) du '*Ets Hada'at* qui est de l'aspect de *Yesod* de *Partsouf Z'A*.

Hébreu / Araméen *Phonétique*	L	Dictionnaire
עץ החיים *'Ets* *Ha'Haim*	H	**Arbre de la Vie** Il est de l'aspect de *Tiferet* de *Partsouf Z'A*. Pendant la nuit, l'Arbre de la Vie s'élève plus haut et l'arbre de la mort gouverne. Ce n'est qu'au matin que la gouvernance est rendue à l'Arbre de la Vie et que toutes les âmes retournent dans les corps des hommes. (Zohar, Bamidbar) C'est également le nom de l'œuvre maîtresse du Ari Z'al. *Voir Ari Z'al*
עצם השמים *'Etsem* *hashamayim*	H	**'Etsem hashamayim** Nom d'un *Hekhal* (portail). Deuxième des sept *Hekhalot*, correspondant à *Hod*. Chaque monde *(ABYA)* est construit à partir de quatre aspects: *Partsouf*, *Levoush* (vêtement), *Or Makif* (lumières encerclantes), et *Hekhalot*. Dans chaque *Partsouf*, il y a intériorité et extériorité, L'extériorité a toujours l'aspect de *Malkhout*, et les *Hekhalot* sont les ramifications des *Malkhout* des *Partsoufim*. Les *Hekhalot* sont aussi les différents niveaux d'ascension des *Tefilot* avant de parvenir au septième *Hekhal* (portail), *Kodesh Hakodashim*. Leur principale fonction est de permettre de différentes façons l'adhésion et l'attachement, lors des *Tefilot*, jusqu'au *'Olam Atsilout*, lors de la *'Amidah*.

296

Hébreu / Araméen *Phonétique*	L	Dictionnaire

Les neshamot et les anges ont leur racine dans les *Hekhalot*, chacun selon son niveau respectif.

עצמות 'Atsamot	H	**Os**

Os

Certaines émanations sont décrites allégoriquement comme parties physiques.

Il y a 613 veines et os dans l'homme. De même, il y a 613 commandements dans la *Torah*, 613 parties dans l'âme, et 613 lumières dans chaque *Sephira* ou *Partsouf*. Ce nombre n'est pas arbitraire, car il y a d'importantes interrelations et interactions entre elles.

Lorsque *NHY* (*Netsa'h, Hod, Yesod*) de *Partsouf Imah* entra dans le *Partsouf Zeir Anpin*, sa peau, sa chair, ses os et ses veines s'ajoutèrent aux siennes. Un *Levoush* (vêtement) se fit pour *Partsouf Zeir Anpin* et *Noukva*, à partir des extériorités de *NHY* (*Partsouf Tevounah*) de *Imah*. Dans *NHY*, il y a trois aspects de *Kelim* (récipients): chair, os et veines, et un autre aspect de *Keli* de *Malkhout*, qui est la peau, un ajout de *Imah*.

עצמות 'Atsmut	H	**Essence - Nature**

Essence - Nature

La lumière intérieure de chaque *Sephira* ou *Partsouf* est identique. Les lumières ne se transforment qu'une fois à l'intérieur, par la nature de la *Sephira* ou *Partsouf*.

Hébreu / Araméen Phonétique	L	Dictionnaire
עקב 'Ekev	H	**Cheville** Certaines *Neshamot* sortirent du talon d'*Adam Kadmon*, correspondant à une partie gauche de *Kayin*.
עקוד 'Akud	H	**Lier - Attacher** Voir Olam Ha'Akudim
עקודים 'Akudim	H	**Lier - Attacher** Voir Olam Ha'Akudim
ערב רב 'Erev Rav	H	**La multitude mélangée** Lumière ou *Partsouf* diagonale, du côté droit de *Ya'acov*. Cette lumière, ou *Partsouf*, n'est pas considérée comme un *Partsouf* complet ; ses actions sont temporaires et se font à certains moments seulement.
ערבים 'Arevim	H	**Garants - responsabilité mutuelle** "*Kol Israel 'Arevim ze la ze*", tout Juif est garant pour son prochain. La majorité des *Tikounim* (rectifications), comme expliqué dans la Kabbalah, ne sont pas réalisées par un, mais par les actions de plusieurs. La *Geoulah* (Libération) viendra, en conclusion aux efforts de tout *Israël*.
ערלה 'Orla	H	**Prépuce** Quand la '*Orla* couvre la *Sephira Yesod*, les

Hébreu / Araméen *Phonétique*	L	Dictionnaire
		'Hasadim ne peuvent se propager de la poitrine vers le bas. De même, le prépuce doit être retiré de l'organe masculin qui est aussi appelé *Yesod*.
עשו *Essav*	H	**Essav** Lumière diagonale ou *Partsouf* sur le côté gauche de *Ya'acov*. Cette lumière, ou *Partsouf*, n'est pas considérée comme un *Partsouf* complet, ses actions sont temporaires et se font à certains moments seulement.
עשיה *'Asiah*	H	**Monde de l'action - de l'homme** De la première configuration d'*Adam Kadmon*, quatre mondes se sont dévoilés. Sur ces quatre mondes, les quatre lettres du nom (ה-ו-ה-י) *B'H*, gouvernent. י dans *Atsilout*; par elle, tous les niveaux réparés sont mis en ordre. ה descend de (*Atsilout*) à *Bériah*, et le dirige. ו à *Yetsirah*, et ה à *'Asiah*. Le quatrième monde à se dévoiler est appelé *'Asiah* - action, le monde de l'existence physique. Il est au-dessous d'*Atsilout*, *Bériah* et *Yetsirah*. Il se compose de cinq principaux *Partsoufim*: *Arikh Anpin Abah*, *Imah*, *Zeir Anpin* et *Noukva*. Un autre *Partsouf*, *'Atik Yomin*, est au-dessus

Hébreu / Araméen *Phonétique*	L	Dictionnaire

d'eux.

Dans l'émanation des lumières des yeux d'*Adam Kadmon*, le *Keli* (récipient) propre à chaque *Sephira* sortit en premier, suivi par les lumières. Les sept derniers *Kelim* ne pouvaient pas contenir leurs lumières et se brisèrent. Ils descendirent dans le monde de *Bériah*, ou encore plus bas, les lumières tombèrent aussi, mais demeurèrent dans *Atsilout*. Lorsque les *Kelim* se brisèrent, *SaG* (63), *MaH* (45) et *BaN* (52) descendirent dans les mondes inférieurs, *BaN* descendit dans '*Asiah*. Ceci provoqua aussi une descente des mondes, '*Asiah* tomba plus bas et ses niveaux inférieurs devinrent le '*Asiah* d'aujourd'hui. Du dernier niveau des *Sephirot* de '*Asiah* (*Malkhout* de' *Asiah*), résulte la *Sitra A'hra* (force négative).

Il y a un écran (diviseur) qui sépare un monde d'un autre. De cet écran, les dix *Sephirot* du monde inférieur émergèrent à partir des dix *Sephirot* du monde supérieur. Les trois mondes supérieurs de *Atsilout*, *Bériah* et *Yetsirah*, sont à l'intérieur du quatrième monde de '*Asiah*.

En parallèle aux quatre mondes *(ABYA)*, il existe quatre types d'existence dans notre monde; minéral correspondant à '*Asiah* (action), végétal correspondant à *Yetsirah* (formation), animal correspondant à *Bériah* (création), et verbal

Hébreu / Araméen Phonétique	L	Dictionnaire
		correspondant à *Atsilout* (émanation). Le monde de '*Asiah* a l'aspect de *BaN* (52). Ainsi, '*Asiah* a l'aspect de *Partsouf Noukva - Sephira Malkhout*.
עשר 'Eser	H	**Dix** Nombre de *Sephirot* dans chaque monde, dans chaque *Sephira*, ou *Partsouf*.
עשר מכות 'Eser Makot	H	**Dix plaies** Chaque plaie correspond à une *Sephira*.
עת 'Et	H	**Temps - Moment** Chaque moment peut être décrit en termes de permutation des noms de Dieu, et par les différentes *Sephirot* et *Partsoufim*.
עת רצון 'Et Ratson	H	**Moment de bonté** Moment où la configuration de bonté règne. L'un de ces moments est lors de *Min'ha* de *Shabbat*. *Voir Tefilah*
עתיד 'Atid	H	**Futur** Il y a une dimension supérieure, où la notion de temps n'existe pas. Passé, présent et futur ne font qu'un. L'homme étant une entité limité physiquement et temporellement, il n'est pas possible pour lui de comprendre cette réalité.

Hébreu / Araméen *Phonétique*	L	Dictionnaire
		Tout, passé, présent et avenir a une raison, et à la fin, tout sera clair et compréhensible. *Voir Gilouy Yi'hudo*
עתיק *'Atik*	A	**Partsouf - Ancient** Parfois, le *Partsouf 'Atik Yomin* est seulement appelé *'Atik*. *Voir Atik Yomin*
עתיק יומין *'Atik Yomin*	A	**Partsouf - Ancien** Le *Partsouf 'Atik Yomin* est supérieur à tous les *Partsoufim*. Il fut créé par le *Zivoug* (union) de *'AV* et *SaG* d'*Adam Kadmon*. Il a dix *Sephirot*, son aspect de *MaH* (45) correspond au principe masculin, son aspect de BaH (52) au féminin ; il est appelé *'Atik* et sa *Noukva*. Sa *Noukva* n'est jamais séparée de lui, son dos collé à son dos, *'Atik* est donc entièrement face; la face de *BaN* (52) correspondant à son dos, la face de *MaH* (45) à son devant. Son aspect masculin n'est pas habillé dans *Atsilout*. Les trois premières *Sephirot* de sa *Noukva* sont au-dessus d'*Atsilout*, et font ensemble la *Radl'a* - רישה דלא אתידע (la tête inconnue). Ses sept *Sephirot* inférieures se placent à l'intérieur de *Partsouf Arikh Anpin* de la manière suivante: *'Hesed* dans *Keter*, *Gevourah* dans *'Hokhma*, *Tiferet* dans *Binah*, la première partie

Hébreu / Araméen *Phonétique*	L	Dictionnaire
		de *NHY* (*Netsa'h*, *Hod*, *Yesod*) dans' Hesed, *Gevourah* et Tiféret, la deuxième partie de *NHY* dans *Netsa'h*, *Hod* et *Yesod*, la troisième partie du NH (*Netsa'h*, *Hod*), et *Malkhout* de *'Atik* dans *Malkhout* de *Arikh Anpin*. Le *Partsouf 'Atik* fait le lien entre les mondes ; dans *Atsilout* c'est la *Malkhout* d'*Adam Kadmon* qui devient son *Partsouf 'Atik*. C'est de même dans les trois autres mondes de *Bériah*, *Yetsirah* et '*Asiah* ; le *Malkhout* du monde d'en-haut devient le *Partsouf Atik* du monde au-dessous. *Voir Partsouf*
עתיקא *'Atika*	A	***Partsouf Arikh Anpin*** Dans les deux Adarot de Rabbi Shimon Bar Yo'hay dans le Zohar, *Arikh Anpin* est appelé *'Atika*. *Voir Partsouf Arikh Anpin*

Hébreu / Araméen Phonétique	L	Dictionnaire
‏פאה‏ Peah	H	**Bord ou côté de la face** Voir Shete Peot
‏פב"א‏ Panim B A'hor	H	**Face à dos** Initiales
‏פב"פ‏ Panin B Panim	H	**Face à Face** Initiales
‏פה‏ Peh	H	**Bouche** Voir Orot HaPeh
‏פה פנוי‏ Peh Panuy	H	**Bouche libre** Peh Panouy est le douzième Tikoun (action) de la Dikna (barbe) de Arikh Anpin, il correspond à la bouche libre. Il y a des poils (lumières) qui sortent de la face de 'Hokhma Stimaah de Arikh Anpin et qui s'étalent vers le bas. Ils se divisent en treize et sont appelés les treize Tikounim de la Dikna d'Arikh Anpin. ‏אל רחום‏ .. ‏נושא עון‏ . . ‏מי אל כמוך‏ .. Chacun de ces Tikounim a sa propre fonction ou action pour la direction générale. La Dikna révèle la direction de bonté, rigueur et miséricorde, qui était dissimulée dans 'Hokhma Stimaah, en la ramenant à Z'A à travers les deux

Hébreu / Araméen Phonétique	L	Dictionnaire
		Mazalot; *Notser* et *Nake*, qui sont les huitième et treizième *Tikoun*.
פנוי *Panuy*	H	***Vacant*** Voir 'Hallal
פנים *Panim*	H	***Visage ou Front*** Proximité ou disposition.
פנים באחור *Panim B* *A'hor*	H	***Face à dos*** Il y a une notion de rapprochement et d'interaction, selon que les *Partsoufim* (configurations) se font face ou se tournent le dos l'un à l'autre. Les trois possibilités sont: face à face, face à dos ou dos à dos. Face à dos dénote une volonté de se rapprocher d'un seul côté. C'est une position d'attente ou de désir du face à face, qui est la situation idéale. La direction du monde dépend des différents positionnements et interactions de ces *Partsoufim* masculin et féminin, puisqu'ils ont un effet direct sur la mesure et l'équilibre des facteurs de bonté, rigueur et miséricorde.
פנים בפנים *Panin B* *Panim*	H	***Face à Face*** Il y a une notion de proximité et d'interaction, selon que les *Partsoufim* (configurations) se font face ou se tournent le dos l'un à l'autre. Les trois possibilités sont: face à face, face à dos ou dos à

Hébreu / Araméen Phonétique	L	Dictionnaire
		dos. Face à face est le niveau idéal et correspond au déversement de l'abondance. Lorsque le *Partsouf Noukva* est prêt pour le *Zivoug* (union), il se retrouve face à face avec le masculin, c'est la position idéale pour le *Zivoug*. La direction du monde dépend des différents positionnements et interactions de ces *Partsoufim* masculin et féminin, car ils ont un effet direct sur la mesure et l'équilibre des facteurs de bienveillance, rigueur et miséricorde.
פנימי *Pnimi*	H	***Intérieur*** Il y a des aspects intérieurs et des aspects extérieurs. Toutes les lumières se subdivisent entre elles en aspects d'intériorité et d'extériorité. Selon le contexte, l'aspect extérieur ou l'aspect intérieur pourrait être supérieur. Pour l'homme, la *Neshamah* est l'intériorité et le corps, l'extériorité. Pour les mondes, l'aspect intérieur est supérieur à l'extérieur. Le *Kav* est intériorité et le *Reshimou*, l'extériorité. Les aspects extérieurs d'un monde sont les *NHY* (*Netsa'h, Hod, Yesod*), les intérieurs sont les *HGT* ('*Hesed, Gevourah, Tiferet*) et *HBD* ('*Hokhma, Binah, Da'at*). Les trois mondes supérieurs de *Atsilout*, *Bériah* et *Yetsirah* sont intérieurs au quatrième monde de '*Asiah*. Pour les *Mo'hin* des *Partsoufim*, les aspects

Hébreu / Araméen *Phonétique*	L	Dictionnaire
		extérieurs sont les *HGT* et *HBD* et sont supérieurs aux aspects intérieurs qui sont les *NHY*. *Voir Pnimi, Keli Pnimi, Partsouf*
פנימיות *Pnimiut*	H	***Intériorité*** Intériorité s'applique aussi à une signification plus profonde ou à la spiritualité. *Voir Pnimi, Or Pnimi, Keli Pnimi, Partsouf*
פסול *Pasul*	H	***Disqualifié*** État de distance de la *Kedoushah* et de proximité à la *Sitra A'hra* (force négative).
פסולים *Pesulim*	H	***Disqualifiés*** *Voir Pasul*
פעולה *Pe'ulah*	H	***Action*** La Kabbalah nous enseigne que le monde est guidé par un système extrêmement complexe de forces ou lumières. Par leurs actions ou interactions, se déclenchent des réactions en chaîne qui ont un impact direct sur l'homme et les mondes. Chacune de ces actions a de nombreuses ramifications, renfermant de nombreux détails et résultats.
פעולות *Pe'ulot*	H	***Actions*** *Voir Pe'ulah*

Hébreu / Araméen *Phonétique*	L	Dictionnaire
פקיחו דעינין *Peki'hu De'inin*	A	**Sixième des sept Tikounim de la tête d'Arikh Anpin** Du *Partsouf* (configuration) *Arikh Anpin*, des émanations sortent de sa tête pour agir et influencer sur la direction appelés *Tikounim* de *Arikh Anpin*. Le deuxième *Tikoun* (action) de *Arikh Anpin* est réalisé par le passage des sept *Sephirot* inférieures de *'Atik* dans sa tête avant qu'ils ne soient vêtus en lui. Ces sept *Tikounim* de la tête de *Arikh Anpin* sont révélés par les sept *Sephirot* inférieures de *'Atik* Le sixième *Tikoun* - פקיחו דעינין *(Peki'hu De'inin)* est réalisé par les parties de *Netsa'h* et *Hod*, qui sont placées plus bas que *Yesod*. Ce *Tikoun* est réalisé par les yeux, là, les *'Hasadim* se multiplient et les yeux demeurent constamment ouverts de manière à influencer continuellement.
פרגוד *Pargod*	H	**Rideau** Un rideau dénote une limite, une différence de niveau, ou une séparation des lumières. Lorsque les voyelles (émanations) de l'aspect du nom de *SaG* (63) étaient prêtes à sortir du *Partsouf Adam Kadmon*, *SaG* rassembla ses propres *MaH* (45) et *BaN* (52), et le *MaH* et *BaN* commun et conjointement avec eux, du nombril vers le haut. Il plaça ensuite un rideau (comme limite), en commençant à l'avant au niveau de sa

Hébreu / Araméen *Phonétique*	L	Dictionnaire

poitrine, et s'étendant vers le bas à son arrière jusqu'au niveau de son nombril.

Après la diffusion des lumières et le dévoilement des mondes, les lumières de *Malkhout* sont entrées en collision avec le bas du monde de *Atsilout*. Un rideau fut créé entre *Atsilout* et Beriah par la collision de ces lumières. De là, d'autres *Partsoufim* similaires à ceux de *Atsilout* ont été formés dans les mondes inférieurs, mais de moindre force, les lumières étant atténuées par le séparateur.

Le rideau au fond de *Atsilout* est fait à partir des lumières de *Imah*, les lumières de *Atsilout* le traversent et font *Bériah*. Ainsi, *Bériah* est de l'aspect de *Imah*.

De *Bériah* à *'Asiah* il y a deux rideaux: un rideau de *Imah* à *Z'uN*, et un rideau de *Z'A* à *Noukva*. Ainsi, *Yetsirah* a l'aspect de *Z'A*.

De *Yetsirah* à *'Asiah*; un rideau sur deux rideaux: un rideau de *Imah* à *Z'uN*, un rideau de *Z'A* à *Noukva* et un rideau de *Noukva* au monde sous elle. Ainsi, *'Asiah* a l'aspect de *Noukva*.

פרישות *Prishut*	H	***Séparation*** Après le *Zivoug*, il se produit un état de séparation avant le prochain *Zivoug*.
פרסא *Parsa*	A	***Rideau*** *Voir Pargod*

Hébreu / Araméen *Phonétique*	L	Dictionnaire
פרצוף *Partsouf*	H	**Configuration – Visage** La lumière de Dieu est unique, de force et de qualités égales. Une *Sephira* est en quelque sorte un «filtre» qui transforme cette lumière en une force ou attribut, par lequel le Créateur dirige les mondes. Un *Partsouf* est une configuration d'une ou de plusieurs *Sephirot* qui agissent en coordination. Certains *Partsoufim* (configurations) sont masculins et confèrent la bonté, d'autres sont féminins et confèrent la rigueur. Les masculins correspondent au *'Hesed* et *MaH* (45), les féminins à *Gevourah* et *BaN* (52). Par leur union, différents équilibres des deux forces (bonté et rigueur) font la direction. Une rigueur totale serait la destruction de tout ce qui n'est pas parfait, alors qu'une bonté totale permettrait tout sans restriction. Toutefois, ces deux aspects sont nécessaires pour la direction de la justice et aussi pour donner à l'homme la possibilité du libre arbitre. Pour la direction, les *Tikounim* des *Partsoufim* sont les actions, illuminations et inter-relations des *Partsoufim* et leur influence sur les mondes. Ces *Tikounim* entraînent diverses illuminations aux intensités différentes, selon le moment et les actions de l'homme. La structure d'un *Partsouf* s'obtient par le *Zivoug* (union), la grossesse et la naissance. Au cours du

Hébreu / Araméen *Phonétique*	L	Dictionnaire

Zivoug, les lumières de *MaH* (45) nécessaires au *Tikoun* sont attirées par les lumières de *BaN* (52) et sont retenues dans la *Noukva* supérieure. Durant la grossesse, à l'intérieur de la *Noukva*, elles sont disposées et complétées jusqu'à ce qu'il n'y ait plus rien à ajouter. Une fois complètement réparé, le *Partsouf* est révélé et c'est la naissance. S'ensuit l'allaitement, et enfin la croissance, de manière à ce que le *Partsouf* puisse devenir complètement autonome.

Pour que l'abondance puisse descendre dans le monde, le *Partsouf Zeir Anpin* doit s'unir avec *Noukva*. Il ne peut y avoir abondance que lorsque le masculin et le féminin sont en harmonie. La direction du monde est assujettie aux différents positionnements et interactions des *Partsoufim* masculins et féminins, vu qu'ils ont un effet direct sur la mesure et l'équilibre des facteurs de bonté, rigueur et miséricorde.

Les *Partsoufim* de *Zeir Anpin* et *Noukva* sont à l'origine de tout ce qui est créé. C'est par leur *Tikounim* que la direction de la justice se manifeste. Chaque jour, en fonction des actions de l'homme, les *Tefilot* au courant de la semaine, du *Shabbat* et des jours fériés et selon le temps, différentes configurations permettent différents *Zivoug*im (unions) de *Partsoufim*, résultant en des flots d'abondance de forces variables.

Hébreu / Araméen *Phonétique*	L	Dictionnaire

Il y a cinq principaux *Partsoufim*:
- *Arikh Anpin*
- *Abah*
- *Imah*
- *Zeir Anpin*
- *Noukva*

Et un autre au-dessus d'eux: *'Atik Yomin* (à l'intérieur d'*Arikh Anpin*).

De ces cinq *Partsoufim* émergent sept autres. Ils proviennent tous des dix *Sephirot*, de la manière suivante:

De *Keter*:
- *'Atik Yomin* et sa *Noukva*
- *Arikh Anpin* et sa *Noukva*

De *'Hokhma*:
- *Abah*
- De *Malkhout* de *Abah* - *Israël Saba*
- De *Malkhout* d'*Israël Saba* - *Israël Saba* 2

De *Binah*:
- *Imah*
- De *Malkhout* de *Binah*-*Tevounah*
- De *Malkhout* de *Tevounah* - *Tevounah* 2

Israël Saba et *Tevounah* sont aussi connus par leurs initiales *ISOT* et *ISOT* 2.

De *'Hesed, Gevourah, Tiferet, Netsa'h, Hod*, et *Yesod*:
- *Zeir Anpin* également appelé *Israël*

Hébreu / Araméen _Phonétique_	L	Dictionnaire
		De _Zeir Anpin_ - _Ya'acov_ De _Malkhout_: - _Noukva_, divisé en deux _Partsoufim_: _Ra'hel_ et _Léah_
פרצופים _Partsoufim_	H	**_Configurations_** _Voir Partsouf_
פרקין _Prakin_	A	**_Parties_** Certaines _Sephirot_ se composent en trois parties, tandis que d'autres en deux. Ces différentes parties possèdent leurs propres interactions et illuminations. _Voir Mo'hin_
פשוט _Pashut_	H	**_Simple_** Avant la création, la lumière ou énergie de Dieu était appelée "lumière simple". Simple, parce qu'elle est absolument parfaite, sans distinction, mesure ou qualité. Dans un premier temps, le Créateur était seul, occupant tout l'espace avec Sa lumière. Sa lumière sans fin ou variation, remplissait tout. Si nous pensons aux différentiations, nous introduisons une notion de limite, ou absence de son contraire. Étant nous-mêmes des êtres distincts, nous ne pouvons appréhender le concept du «non-distinct» ; tout ce que nous connaissons est limité, ayant une mesure ou un

Hébreu / Araméen *Phonétique*	L	Dictionnaire
		opposé. Toutefois, vu que la notion d'illimité est hors de notre compréhension, nous devons utiliser des termes accessibles à notre compréhension. Dans la Kabbalah le terme «qualité» est utilisé pour différencier les diverses transformations de cette lumière "simple" et pour nous aider aussi à comprendre ses effets sur la direction de l'univers. *Voir Partsouf, Zivoug*
פתח *Pata'h*	H	**Pata'h - voyelle A** La voyelle qui représente la *Sephira 'Hokhma*.
פתח *Peta'h*	H	**Ouverture - Accès** Accès à une dimension. Possibilité de clarté ou de compréhension.

Hébreu / Araméen Phonétique	L	Dictionnaire
צבאות Tsevaot	H	**Troupes - Armées** Armée des anges. Un des noms de Dieu combiné à d'autres noms.
צדיק Tsadik	H	**Sage - Juste** Position de rapprochement maximal à la *Kedoushah* et d'éloignement de la *Sitra A'hra* (force négative). Attribué également à la *Sephira Yesod*. *Voir Tsadikims*
צדיקים Tsadikim	H	**Sages - Justes** Selon le *Sod* lors des *Tefilot* (prières), les *Neshamot* des dix *Tsadikim* qui ont été assassinés par les Romains ont le pouvoir, d'élever les *Mayin Noukvin* (eaux féminines) de l'aspect de *BaN* (52), qui par la suite provoquent la descente des *Mayin Doukhrin* (eaux masculines) de l'aspect de *MaH* (45). Ceci est essentiel pour la préparation du *Zivoug* (union) des *Partsoufim* (configurations) au cours de la *Tefilah*. *Voir Tefilah, Kavanah*
צו"ר ט"ק Tsu'r Tak		**Tsu'r T'K** Il y a une énergie spéciale appelée "*Tsu'r TaK*", qui a le pouvoir de créer des entités distinctes à partir du néant. Cette force n'est pas liée aux *Sephirot*. Elle fut

Hébreu / Araméen Phonétique	L	Dictionnaire
		en premier lieu expliquée dans le "Sepher Yetsrira", (Livre de la Formation), qui est l'un des premiers écrits kabbalistiques.
צומח Tsomea'h	H	*Végétal* Parallèlement aux quatre mondes de *Atsilout*, *Bériah*, *Yetsirah* et *'Asiah*, il existe quatre types d'existence dans notre monde: minérale (דומם), végétale (צומח), animale (חי), et verbale (מדבר). Minérale correspond à *'Asiah*, végétale à *Yetsirah*, animale à *Bériah*, et verbale à *Atsilout*.
צורה Tsurah	H	*Forme* Forme ou identification.
ציון Tsion	H	*Sion* La terre *d'Israël*, le lieu le plus proche des émanations de Dieu.
צינור Tsinor	H	*Conduit* Une *Sephira* est en quelque sorte un « conduit » qui transforme la lumière en une énergie ou qualité spécifique, par laquelle le Créateur dirige les mondes.
צינורות Tsinorot	H	*Conduits* *Voir Tsinor*

Hébreu / Araméen Phonétique	L	Dictionnaire
ציצית Tsitsit	H	**_Frange_** Les _Tsitsit_ correspondent au _Partsouf Ra'hel_. Lorsque le _Partsouf_ Z 'A est en période de croissance, le _NHY_ (_Netsa'h_, _Hod_, _Yesod_) de _Imah_ se prolonge le long de son dos, ce qui incite les cheveux (lumières) de sortir de sa tête et de glisser jusqu'à sa poitrine. Quand ils parviennent au niveau de son thorax, cela correspond au _Talit_, lorsqu'ils sont au niveau de _Ra'hel_, cela correspond aux _Tsitsit_. _Voir Talit_
ציר Tsir	H	**_Axe_** Deux _Vav_ et un _Yud_ qui font le _Keli_ (récipient). La construction d'un _Partsouf_ est effectuée par les vingt-deux lettres. Pour la construction de _Noukva_, les vingt-deux lettres lui sont transmises par _Z'A_. Une fois qu'elles la construisent, elles aboutissent dans son _Yesod_ et forment un _Keli_. Les cinq dernières lettres: מנצפך, sont ses cinq _Gevourot_ (rigueurs) qui contiennent également les _Mayin Noukvin_ (eaux féminines). Après la _Nesirah_ (séparation), une fois structurée par les _Partsouf_ de _Abah_ et _Imah_, ces derniers lui donnent également les vingt deux lettres, מנצפך et _Mayin Noukvin_. Les vingt-deux lettres données par _Z'A_ forment un axe en forme de deux lettres _Vav_ (ו) et un _Yud_ (י), comme la lettre _Dalet_ (ד), et pareillement du

Hébreu / Araméen *Phonétique*	L	Dictionnaire
		côté de *Abah* et *Imah*. Les deux *Dalet* (ד) se rajoutent l'un à l'autre pour former la lettre finale *Mem* (ם), qui ressemble à un *Keli*. (Gematria des trois lettres = 22). Ceci effectué, *ZuN* sont alors prêts pour la direction du monde.
צירי *Tsere*	H	**Tsere - Voyelle E** La voyelle qui représente la *Sephira Binah*
צירים *Tsirim*	H	**Axe** *Voir Tsir*
צל"ם *Tselem*	H	**Mo'hin (cerveaux) intérieur et encerclant de Z'A** Les *Tselem* sont les *Mo'hin* (cerveaux) donnés à Z'A par le *Zivoug* (union) des *Partsouf Abah* et *Imah*. Il y a deux *Mo'hin* distincts que reçoit Z'A, les *Mo'hin* de *Imah* qui arrivent en premier, puis les *Mo'hin* de *Abah*. Selon l'état de croissance de Z'A, ils proviennent du *Partsouf ISOT*, ou directement de *Abah* et *Imah*. Une première partie des *Mo'hin* NHY (*Netsa'h*, *Hod*, *Yesod*) pénètre à l'intérieur du *Partsouf*, tandis que les deux autres parties HGT (*'Hesed*, *Gevourah*, *Tiferet*) et KHBD (*Keter*, *'Hokhma*, *Binah*, *Da'at*) l'encerclent de l'extérieur. Les *NHY* du *Partsouf* supérieur qui sont composés de neuf parties, correspondant au צ, se répartissent dans les neuf *Sephirot* de Z'A. Les encerclants sont ל מ, ils n'ont pas à se répandre

Hébreu / Araméen *Phonétique*	L	Dictionnaire

en lui et se tiennent à l'extérieur, positionnés dans les trois colonnes de bonté, rigueur et miséricorde.

Durant la grossesse, les *Mo'hin* sont du niveau le plus bas et sont appelés *NHY* des *Mo'hin*, ils sont de l'aspect de *Nefesh*.

Au cours de l'allaitement, les lumières augmentent et les *Mo'hin* sont d'un niveau plus élevé, ils sont appelés les *HGT* des *Mo'hin* et sont de l'aspect de *Roua'h*.

Durant la croissance, les *Mo'hin* sont complètement développés pour diriger *ZuN* avec la puissance des *HBD* et *Neshamah*.

Il y a deux grossesses et deux croissances pour le *Partsouf Z'A*. Les premiers *Mo'hin* de la première croissance proviennent du *Partsouf Tevounah*, et de la deuxième croissance, ils proviennent du *Partsouf Imah*. Ce n'est qu'après la deuxième croissance, que *Z'A* a atteint sa pleine capacité. Ceci est appelé *Gadlout* 2.

Voir Partsouf Z'A, Mo'hin, Gadlout

צלע
Tsela' — H — **Côte**

Description du *Partsouf Noukva* dans Bereshit. La côte retirée d'Adam Harishon est une description de la *Nesirah* (séparation), quand la *Noukva* se sépare de *Z'A* pour devenir un *Partsouf* autonome.

Voir Nesirah

Hébreu / Araméen *Phonétique*	L	Dictionnaire
צמצום *Tsimtsoum*	H	

Contraction - Rétraction

Au commencement, il n'y avait aucune existence à l'exception de Sa présence. Le Créateur était seul, occupant tout l'espace avec Sa lumière. Sa lumière infinie, sans frontières, ni limites, remplissait tout. Il ne dispensait pas encore de Son influence, car il n'y avait personne pour la recevoir. Quand Il décida de créer, Il commença à influencer. Sa lumière était d'une telle sainteté et intensité, qu'il était impossible pour n'importe quelle entité d'exister dans sa proximité.

Le "*Tsimtsoum*" est le premier acte de l'*Ein Sof* (Infini) dans la création. C'est la rétraction de Sa lumière à partir d'un certain espace tout en l'encerclant, afin de réduire son intensité et de permettre l'existence aux entités créées. Suite à cette contraction, un rayon de Sa lumière entra dans cet espace vide et forma les premières *Sephirot*.

Par ces limites, Il révéla les notions de rigueur, nécessaires pour les créatures, et attribua un espace d'existence pour tous les créés. Cet espace rond est appelé *'Hallal'* et contient toutes les possibilités d'existence des entités séparées, vu qu'elles sont éloignées de l'intensité de Sa lumière.

Voir Kav, Rechimu, Adam Kakmon, Sephira

Hébreu / Araméen *Phonétique*	L	Dictionnaire
צפורני **רגליים** *Tsipornei* *Raglayim*	H	***Ongles des orteils*** De l'intérieur d'*Adam Kadmon*, les lumières de l'aspect du nom de *BaN* (52) descendirent et jaillirent à travers sa peau. Du nombril et du *Yesod* d'*Adam Kadmon*, la lumière se divisa en *Keter*, *'Hokhma* et *Binah* et les sept *Sephirot* inférieures reçurent des lumières des orteils d'*Adam Kadmon*.

Hébreu / Araméen *Phonétique*	L	Dictionnaire
קבועים *Kvu'im*	H	**Fixe - Déterminé** Émanations ou lumières qui ne sont pas influencées par l'homme ou le temps.
קבלה *Kabbalah*	H	**Kabbalah** La Kabbalah est l'explication mystique et ésotérique de la *Torah*. Elle enseigne le déroulement des mondes, les différentes sortes de direction de ces mondes, le rôle de l'homme dans la création, la volonté du Créateur et ainsi de suite. Aucun autre écrit n'explique en détails la création de ce monde et de ceux au-dessus de lui, les lumières ou énergies qui influent sur sa direction, ni le but final de tout. Ces écrits sont fondés sur les anciens textes juifs et surtout sur le Zohar. Le mot Kabbalah vient du verbe *Lekabel* (recevoir), mais pour recevoir, il faut d'abord vouloir devenir un *Keli* (récipient) capable de recevoir et de retenir cette connaissance. La Kabbalah nous explique la véritable direction du monde, afin que nous puissions comprendre la volonté de Dieu. Comment, et pourquoi Il a créé le monde, de quelle manière Il le gouverne, la provenance des âmes et des anges, la raison de l'existence du mal, les raisons de la dualité de récompense et punition, etc... La Kabbalah nous enseigne que le monde est guidé par un système extrêmement complexe

DICTIONNAIRE DE KABBALAH ק

Hébreu / Araméen Phonétique	L	Dictionnaire
		d'énergies ou de lumières, qui, par leurs interactions, provoquent des réactions en chaîne qui auront des conséquences directes sur l'homme et sur les mondes. Chacune de ces réactions possède de multiples ramifications contenant de nombreux détails et résultats. Une véritable compréhension de la volonté du Créateur est possible grâce à la connaissance de la Kabbalah, qui nous enseigne les secrets profonds de notre sainte *Torah*, et ce que nous sommes autorisés à connaître sur Dieu, soit: Sa volonté, la façon dont Il dirige le monde, et comment nous pouvons participer pour influencer cette direction. La Kabbalah nous enseigne également l'importance de l'homme car, seulement lui, en se rapprochant de son Créateur, peut influencer ces incroyables forces.
קבלה מעשית *Kabbalah Ma'asit*	H	***Kabbalah pratique*** 'L'autre' type de Kabbalah, où les noms ou combinaisons de noms d'anges sont utilisés avec des signes spéciaux ou incantations, parfois écrits sur des parchemins, pour invoquer des pouvoirs particuliers et altérer l'état normal des événements. *Voir Kmi'a*

Hébreu / Araméen *Phonétique*	L	Dictionnaire
קדוש *Kadosh*	H	***Saint*** Position de rapprochement maximal de la *Kedoushah* et d'éloignement de la *Sitra A'hra* (force négative) *Voir Kedoushah*
קדוש ברוך הוא *Kadosh Barukh Hu*	H	***Saint et Béni Il est*** Un des noms de Dieu. La lumière de l'*Ein Sof* (l'infini) qui est révélée par le *Partsouf* (configuration) *Zeir Anpin*.
קדושה *Kedoushah*	H	***Sainteté - Pureté*** Les *Sephirot* ont leur racine dans la *Kedoushah* du *Ein Sof*, B'H. La racine de la *Sitra A'hra* (force négative) se retrouve dans le manque ou l'absence de la *Kedoushah*. Son existence a été voulue par le Créateur pour donner à l'homme le libre arbitre. Elle crée des *Klipot* (écorces) qui s'attachent à l'extérieur des *Sephirot* pour se nourrir de leurs lumières, et acquérir plus de puissance pour agir négativement En accomplissant les *Mitsvot* et les *Tefilot* (prières), les hommes font les *Tikounim* (rectifications) nécessaires pour détacher ces *Klipot* de la *Kedoushah*. Le but ultime est de créer une distance maximale de la *Sitra A'hra* (force négative), et un rapprochement optimal de la *Kedoushah*.

Hébreu / Araméen *Phonétique*	L	Dictionnaire
קדיש *Kadish*	H	**Kadish** Au cours des *Tefilot*, lorsqu'une personne est familière avec le système d'ascension des *Hekhalot* (portails), elle se concentre sur les mots ou les noms où l'on fait allusion à l'action précise du *Hekhal* (portail), ceci ayant pour but d'aider à la réalisation du *Zivoug* (union) spécifique de la *Tefilah*.

Kadish

Au cours des *Tefilot*, lorsqu'une personne est familière avec le système d'ascension des *Hekhalot* (portails), elle se concentre sur les mots ou les noms où l'on fait allusion à l'action précise du *Hekhal* (portail), ceci ayant pour but d'aider à la réalisation du *Zivoug* (union) spécifique de la *Tefilah*.

Les *Hekhalot* sont aussi les différents niveaux d'ascension des quatre mondes de *ABYA* avant d'atteindre le *'Olam Atsilout* pendant la *Amidah*. Pour passer d'un monde à l'autre, un nom secret appelé *MaV* (42), dont on fait allusion durant le *Kadish*, rend cette ascension réalisable.

Ce nom secret de 42 lettres est composé des quatre lettres du nom de ה-ו-ה-י, le *Milouy* (épellation) de chacune des quatre lettres pour un total de dix lettres, et le *Milouy* de chacune de ces dix lettres pour un total de vingt huit.

On fait allusion à ce nom lorsque nous répétons *Yehe Sheme* ... .. jusqu'à *Be'alma*. Le *Kadish* permet l'ascension de chaque monde au suivant au-dessus, et à la redescente par la suite à partir du monde de *Atsilout* jusqu'à celui d'*Asiah*.

Voir Kavanah, Tefila

Hébreu / Araméen *Phonétique*	L	Dictionnaire
קדש **קדשים** *Kodesh* *Kodashim*	H	**Le Saint des Saints** Attribut donné à *Partsouf Arikh Anpin* de *Atsilout*.
קדש **קדשים** *Kodesh* *Kodashim*	H	*Kodesh Kodashim* Nom d'un *Hekhal* (portail). Septième des sept *Hekhalot*, correspondant à *Keter*, *'Hokhma* et *Binah*. Chaque monde *(ABYA)* est construit à partir de quatre aspects: *Partsouf*, *Levoush* (vêtement), *Or Makif* (lumières encerclantes) et *Hekhalot*. Dans chaque *Partsouf*, il y a intériorité et extériorité. L'extériorité a toujours l'aspect de *Malkhout*, et les *Hekhalot* sont les ramifications des *Malkhout* des *Partsoufim*. Les *Hekhalot* sont aussi les différents niveaux d'ascension des *Tefilot* avant d'atteindre le septième (portail), *Kodesh Hakodashim*. Leur principale fonction est de permettre l'adhésion et l'attachement, de manières différentes et particulières pendant les *Tefilot*, jusqu'au septième *Hekhal* (portail) *Kodesh Hakodashim* dans *Olam Atsilout* (lors de la *'Amidah*). Les *Neshamot* et les anges proviennent des *Hekhalot*, chacun selon son niveau respectif.

Hébreu / Araméen *Phonétique*	L	Dictionnaire
קו *Kav*	H	***Rayon - Ligne*** Après le *Tsimtsoum*, un rayon de lumière droit appelé "*Kav*", émergea du '*Ein Sof* (Infini) et pénétra d'un côté du '*Hallal* (espace libre), là où il y avait encore un *Reshimou* (empreinte) de la lumière originale. La combinaison du *Kav* et du *Reshimou* donnera naissance aux *Sephirot* par lesquelles Il gouverne les mondes. Après être entré dans le '*Hallal*, le *Kav* fit dix cercles qui s'entouraient l'un dans l'autre, tout en maintenant une forme droite. Ces dix cercles sont appelés *Sephirot Ha'Igulim* (encerclantes). Elles sont responsables de la direction générale des mondes, et ne sont pas influencées par les actions des hommes. Du *Kav*, dix autres *Sephirot* se formèrent, mais cette fois-ci en une disposition linéaire, en trois colonnes: droite, gauche et milieu, ce qui représente la direction du monde selon le principe de '*Hesed*, *Din* et *Ra'hamim* (Bonté, rigueur et miséricorde). Cette direction est en fonction du temps et des actions des hommes. La première configuration par laquelle la lumière émanée se transforma en dix *Sephirot* est appelée *Adam Kadmon* (Homme Primordial). C'est l'union entre le *Kav* et le *Reshimou*, et de cette première configuration, tous les mondes vinrent à exister. Le *Kav* est l'intériorité la plus profonde de toute la création.

Hébreu / Araméen _Phonétique_	L	Dictionnaire
קובוץ _Kubutz_	H	**_Kubutz - Voyelle U_** La voyelle qui représente la _Sephira Hod_.
קודשא בריך הוא _Kudsha_ _Berikh Hu_	A	**_Saint et Béni Il est_** _Voir Kadosh Barukh Hu_
קול _Kol_	H	**_Voix_** Lorsqu'on prononce une bénédiction avec la méditation kabbalistique sur les mots ou noms appropriés, nous agissons et participons directement au _Tikoun_ (rectification) de l'action ou de la chose bénie. _Voir Kavanah, Kadish_
קוץ של יוד _Kots Shel_ _Yud_	H	**_Extrémité de la lettre Yud_** Extrémité supérieure de la lettre _Yud_ du _Tetragramme_, qui représente la _Sephira Keter_ ou le _Partsouf Arikh Anpin_.
קורדובירו Kordovero		**_Rabbi Moshe Kordovero_** Né en 1522, mort à _Tsfat_ en 1570. Il fut le fondateur de l'Académie de Kabbalah à _Tsfat_. Il présagea l'arrivée des enseignements du Ari Z'al et approuva, à l'avance, leur véracité. Certaines de ses principales œuvres sont "Tomer Deborah", "Pardes Rimonim", "Or Yakar».

Hébreu / Araméen Phonétique	L	Dictionnaire
קטורת **Ketoret**	H	**Encens** Au cours de la *Tefilah*, en nommant les onze types d'encens utilisés dans le Temple, on éloigne les *Klipot* (écorces) pour permettre le processus d'ascension des mondes.
קטן **Katan**	H	**Katan** L'un des sept principaux types de Gematriot. Les dizaines et centaines sont réduites à un chiffre.

De	À	Valeur
א	ט	1 à 9
י	צ	1 à 9
ק	ת	1 à 4
ך	ץ	5 à 9

Ex: הארץ = 17

Voir Gematria

| קטנות **Katnout** | H | **Petitesse - Petite enfance** À l'intérieur de *Imah*, *Partsouf Z'A* passe par une phase de gestation, suivie par une première et deuxième phase de petite enfance. *Voir Mo'hin de Katnout, Katnout Rishon Shel Z'A, Katnout Sheni Shel Z'A* |

Hébreu / Araméen Phonétique	L	Dictionnaire
קטנות ראשון של ז"א Katnout Rishon shel Z'A	H	***Première phase de petite enfance du Partsouf Z'A*** En premier lieu, le *Partsouf Z'A* est dans un état de *Dormita* (somnolence). Pour agir, il doit obtenir ses *Mo'hin* (cerveaux) du *Partsouf ISOT* ou de *Abah* et *Imah*, pour parvenir à un stade de croissance. À l'intérieur de *Imah*, *Partsouf Z'A* passe par une phase de gestation, suivie d'une première phase de petite enfance. Suite à cette première phase, *Z'A* obtient ses *Mo'hin* de NHY (*Netsa'h*, *Hod*, *Yesod*) de *ISOT*.
קטנות שני של ז"א Katnout Sheni Shel Z'A	H	***Deuxième phase de petite enfance du Partsouf Z'A*** Après sa première croissance, il y a pour *Partsouf Z'A* une deuxième phase de petite enfance et une deuxième croissance. Suite à sa deuxième gestation à l'intérieur de *Imah*, c'est la deuxième phase de petite enfance et la deuxième croissance, ses *Mo'hin* proviennent maintenant directement de NHY (*Netsa'h*, *Hod*, *Yesod*) de *Partsouf Abah* et *Imah*. Durant la seconde phase de petite enfance, *Z'A* ne fait que commencer à agir au fur et à mesure qu'il se construit, à la croissance, il est prêt à agir. Ce n'est qu'après la deuxième croissance que *Z'A* atteint tout son plein potentiel.

Hébreu / Araméen Phonétique	L	Dictionnaire
קיפול רגלים של אריך אנפין Kipul Reglaim Shel Arikh Anpin	H	**Pliage des jambes de Arikh Anpin** Après la *Shvirat Hakelim* (brisure des récipients), lorsque les lumières ont été séparées de leurs *Kelim*, le premier acte de réparation pour ce dégât fut de réunir à nouveau les lumières qui avaient chuté et leurs *Kelim*. Pour les réparer, *Partsouf Arikh Anpin* plia ses jambes; NHY (*Netsa'h, Hod, Yesod*) et les attira vers le haut. *Partsouf Arikh* ramena ses trois *Sephirot* inférieures - *NHY* (jambes) et le dernier tiers de sa *Tiferet* pour envelopper ses *HGT* (*'Hesed, Gevourah, Tiferet*) ; c'est ce qu'on appelle le pliage des jambes; trois (*NHY*) sur trois (*HGT*). Ce pliage attira les *Kelim* de *Z'A* vers le haut sur les *Sephirot* de *HGT* et *NHY* de *Arikh Anpin* qui s'étaient pliées sur elles-mêmes dans *Atsilout*. Ce pliage des jambes de *Partsouf Arikh Anpin* fut la première force donnée aux *Kelim* brisés des sept *Sephirot* afin de s'élever vers *Atsilout*. Après cette première réparation dans *Partsouf Arikh Anpin*, *Partsouf Abah* et *Imah* les recueillirent et les réparèrent entièrement. *Partsouf Arikh Anpin* est la racine de tous les *Partsoufim*, et tous les autres *Partsoufim* s'attachent à lui.
קליטה Klitah	H	**Insémination - Réception** Après le pliage des jambes de *Partsouf Arikh Anpin* pour réunir les sept *Sephirot* brisées,

Hébreu / Araméen *Phonétique*	L	Dictionnaire
		Partsouf Abah et *Imah* continuèrent de les réparer pendant trois jours. Ceux-ci sont appelés les trois jours de *Klitah* (insémination). Le premier jour *Abah* répara les *Sephirot* du côté droit, le deuxième jour *Imah* répara le côté gauche, et le troisième jour ils furent rattachés ensemble (les côtés droit et gauche). Chaque jour, des étincelles des lumières supérieures pénétraient dans *Z'uN* (*Zeir Anpin* et *Noukva*) pour les soutenir. Ces étincelles sont les *Milouyim* (épellations) du nom de *MaH* (45) moins le total du *Tetragramme* (26), ce qui totalise dix-neuf étincelles. Cela prit trois jours aux étincelles des *Milouyim* de *MaH* (45) pour entrer: six des dix-neuf étincelles entrèrent le premier jour, six le deuxième, et sept le troisième. Le troisième jour, une autre s'ajouta à cause du rattachement des lumières (des colonnes droite et gauche). Ceci nécessita davantage de *Milouyim* d'étincelles pour la réparation complète du *Partsouf Z'A*: le *Milouy* de *SaG* (63), qui est trente-sept (63 - 26), et le *Milouy* de *'AV* (72) quarante-six (72 - 26).
קליפה *Klipah*	H	***Écorce*** Force négative. *Voir Klipot*

Hébreu / Araméen Phonétique	L	Dictionnaire
קליפה **נוגה** Klipah Nogah	H	***Écorce - Lueur*** L'un des quatre principaux niveaux de *Klipot*
קליפות Klipot	H	***Écorces*** Force négative. Les *Klipot* sont la manifestation de la force négative. Elles obstruent les lumières des *Sephirot*, et dissimulent l'homme de ses racines et de la lumière. En raison des mauvais actes des êtres inférieurs, les *Klipot* se renforcent et font du mal dans le monde en s'attachant aux lumières supérieures. Les *Tikounim* (rectifications) des êtres inférieurs doivent détacher ces *Klipot* de la *Kedoushah* en accomplissant les *Mitsvot* et les *Tefilot*. Lorsque les hommes agissent négativement, ils provoquent une détérioration qui atteint les mondes inférieurs et donne de la force aux *Klipot* pour s'attacher et se nourrir des *Sephirot* des mondes supérieurs. Il existe quatre principaux niveaux de *Klipot*: - נגה - (*Nogah*) - Lueur ענן דול - - (*'Anan Gadol*) - Un gros nuage אש מתלקחת - - (*Eish Mitlaka'hat*) – Une lumière qui divise רוח סערה - - (*Roua'h Se'ara*) - Un vent de tempête. Ils correspondent aux quatre mondes inférieurs, qui comprennent également des *Sephirot* et des

Hébreu / Araméen *Phonétique*	L	Dictionnaire
		Partsoufim tels que dans les mondes positifs. *Voir Sitra A'hra*
קלקול *Kilkoul*	H	**Détérioration - Dégât** *Kilkoul* est le contraire de *Tikoun* (rectification). Dans la *Shvirat Hakelim* (brisure des récipients), le *Kilkoul* fut causé par la disposition des sept *Sephirot* inférieures en une ligne droite (l'une sous l'autre), plutôt que disposées dans l'arrangement en trois colonnes, alors que la partie inférieure des trois premières *Sephirot* ne put contenir leurs lumières. Si ces *Sephirot* avaient contenu leurs lumières, les sept *Sephirot* inférieures ne se seraient pas brisées et toutes les notions futures de *Kilkoul* et de *Tikoun* n'auraient pas existé. *Voir Shvirat Hakelim*
קמ"ג *Kama"g*	H	**KM "G (143)** *Milouy* (épellation) du nom א ה י - ה, avec la lettre א. אלף הא יוד הא
קמיע *Kmi'a*	H	**Amulette** Noms ou combinaisons de noms d'anges, avec des signes particuliers ou incantations, inscrits sur un parchemin afin de protéger ou d'invoquer des pouvoirs spécifiques.

Hébreu / Araméen Phonétique	L	Dictionnaire
קמץ Kamatz	H	**Kamatz - voyelle A** La voyelle qui représente la *Sephira Keter*.
קנ"א Kan"A	H	**KN"A (151)** *Milouy* (épellation) du nom א ה - י - ה, avec la lettre ה אלף הה יוד הה
קס"א Kas"A	H	**KS"A (161)** *Milouy* (épellation) du nom א ה - י - ה, avec la lettre י אלף הי יוד הי
קצוות Ktsavot	H	**Bords - Extrémités** Les extrémités peuvent provenir d'un *Partsouf* ou d'un monde. Quand les *'Hasadim* descendent et se réunissent dans *Yesod* de *Z'A*, ils remontent sur leurs colonnes (*Netsa'h* et *Hod*), jusqu'à ce qu'ils rejoignent toutes les six extrémités de *Z'A*.
קרדינותא Kardinuta	A	**Noirceur** *Voir 'Hoshekh*
קרומא דאוירא Kroma Deavirah	A	**Troisième des sept Tikounim de la tête de Arikh Anpin** De la tête du *Partsouf* (configuration) *Arikh Anpin*, sept émanations sortirent afin d'agir et d'influer sur la direction, nommées *Tikounim* d'*Arikh Anpin*.

Hébreu / Araméen Phonétique	L	Dictionnaire
		Le deuxième *Tikoun* (action) de *Arikh Anpin* s'effectue lors du passage des sept *Sephirot* inférieures de *'Atik* dans sa tête avant qu'elles ne s'habillent en lui. Ces sept *Tikounim* de la tête de *Arikh Anpin* sont révélées par les sept *Sephirot* inférieures de *'Atik*. Le troisième *Tikoun* - קרומא דאוירא (*Kroma Deavirah*) est réalisé par *Tiferet* de *'Atik*, il a deux actions: couvrir *'Hokhma Stimaah* (de *Arikh*), de sorte que l'illumination de *Da'at* de *'Atik* ne soit pas trop éblouissante, et aussi pour que sa lumière (de *'Hokhma Stimaah*) au moment de se répandre, ne soit pas trop forte pour les êtres inférieurs.
קשיות *Kashiut*	H	**Dureté** Voir Kashin
קשין *Kashin*	A	**Dur** Certaines rigueurs sont appelées "דינין קשין" (*Dinin Kashim*) – fortes rigueurs.
קשר *Kesher*	A	**Attachement - Relation - Similitude** Tous les *Partsoufim* et *Sephirot* ont un certain degré d'attachement entre eux.

Hébreu / Araméen *Phonétique*	L	Dictionnaire
ראיה *Reiya*	H	**Voir** À partir des lumières qui avaient été introduites dans *Adam Kadmon* émergèrent de nombreux mondes à travers ses sens et qui sont appelés ses branches. Ces «branches» sont les lumières qui se répandirent d'*Adam Kadmon*, par le biais des ouvertures de sa tête et dont quatre sont appelés: vue, ouïe, odorat et parole. Ils émanèrent de ses yeux, ses oreilles, son nez et sa bouche. Dans le langage de la Kabbalah, nous utilisons des noms de parties du corps uniquement pour illustrer les pouvoirs ésotériques de ces forces. Il est entendu, bien sûr, qu'il n'y a pas d'existence physique à ces niveaux. Quand nous parlons d'oreilles, bouche, ou toute autre expression physique, l'objectif est de décrire le sens intérieur, ou la position qu'elles représentent. Ces émanations et configurations sont obtenues à partir des quatre lettres du nom de Dieu. *B'H* et leurs différentes épellations appelées *Milouyim*. Les lumières qui sortirent par les yeux ont l'aspect féminin de *BaN* (52), ce qui causa la brisure des récipients (*Shvirat Hakelim*). *Voir Orot Ha'Enaim, Shvirat Hakelim*
ראש *Rosh*	H	**Tête** Les trois premières *Sephirot*; *Keter*, *'Hokhma* et *Binah* sont appelées la tête d'un *Partsouf*.

Hébreu / Araméen *Phonétique*	L	Dictionnaire
ראשית *Reshit*	H	***Début - Premier*** "Le commencement de la sagesse est la crainte de Dieu." *(Tehilim 111, 10)*
רגיל *Ragil*	H	***Régulier*** L'un des sept principaux types de Gematriot. Celles-ci sont considérées comme simples ou régulières et sont les plus fréquemment utilisées. Les numéros des lettres sont les suivants:

À partir de	À	Valeur
א	ט	1 à 9
י	צ	10 -90
ק	ת	100 à 400
ר	ץ	500 -900

Ex: 1106 = הארץ

Voir Gematria

| רגלי אריך אנפין *Ragle Arikh Anpin* | A | ***Jambes de Arikh Anpin***
 Voir Kipul Reglaim Shel Arikh Anpin |
| רגליים *Reglayim* | H | ***Jambes***
 Voir Kipul Reglaim Shel Arikh Anpin |

Hébreu / Araméen Phonétique	L	Dictionnaire
רגלין *Raglin*	A	***Jambes*** *Voir Kipul Reglaim Shel Arikh Anpin*
רדל"א *Radl'a*	A	***La tête Inconnue*** Initiales de "*Reisha de lo Idtyada*". On la nomme principalement par ses initiales. *Partsouf 'Atik Yomin* est supérieur à tous les *Partsoufim* (configurations). Il possède dix *Sephirot*, son devant correspondant à son aspect masculin, et son dos correspondant à son aspect féminin (sa *Noukva*). Son aspect masculin ne se revêt pas à l'intérieur d'*Atsilout*. Dans *Arikh Anpin* sont revêtues les sept *Sephirot* inférieures de la *Noukva* de *'Atik Yomin*. Ses trois premières *Sephirot*: *Keter*, *'Hokhma* et *Binah* ne furent pas habillées à l'intérieur d'*Arikh* et demeurèrent au-dessus de sa tête ; elles font la *Radl'a* - la tête inconnue ; elle est appelée de cette façon parce que nous n'avons aucune compréhension de sa nature ou de ses actions.
רוח *Roua'h*	H	***Âme - Deuxième niveau de l'âme*** L'âme a cinq noms: *Nefesh*, *Roua'h*, *Neshamah*, *'Hayah* et *Ye'hidah*, qui correspondent à ses cinq niveaux. L'âme est l'entité spirituelle à l'intérieur du corps, ce dernier n'étant que son vêtement extérieur. Puisque ce sont les hommes qui provoquent l'union des quatre mondes, il est nécessaire que l'origine de leurs âmes provienne

339

Hébreu / Araméen *Phonétique*	L	Dictionnaire

d'eux et des cinq *Partsoufim* (configurations):

Âme / Niveau	Partsouf	Monde
Nefesh	Noukva	'Asiah
Roua'h	Zeir Anpin	Yetsirah
Neshama	Imah	Beriah
'Hayah	Abah	Atsilout
Ye'hidah	Arikh Anpin	Atsilout

Chaque niveau de l'âme est subdivisé en cinq niveaux. En ce qui concerne le niveau de *Nefesh*, il y a le *Nefesh* de *Nefesh*, *Roua'h* de *Nefesh*, *Neshamah* de *Nefesh*, *'Hayah* de *Nefesh* et *Ye'hidah* de *Nefesh*.

Chacun de ces niveaux de l'âme se subdivise pour chaque niveau de *Partsouf* et pour chaque monde. En conséquence, il existe cinq niveaux de l'âme pour *Partsouf Noukva* et cinq niveaux de *Partsoufim* pour le monde de 'Asiah etc... De plus, comme il y a dans chaque monde dix *Sephirot*, chaque âme a son origine qui correspond à l'une d'entre elles.

Dès lors, une âme pourrait être du niveau de *Nefesh* de *Malkhout* de *Noukva* de 'Asiah ou *Roua'h* de *'Hesed* de *Abah* de *'Yetsirah*, ou *Neshamah* de *Abah* de *Z'A* de *Yetsirah* etc... *Roua'h* est le deuxième niveau et il est acquis avant les niveaux suivants.

Hébreu / Araméen *Phonétique*	L	Dictionnaire

Les niveaux les plus élevés de l'âme ne peuvent pas être acquis en une seule fois. La plupart des hommes n'ont que le niveau de *Nefesh*, et s'ils le méritent, ils acquerront les prochains niveaux - mais un par un. Pour atteindre le prochain niveau de son âme, l'homme doit faire le *Tikoun* du niveau précédent. S'il doit acquérir le niveau de *Imah* de *'Asiah*, il faudra d'abord qu'il fasse le *Tikoun* de *Malkhout* de *'Asiah* et *Z'A* de *'Asiah*, et ainsi de suite. Pour acquérir son niveau de *Neshamah*, il devra faire le *Tikoun* de tous les niveaux des *Sephirot* et *Partsoufim* de son *Nefesh* et *Roua'h* etc...

רוח סערה
Roua'h
Se'arah

H **Roua'h Se'arah - Un vent de tempête**
L'un des quatre principaux niveaux de *Klipot* correspondant aux quatre mondes inférieurs.

רוחני
Ru'hani

H **Spirituel**
La *Torah* contient quatre niveaux de compréhension, dont le plus important est le *Sod* (secret). À ce niveau, nous comprenons que nos *Tefilot* et l'accomplissement de chacune des *Mitsvot*, a une influence directe sur les mondes supérieurs et sur leur direction. Une personne spirituelle donne de l'importance à la plus profonde signification des choses et vit dans la voie de la droiture afin de se renforcer continuellement.

Hébreu / Araméen *Phonétique*	L	Dictionnaire
רוחניות Ru'haniut	H	***Spiritualité*** Voir Ru'hani
רושם Roshem	H	***Empreinte - Trace*** Voir Reshimou
רזא Secret	A	***Raza*** Voir Sod
רחבה של זקן Re'hava Shel Zakan	A	***Largeur de la barbe*** Re'hava Shel Zakan est le sixième *Tikoun* (action) de la *Dikna* (barbe) de *Arikh Anpin*, il correspond à la largeur de la barbe. Il y a des poils (lumières) qui sortent de la face de *'Hokhma Stimaah* de *Arikh Anpin*, et s'étendent vers le bas. Ils se divisent en treize, et sont appelés les treize *Tikounim* de la *Dikna* de *Arikh Anpin*. .. אל רחום .נושא עון . .מי אל כמוך .. Chacun de ces *Tikounim* a sa fonction ou action particulière pour la direction générale. La *Dikna* révèle la direction de bonté, rigueur et miséricorde qui était dissimulée dans *'Hokhma Stimaah*, en la faisant descendre à *Z'A* à travers les deux *Mazalot* ; *Notser* et *Nake*, qui sont les huitième et treizième *Tikoun*.

Hébreu / Araméen Phonétique	L	Dictionnaire
רחוק Ra'hok	H	**Distant - Éloigné** Indique une position de dos à dos, ou une différence significative dans la puissance ou niveau.
רחל Ra'hel	H	**Ra'hel - Partsouf Noukva** Le *Partsouf Noukva* qui représente le féminin - le principe de la réception, est composé de deux *Partsoufim* (configurations) distincts: *Ra'hel* et *Léah*. *Partsouf Ra'hel* a l'aspect de bonté, *Partsouf Léah* a l'aspect de rigueur. *Partsouf Ra'hel* est sous *Partsouf Léah* au niveau de *NHY* de *Partsouf Z'A*. Toute l'abondance qui descend sur le monde provient des divers *Zivoug*im (unions) de *Z'uN* (*Z'A* et *Noukva*). Il y a cinq différents *Zivoug*im: deux avec *Ra'hel* et trois avec *Léah*. Les *Zivoug*im avec *Ra'hel* sont d'un niveau plus élevé, ayant l'aspect de la bonté; alors que ceux avec *Léah* ont plus l'aspect de rigueur. Dans la *Tefilah* de *Sha'hrit*, il y a le *Zivoug* de *Ya'acov* et *Ra'hel*. Dans la *Tefilah* de *Moussaf Shabbat*, il y a le *Zivoug* de *Z'A* et *Ra'hel*. *Voir Malkhout, Noukva, Zivoug, Kavanah*

Hébreu / Araméen *Phonétique*	L	Dictionnaire
רחמים *Ra'hamim*	H	***Miséricorde*** Du *Kav* (rayon), dix *Sephirot* se formèrent en une disposition linéaire, en trois colonnes: droite, gauche et centre, ce qui représente la direction du monde à la manière de *'Hesed*, *Din* et *Ra'hamim* (bonté, rigueur et miséricorde). Cette direction est assujettie au temps et aux actions des hommes. La colonne de *Ra'hamim* (miséricorde) se trouve au centre et se compose des *Sephirot Keter*, *Tiferet*, *Yesod* et *Malkhout*. Une rigueur totale serait la destruction de tout ce qui n'est pas parfait, alors qu'une bonté totale permettrait tout, sans restriction. *Ra'hamim* fait la balance et l'équilibre entre les colonnes de bonté et rigueur pour que l'existence puisse être possible.
ריח *Reya'h*	H	***Odorat*** À partir des lumières qui avaient été investies dans *Adam Kadmon* émergèrent plusieurs mondes à travers ses sens et qui sont appelés ses branches. Ces «branches» sont les lumières qui émergèrent d'*Adam Kadmon*, par le biais des ouvertures de sa tête et dont quatre sont appelés: vue, ouïe, odorat et parole. Ils sortirent de ses yeux, ses oreilles, son nez et sa bouche. Dans le langage de la Kabbalah, nous utilisons des noms de parties du corps uniquement pour

Hébreu / Araméen Phonétique	L	Dictionnaire
		illustrer les pouvoirs ésotériques de ces forces. Il est entendu, bien sûr, qu'il n'y a pas d'existence physique à ces niveaux. Quand nous parlons d'oreilles, bouche, ou toute autre expression physique, l'objectif est de décrire le sens intérieur, ou la position qu'elles représentent. Ces émanations et configurations s'obtiennent à partir des quatre lettres du nom de Dieu *B'H* et de leurs différentes épellations appelées *Milouyim*. Du nez sortirent des lumières de l'aspect de *SaG* (*Ta'amim* du milieu). *Voir Orot Ha'Hotem*
רישא Reisha	A	**Tête** *Voir Rosh*
רישא דלא אתידע Reisha de lo Idtyada'	A	**La tête Inconnue** *Voir Radl'a*
רמ"ק Rama"k		**Ramak** Initiales de Rabbi Moshe Kordovero *Voir Rabbi Moshe Kordovero*
רמח"ל Ram'hal	H	**Ram'hal** Initiales de Rabbi Moshe Haim 'Luzzatto *Voir Rabbi Moshe Haim 'Luzzatto*

Hébreu / Araméen *Phonétique*	L	Dictionnaire
רע *Ra'*	H	**_Malveillant - Mauvais_** Voir Sitra A'hra
רעוא *Ra'ava*	A	**_Désir - Volonté_** Voir Ratson
רעוא דמצחא *Ra'ava Demits'ha*	A	**_Quatrième des sept Tikounim de la tête de Arikh Anpin_** De la tête du *Partsouf* (configuration) *Arikh Anpin*, sept émanations apparurent afin d'agir et d'influer sur la direction et que l'on appelle les *Tikounim* de *Arikh Anpin*. Le deuxième *Tikoun* (action) de *Arikh Anpin* s'effectue lors du passage des sept *Sephirot* inférieures de *'Atik* dans sa tête avant qu'elles ne s'habillent en lui. Ces sept *Tikounim* de la tête de *Arikh Anpin* sont révélées par les sept *Sephirot* inférieures de *'Atik*. Le quatrième *Tikoun* - רעוא דמצחא (*Ra'ava Demits'ha*) s'effectue par *Yesod* de *'Atik*, ses *'Hasadim* brillent par le front de *Arikh Anpin*. Quand il est entièrement révélé, toutes les rigueurs sont annulées.
רפ"ח *Rapa'h*	H	**_288 (valeur numérique)_** Voir Nitsoutsot

Hébreu / Araméen *Phonétique*	L	Dictionnaire
רפ"ח נצוצות *Rapa'h Nitsutsot*	H	***288 étincelles*** *Voir Nitsoutsot*
רצון *Ratson*	H	***Volonté - Désir*** Tous les kabbalistes s'entendent pour dire qu'il n'est pas possible de comprendre, ou d'avoir la moindre idée de la nature de Dieu, puisque notre compréhension ne peut atteindre ce niveau. Cependant, nous pouvons apprendre à connaître Sa volonté, comment et pourquoi Il a créé l'univers, de quelle façon Il le dirige, la provenance des âmes et des anges, le but de l'existence du mal, les raisons du dualisme entre la récompense et la punition, etc ... Au commencement, le Créateur était seul, occupant tout l'espace avec Sa lumière. Il n'avait pas encore conféré Son influence, car il n'y avait personne pour la recevoir. Quand Il décida de créer, Il commença à influer. La Kabbalah est la seule science qui, dans les moindres détails, nous explique la direction véritable de l'univers, afin que nous puissions comprendre Sa volonté. La volonté du Créateur est d'accorder la bonté à ses créatures. Pour cela, tous les niveaux de la création furent mis en place pour que Sa bonté puisse descendre vers eux, mais de telle manière à ce qu'ils soient en mesure de la recevoir.

Hébreu / Araméen *Phonétique*	L	Dictionnaire
		L'homme étant par sa nature, un *Keli* (récipient) avec une volonté de recevoir sans limites. C'est en comprenant Sa volonté, que nous réalisons l'importance de l'homme, car lui seul, en se rapprochant du Créateur et en respectant Ses commandements, peut influer sur ces forces incroyables qui ont une incidence directe sur la direction des mondes. Le désir doit également être présent au moment du *Tikoun* des *Partsoufim*, le féminin doit stimuler une réaction de la part du masculin. Cette stimulation se produit lorsque la *Noukva* élève ses *Mayin Noukvin* (eaux féminines) de l'aspect de *BaN* (52), qui par la suite provoquent la descente des *Mayin Doukhrin* (eaux masculines) de l'aspect de *MaH* (45).
רצון *Ratson*	H	**Nom d'un Hekhal (portail).** Sixième des sept *Hekhalot*, correspondant à *Tiferet*. Chaque monde *(ABYA)* est constitué à partir de quatre aspects: *Partsouf*, *Levoush* (vêtement), *Or Makif* (lumières encerclantes) et *Hekhalot*. Dans chaque *Partsouf*, il y a intériorité et extériorité. L'extériorité est toujours de l'aspect de *Malkhout* et les *Hekhalot* sont les ramifications des *Malkhout* des *Partsoufim*. Les *Hekhalot* sont également les différents niveaux d'ascension des *Tefilot* avant d'atteindre le

Hébreu / Araméen *Phonétique*	L	Dictionnaire
		septième (portail), *Kodesh Hakodashim*. Leur principale fonction est de permettre l'adhésion et l'attachement, de différentes manières particulières durant les *Tefilot*, jusqu'au *'Olam Atsilout* (lors de la *'Amidah*). Les *Neshamot* et les anges prennent racine dans les *Hekhalot*, chacun selon son niveau respectif. *Voir Hekhalot*
רצון להשפיע *Ratson Lehashpia '*	H	***Volonté de donner*** La volonté du Créateur est d'accorder la bonté à ses créatures. Pour cela, tous les niveaux de création furent mis en place pour que Sa bonté puisse descendre vers eux, mais de telle manière à ce qu'ils soient en mesure de la recevoir, Du *Kav* (rayon), dix *Sephirot* se formèrent en une disposition linéaire, en trois colonnes: droite, gauche et centre, ce qui représente la direction du monde à la manière de *'Hesed*, *Din* et *Ra'hamim* (bonté, rigueur et miséricorde). Cette direction est assujettie au temps et aux actions des hommes. Il n'y a point d'existence qui ne soit composée des aspects de *MaH* (45) ou *BaN* (52): l'influenceur et le récepteur, le masculin et le féminin, etc. L'*Ein Sof B'H*, influence quand il y a initiative de la part du récepteur, ce dernier correspondant à l'aspect de *BaN* (52). Cette influence est transmise par les différentes illuminations de l'aspect de *MaH* (45), et ensuite par *Noukva* après son *Zivoug* (union)

Hébreu / Araméen *Phonétique*	L	Dictionnaire
		avec *Partsouf Z'A*, aux mondes. Les différents équilibres de ces deux forces de bonté et rigueur font la direction. Une rigueur totale sera la destruction de tout ce qui n'est pas parfait, alors qu'une bonté totale permettrait tout sans restriction. Ainsi, nous voyons que tout ce qui existe et qui se produit, se compose toujours d'une mesure et d'un équilibre variables de ces deux forces. Ces possibilités complexes ont un seul but: permettre à l'homme de mériter par ses propres efforts de se rapprocher de son Créateur et de recevoir Sa bonté. *Voir Sephirot, Tefila, Zivoug*
רצון לקבל *Ratson Lekabel*	H	***Désir de recevoir*** Par sa nature, l'homme est lui-même un *Keli* (récipient) avec une volonté de recevoir sans limites, et possédant une lumière spirituelle ; son âme. Une direction fondée sur ce désir de tout vouloir, ne permettrait pas à l'homme de mériter par ses propres efforts de se rapprocher de son Créateur. L'objectif idéal pour l'homme est d'élever ses désirs corporels en sanctifiant ses voies, afin de ressembler à son Créateur et devenir un donneur avec une volonté de conférer la bonté à tous.

Hébreu / Araméen Phonétique	L	Dictionnaire
רקיע Raki'a	H	**Cieux - Firmament** Possède l'aspect de *Yesod* de *Tevounah*.
רש"ש Rashash		**Rashash** Initiales de *Rabbi Shalom Sharabi* *Voir Kavanot, Rabbi Shalom Sharabi*
רשות Reshut	H	**Autorité - Charge** Il y a une "deuxième" autorité appelée *Sitra A'hra* ou "mal". Même si elle est le contraire de tout ce qui est bien, il est important de comprendre que l'origine du «mal» résulte d'une émanation des lumières supérieures et ne possède donc pas vraiment une autorité totale autonome. Elle se nourrit de l'extrémité inférieure de la *Kedoushah*, et doit obtenir l'autorisation d'agir d'en haut. Il n'y a vraiment qu'une seule autorité, soit celle qui appartient au Créateur. *Voir Sitra A'hra*
רשותא Reshuta	A	**Autorité Charge** *Voir Reshut*
רשימו Reshimou	A	**Empreinte - trace** Après le *Tsimtsoum* (rétraction), quand Sa lumière se rétracta formant l'espace rond, une trace de celle-ci, appelée *Reshimou*, demeura à l'intérieur. Cette lumière de moindre intensité, permit un espace d'existence (*Makom*), pour tous

Hébreu / Araméen *Phonétique*	L	Dictionnaire
		les mondes créés et les êtres. Les racines de toute existence et événements futurs sont dans le *Reshimou*. Rien ne peut parvenir à exister, sans prendre racine de cette empreinte. La combinaison du *Kav* et du *Reshimou* donnera naissance aux *Sephirot* par lesquelles Il gouverne les mondes.
רשע *Rasha'*	H	***Malfaisant - Fauteur*** Tant qu'une personne procède au *Tikoun* (rectification) de son âme en trois réincarnations, elle reviendra, au besoin, pour compléter son *Tikoun*. Toutefois, si elle maintient son mauvais comportement, elle ne reviendra pas après la troisième réincarnation.

Hébreu / Araméen Phonétique	L	Dictionnaire
שבולת הזקן Shibolet HaZakan	H	**_Partie de la barbe sous la lèvre inférieure_** Correspond à un niveau sur le visage d'*Adam Kadmon*. À partir de l'aspect de *BaN* (52) à l'intérieur de *Adam Kadmon*, des *Sephirot* montèrent et sortirent de ses yeux : dix *Sephirot* de l'oeil droit, et dix de l'oeil gauche. Ces *Sephirot* originent à partir des lumières supérieures: les *Sephirot KHB* (*Keter*, '*Hokhma*, *Binah*) reçurent des lumières de l'oreille, du nez et de la bouche qui se trouvaient sur la barbe du menton, et les sept *Sephirot* inférieures reçurent des lumières de la bouche et plus bas que celle-ci.
שבירה Shvira	H	**_Brisure_** *Voir Shvirat Hakelim*
שבירת הכלים Shvirat Hakelim	H	**_Brisure des récipients_** De la première configuration d'*Adam Kadmon* apparurent différentes émanations pour la construction des mondes. De ses yeux sortirent dix *Sephirot* de l'aspect du nom de *BaN* (52), elles correspondent à l'aspect féminin - rigueur, et sont à l'origine de la détérioration. Quand elles sortirent, les parties supérieures des trois premières *Sephirot* de *Keter*, '*Hokhma* et *Binah* reçurent et renfermèrent leurs lumières, parce qu'elles étaient disposées dans les

Hébreu / Araméen *Phonétique*	L	Dictionnaire

trois colonnes.

Les sept *Sephirot* inférieures ne se trouvaient pas dans la disposition des trois piliers nécessaires pour la direction de la bonté, rigueur et miséricorde. En conséquence, ne pouvant pas retenir l'afflux de leurs lumières, elles se brisèrent ; leurs lumières demeurèrent dans le monde d'*Atsilout*, leurs *Kelim* (récipients) tombèrent dans les mondes inférieurs.

Ceci causa un dégât important appelé *Shvirat Hakelim* - la brisure des récipients; cette disposition imparfaite est la première origine de la *Sitra A'hra* ou "mal".

Les parties inférieures des trois premières *Sephirot*: *Keter*, *'Hokhma* et *Binah* ne purent contenir leurs lumières, elles tombèrent, mais ne se brisèrent pas. Ces parties inférieures correspondent à ce qui est nécessaire pour la direction des sept *Sephirot* inférieures. Si elles avaient contenu leurs lumières, les sept *Sephirot* ne se seraient pas cassées et les notions de *Kilkoul* (dégâts) et *Tikoun* (réparation) n'auraient pas existé.

Les racines de tous les créés se trouvent dans les sept *Sephirot* inférieures (*ZaT*), les trois premières *Sephirot* sont comme une couronne sur les *ZaT* pour les réparer et les diriger. Dans les trois premières *Sephirot*, il n'y a pas vraiment de notion

Hébreu / Araméen *Phonétique*	L	Dictionnaire

de dégât, elles sont au-delà des actes des hommes, et ne sont pas affectées par leurs péchés.

Il est important de comprendre que tout ce qui se passe dans notre monde est semblable à ce qui s'est passé durant cette chute. Si les *Kelim* avaient pu contenir leurs lumières, les *ZaT* n'auraient pas brisé et le monde aurait été dans une disposition parfaite dès le départ.

La séparation entre *GaR* (les trois premières *Sephirot*) qui sont considérées comme les *Mo'hin* (cerveaux) et *ZaT* (les sept *Sephirot* inférieures) - le corps, est comme la mort d'un homme, lorsque son âme le quitte et remonte, tandis que son corps descend sous terre. L'*Or* (lumière) qui donne la vie au *Keli* (récipient) est comparable à l'âme qui maintient le corps en vie.

Après la *Shvirat Hakelim* (brisure des récipients), le premier *Tikoun* (rectification) fut le *Zivoug* (union) des *Sephirot* de *MaH* (45) et *BaN* (52) en des dispositions complexes, pour permettre au *BaN* féminin (52) d'être réparé par le *MaH* masculin (45), et pour les *Sephirot* de se tenir dans la disposition de trois colonnes représentant la bonté, rigueur et miséricorde.

Pour soutenir les *Kelim* après qu'ils se soient brisés, 288 étincelles de lumière descendirent aussi, car une connexion à leurs lumières

355

Hébreu / Araméen *Phonétique*	L	Dictionnaire

originales était nécessaire pour les maintenir en vie. Le but de toutes les œuvres, actes et prières des hommes dans cette existence, est d'aider et de participer à l'ascension de ces étincelles vers leur origine.

Chaque *Sephira* ou *Partsouf* contient 613 lumières ; de même, il y a 613 *Mitsvot*, 613 parties dans l'âme et 613 veines et os dans l'homme. Ce nombre n'est pas arbitraire, car il y a des interrelations et des interactions importantes entre elles.

Avec l'émanation des lumières de *MaH* (45) et *BaN* (52), Il aurait pu faire le *Tikoun* (rectification) de tous les mondes après la *Shvirat Hakelim* (brisure des récipients), mais alors, il n'y aurait pas eu de raison pour la participation de l'homme dans ce *Tikoun*. Ce n'est que pour donner une possibilité à l'homme d'agir et de réparer la création, que Dieu a retenu, en quelque sorte, Son flot de bonté vers ce monde. À la fin de ce *Tikoun* d'unification entre les étincelles qui étaient tombées et leurs *Kelim*, viendra le moment de la résurrection des morts et l'arrivée de *Mashia'h*.

| שבעת מלכין *Shev'at Malkin* | A | ***Sept rois d'Edom***
 Correspondent à Z'aT
 Voir Malkin Kadmain |

Hébreu / Araméen *Phonétique*	L	Dictionnaire
שבשפה התחתונה *Shebashafa* *Hata'htonah*	H	***Sur la lèvre inférieure*** *Shebashafa Hata'htonah* est le quatrième *Tikoun* (action) de la *Dikna* (barbe) de *Arikh Anpin*. Il correspond aux poils sur la lèvre inférieure. Il y a des poils (lumières) qui sortent de la face de la *Sephira Stimaah 'Hokhma* du *Partsouf Arikh Anpin*, et se propagent vers le bas. Ils se divisent en treize et sont appelés les treize *Tikounim* de la *Dikna* de *Arikh Anpin*. אל רחום .. .נושא עון . .מי אל כמוך .. Chacun de ces *Tikounim* a sa fonction ou action particulière pour la direction générale. La *Dikna* révèle la direction de bonté, rigueur et miséricorde, qui était dissimulée dans *'Hokhma Stimaah*, en l'amenant vers *Z'A* à travers les deux *Mazalot* : *Notser* et *Nake* qui sont les huitième et treizième *Tikoun*.
שבת *Shabbat*	H	***Shabbat*** Le septième jour, le *Shabbat* correspond à la septième *Sephira*, *Malkhout*.
שבתי צבי *Sabbataï* *Tsevi*		***Sabbataï Tsevi (1626-1676)*** Faux Messie, qui fut appelé le "Messie kabbaliste". Il s'est converti à l'islam avant sa mort. Ce mouvement provoqua une grave division dans la communauté juive, et de la méfiance dans les enseignements de la Kabbalah.

Hébreu / Araméen *Phonétique*	L	Dictionnaire
שד - י *Shada-y*	H	**Shada-y** Un des noms de Dieu, représenté par la *Sephira* *Yesod*.
שוא *Shevah*	H	**Shevah – voyelle muette** La voyelle qui représente la *Sephira Gevourah*.
שורוק *Shuruk*	H	**Shuruk-Voyelle U** La voyelle qui représente la *Sephira Yesod*.
שורש *Shoresh*	H	**Racine** Toute chose et toute existence a sa racine dans les hautes sphères.
שטח עליון מזל נוצר *Shata'h* *'Elyon* *Mazal* *Notser*	H	**Le haut du menton** *Shata'h 'Elyon - Mazal Notser* est le huitième *Tikoun* (action) de la *Dikna* (barbe) de *Arikh Anpin*. Il correspond à la barbe sur le haut du menton. Des poils (lumières) sortent de la face de *'Hokhma Stimaah* de *Arikh* Anpin, et se propagent vers le bas. Ils se divisent en treize et sont appelés les treize *Tikounim* de la *Dikna* de *Arikh Anpin*. אל רחום .. נושא עון . .מי אל כמוך .. Chacun de ces *Tikounim* a sa propre fonction ou action pour la direction générale. La *Dikna* révèle les directions de bonté, rigueur et miséricorde, qui étaient dissimulées dans

Hébreu / Araméen Phonétique	L	Dictionnaire
		'Hokhma Stimaah, en l'amenant à *Z'A* à travers les deux *Mazalot* : *Notser* et *Nake* qui sont les huitième et treizième *Tikoun*.
שטח תחתון מזל נקה Sheta'h Ta'hton Mazal Nake	H	***Le bas du menton*** *Sheta'h Ta'hton* est le treizième *Tikoun* (action) de la *Dikna* (barbe) de *Arikh Anpin*; il correspond à la barbe sous le bas du menton (*Mazal Nake*). Des poils (lumières) sortirent de la face de *'Hokhma Stimaah* de *Arikh Anpin*, et se propagèrent vers le bas. Ils se divisent en treize et sont appelés les treize *Tikounim* de la *Dikna* de *Arikh Anpin*. .. אל רחום .. מי אל כמוך. .נושא עון. Chacun de ces *Tikounim* a sa propre fonction ou action pour la direction générale. La *Dikna* révèle la direction de bonté, rigueur et miséricorde, qui étaient dissimulées dans *'Hokhma Stimaah*, en l'amenant à *Z'A* à travers les deux *Mazalot* : *Notser* et *Nake* qui sont les huitième et treizième *Tikoun*.
שינוי Shinuy	H	***Changement - Différence*** Le changement le plus significatif réside dans la transformation des émanations supérieures. La lumière de Dieu est unique et de force et qualité égales. Une *Sephira* est en quelque sorte un «filtre» qui transforme cette lumière en une

Hébreu / Araméen *Phonétique*	L	Dictionnaire
		énergie ou attribut, par lequel le Créateur guide les mondes. Chaque *Sephira* est composée d'un récipient appelé *Keli*, qui contient sa part de lumière appelée *Or*. Il n'y a pas de différence dans le *Or*, la différence vient de la particularité, ou de la position de la *Sephira*.
שיעור *Shi'ur*	H	***Mesure*** Lorsqu'un *Partsouf* (configuration) est au stade de *Gadlout* (croissance) et parvient à sa pleine grandeur, on dit qu'il a atteint sa «pleine capacité».
שכולם שוין *Shekulam Shavim*	H	***Ils sont tous égaux*** Shekulam Shavim est le onzième *Tikoun* (action) de la *Dikna* (barbe) de *Arikh Anpin* ; il correspond à « ils sont tous égaux ». Des poils (lumières) sortent de la face de *'Hokhma Stimaah* de *Arikh Anpin*, et se propagent vers le bas. Ils se divisent en treize et sont appelés les treize *Tikounim* de la *Dikna* de *Arikh Anpin*. אל רחום .. נושא עון . .מי אל כמוך .. Chacun de ces *Tikounim* a sa propre fonction ou action pour la direction générale. La *Dikna* révèle la direction de bonté, rigueur et miséricorde, qui était dissimulée dans *'Hokhma Stimaah*, en l'amenant à *Z'A* à travers les deux

Hébreu / Araméen *Phonétique*	L	Dictionnaire
		Mazalot : *Notser* et *Nake* qui sont les huitième et treizième *Tikoun*.
שכינה Shekhina	H	**Présence divine (aspect féminin)** Un des noms de Dieu. La lumière de l'*Ein Sof* qui est révélée par la *Sephira Malkhout* est appelée *Shekhina*. Le but de toutes les *Tefilot* et *Mitsvot* est d'effectuer le *Yi'hud* (union) entre *Kudsha Béri Hu* (*Z'A*) et la *Shekhina* (*Malkhout*).
שכינתיה Shkhinteh	A	**Présence divine (présence divine)** *Voir Shekhina*
שכר Sakhar	H	**Récompense** À partir du monde de *Atsilout* (émanation) se révélèrent tous les mondes inférieurs. Le dernier monde à se révéler est '*Asiah* (action): le monde physique avec la possibilité de récompense, punition et mal. Il existe deux types principaux de direction: la direction générale et la direction variable. La direction générale est pour la subsistance des mondes et n'est pas influencée par les actions des hommes. Cette direction s'effectue par les *Sephirot* encerclantes. La direction variable est sur la base de justice, récompense et punition et dépend des actions de l'homme. Cette direction se fait par les *Sephirot* linéaires.

Hébreu / Araméen *Phonétique*	L	Dictionnaire
		S'il n'y avait que le bien dans ce monde, la direction fondée sur la dualité de récompense et punition ne serait pas nécessaire, mais alors, les hommes ne possèderaient pas le libre arbitre, ni de mérite pour accomplir la volonté de Dieu.
שלם *Shalem*	H	**Complet** Un *Partsouf* (configuration) est considéré comme étant complet lorsqu'il atteint sa pleine capacité. Pour *Partsouf Z'A*, il existe deux niveaux de grossesses et deux croissances. Les premiers *Mo'hin* (cerveaux) de la croissance sont ceux du *Partsouf Tevounah*, et de la deuxième croissance, ceux du *Partsouf Imah*. Au cours de la première croissance, *Partsouf Z'A* n'est pas considéré comme complet, Ce n'est qu'après la deuxième croissance que *Z'A* atteint ce stade, qui est *Gadlout* 2
שלמות *Shelemut*	H	**Intégralité** *Voir Shalem*
שמועיא"ל *Shmou'ie"l*		**Shemou'ie "l** Nom de l'un des trois grands princes des Anges.
שמות *Shemot*	H	**Noms** Un nom identifie et caractérise une lumière ou une manifestation.

Hébreu / Araméen *Phonétique*	L	Dictionnaire
שמיעה *Shemi'ah*	H	**_Entendre_** À partir des lumières qui avaient été investies dans *Adam Kadmon* émergèrent de nombreux mondes à travers ses sens et qui sont appelés ses branches. Ces «branches» sont les lumières qui se répandirent d'*Adam Kadmon*, par le biais des ouvertures de sa tête et dont quatre sont appelés: vue, ouïe, odorat et parole. Ils émanèrent de ses yeux, ses oreilles, son nez et sa bouche. Dans le langage de la Kabbalah, nous utilisons des noms de parties du corps uniquement pour illustrer les pouvoirs ésotériques de ces forces. Il est entendu, bien sûr, qu'il n'y a pas d'existence physique à ces niveaux. Quand nous parlons d'oreilles, bouche, ou toute autre expression physique, l'objectif est de décrire le sens intérieur, ou la position qu'elles représentent. Ces émanations et configurations sont obtenues à partir des quatre lettres du nom de Dieu *B'H* et leurs différentes épellations appelées *Milouyim*. Des oreilles jaillirent des lumières de l'aspect de *SaG* (63) (les *Ta'amim* supérieurs). *Voir Orot HaOzen*
שמש *Shemesh*	H	**_Soleil_** Il est de l'aspect de *Partsouf Z'A*.

Hébreu / Araméen *Phonétique*	L	Dictionnaire
שמשא Shamsha	A	**Soleil** *Voir Shemesh*
שני **נחירים** Shene Ne'hirim	H	**Deux narines** Un des sept *Tikounim* de la tête d'*Arikh Anpin*. *Voir 'Hotma*
שני **תפוחים** **שנפנו** Shene Tapu'him Shenifenu	H	**Les deux côtés supérieurs des joues** *Shene Tapu'him Shenifenu* est le septième *Tikoun* (action) de la *Dikna* (barbe) de *Arikh Anpin*, il correspond aux deux côtés supérieurs des joues. Des poils (lumières) sortent de la face de *'Hokhma Stimaah* de *Arikh Anpin*, et se propagent vers le bas. Ils se divisent en treize et sont appelés les treize *Tikounim* de la *Dikna* de *Arikh Anpin*. .. אל רחום .. מי אל כמוך. .נושא עון Chacun de ces *Tikounim* a sa propre fonction ou action pour la direction générale. La *Dikna* révèle la direction de bonté, rigueur et miséricorde, qui était dissimulée dans *'Hokhma Stimaah*, en l'amenant à *Z'A* à travers les deux *Mazalot* : *Notser* et *Nake* qui sont les huitième et treizième *Tikoun*.
שער Se'ar	H	**Cheveux** *Voir Se'arot*

Hébreu / Araméen Phonétique	L	Dictionnaire
שער *Shaar*	H	***Entrée - Portail*** Portail vers une dimension. Porte d'entrée vers une connaissance.
שערות *Se'arot*	H	***Poils*** Il y a des émanations qui sortent de la tête ou du visage des *Partsoufim* (configurations). On les nomme cheveux ou barbe, car elles se répandent en conduits individuels. La première émanation qui sortit d'*Adam Kadmon* fut de l'aspect du nom de *'AV* (72) et se répandit à partir des cheveux sur sa tête. Cette émanation de lumière est au-delà de notre compréhension. Des poils (lumières) sortent de la face d'*Arikh Anpin*, et se propagent vers le bas. Ils se divisent en treize et sont appelés les treize *Tikounim* de la *Dikna* de *Arikh Anpin*. Les *Tikounim* de *Z'A* sont similaires à ceux de *Arikh Anpin*, mais à quelques différences près. De *Arikh Anpin* tous les poils sortent de *'Hokhma Stimaah*, de *Z'A*, ils sortent de son *HBD* (*'Hokhma*, *Binah*, *Da'at*). Les poils de *Z'A* sont noirs et entremêlés, ayant plus l'aspect de *Gevourah* ; les poils de *Arikh Anpin* sont blancs et expriment la générosité.
שערות הגרון *Se'arot*	H	***Les poils sur le cou*** *Se'arot HaGaron* est le dixième *Tikoun* (action) de la *Dikna* (barbe) de *Arikh Anpin*; il correspond aux

Hébreu / Araméen *Phonétique*	L	Dictionnaire
HaGaron		poils sur le cou. Des poils (lumières) sortent de la face de *'Hokhma Stimaah* de *Arikh Anpin*, et se propagent vers le bas. Ils se divisent en treize et sont appelés les treize *Tikounim* de la *Dikna* de *Arikh Anpin*. .. אל רחום .נושא עון . .מי אל כמוך .. Chacun de ces *Tikounim* a sa propre fonction ou action pour la direction générale. La *Dikna* révèle la direction de bonté, rigueur et miséricorde, qui était dissimulée dans *'Hokhma Stimaah*, en l'amenant à *Z'A* à travers les deux *Mazalot* : *Notser* et *Nake* qui sont les huitième et treizième *Tikoun*. *Voir Tikoun, Partsoufim*
שערות שבין מזל למזל *Se'arot Sheben Mazal leMazal*	H	***Cheveux entre le haut et le bas du menton*** *Se'arot Sheben Mazal leMazal Tikoun* est la neuvième (action) de la *Dikna* (barbe) d'*Arikh Anpin*, il correspond aux poils entre le haut et le bas du menton. Des poils (lumières) sortent de la face de *'Hokhma Stimaah* de *Arikh Anpin*, et se propagent vers le bas. Ils se divisent en treize et sont appelés les treize *Tikounim* de la *Dikna* de *Arikh Anpin*. .. אל רחום .נושא עון . .מי אל כמוך ..

Hébreu / Araméen *Phonétique*	L	Dictionnaire
		Chacun de ces *Tikounim* a sa propre fonction ou action pour la direction générale. La *Dikna* révèle la direction de bonté, rigueur et miséricorde, qui étaient dissimulées dans *'Hokhma Stimaah*, en l'amenant à *Z'A* à travers les deux *Mazalot* : *Notser* et *Nake* qui sont les huitième et treizième *Tikoun*.
שערות שבשפה עליונה *Se'arot baShafa 'Elyonah*	H	***Poils sur le haut de la lèvre*** *Se'arot she baShafa 'Elyonah* est le deuxième *Tikoun* (action) de la *Dikna* (barbe) d'*Arikh Anpin* qui correspond aux poils sur le haut de la lèvre. Des poils (lumières) sortent de la face de *'Hokhma Stimaah* de *Arikh Anpin*, et se propagent vers le bas. Ils se divisent en treize et sont appelés les treize *Tikounim* de la *Dikna* de *Arikh Anpin*. אל רחום .. נושא עון . .מי אל כמוך .. Chacun de ces *Tikounim* a sa propre fonction ou action pour la direction générale. La *Dikna* révèle la direction de bonté, rigueur et miséricorde, qui était dissimulée dans *'Hokhma Stimaah*, en l'amenant à *Z'A* à travers les deux *Mazalot* : *Notser* et *Nake* qui sont les huitième et treizième *Tikoun*.
שפע *Shefa'*	H	***Abondance*** Pour que l'abondance puisse descendre dans le monde, *Partsouf Zeir Anpin* doit s'unir à *Noukva*. Il

Hébreu / Araméen *Phonétique*	L	Dictionnaire
		ne peut y avoir abondance que lorsque le masculin et le féminin sont en harmonie. Chaque jour, en fonction des actions de l'homme, *Tefilot* au cours de la semaine, durant le *Shabbat* et les jours fériés et selon le temps, différentes configurations permettent différents *Zivoug*im (unions), et en conséquence des flots d'abondance d'intensités variables.
שקר *Sheker*	H	***Fausseté - Mensonge*** La racine de la *Sitra A'hra* (force négative) se trouve dans le manque ou dans l'absence de la *Kedoushah*. Son existence a été voulue par le Créateur pour donner à l'homme le libre arbitre. Par fausseté, elle tente presque constamment de le séduire et de le faire trébucher. *Voir Sitra A'hra*
שרעבי *Shar'abi*		***Rabbi Shalom Shar'abi - Le Rashash*** Né en Shar'ab, au Yémen, en 1720, mort à Jérusalem en 1777. Après avoir quitté le Yémen, il s'est joint à la Yeshiva des Mekubalim "Beth El" à Jérusalem. Il est connu comme étant le «Maître des Kavanot". Son «Siddur HaRashash" est le Siddur (livre de prières) utilisé par la plupart des kabbalistes dans leurs prières quotidiennes et est basé sur les Kavanot du Ari Z'al. *Voir Kavanot*

Hébreu / Araméen Phonétique	L	Dictionnaire
תא חזא *Ta 'Haze*	A	***Viens voir*** Expression fréquemment utilisée dans le Zohar.
תבונה א *Tevounah 1*	H	***Partsouf*** La *Sephira Malkhout* du *Partsouf Imah* est parfois un *Partsouf* autonome. *Voir Partsoufim Israël Saba et Tevounah*
תבונה ב *Tevounah 2*	H	***Partsouf*** *Sephira Malkhout* du *Partsouf Tevounah* est parfois un *Partsouf* autonome. *Voir Partsoufim Israël Saba et Tevounah*
תגין *Tagin*	A	***Couronnes sur les lettres*** À partir des lumières qui furent investies dans *Adam Kadmon* émergèrent à travers ses sens de nombreux mondes qui sont appelés ses branches. Ces «branches» sont les lumières qui se répandirent d'*Adam Kadmon*, par le biais des ouvertures de sa tête et dont quatre sont appelés: vue, ouïe, odorat et parole. Elles émanèrent de ses yeux, ses oreilles, son nez, sa bouche et son front. Les *Ta'amim* (signes de cantillation) appartiennent au plus haut niveau et sont subdivisés en trois niveaux: supérieur, intermédiaire et inférieur. Les *Nekoudot* (voyelles) sont le deuxième niveau, et se subdivisent également en trois niveaux: supérieur, intermédiaire et inférieur.

Hébreu / Araméen *Phonétique*	L	Dictionnaire
		Les *Tagin* (couronnes) sont le troisième niveau et apparaissent sur le dessus de quelques lettres seulement. Les *Autiot* (lettres) sont le quatrième niveau. Les *Sephirot* qui sortirent du front d'*Adam Kadmon* pour le *Tikoun* (après la *Shvirat Hakelim*) sont de l'aspect des *Tagin* et du nom de *MaH* (45). La lecture de la *Torah* est incomplète sans les *Ta'amim*, *Nekoudot*, *Tagin*, et *Autiot*. Les *Autiot* sont l'expression de la *Ma'hshava* (pensée). Combinées aux *Ta'amim*, *Nekoudot*, *Tagin*, ou à d'autres lettres, elles transforment les lumières supérieures en messages ou actions.
תדיר *Tadir*	H	***Fréquent - Régulier*** Il y a des émanations régulières pour chaque jours, et certaines sont exceptionnelles telles que celles des fêtes et autres occasions spéciales.
תוך *Tokh*	H	***À l'intérieur*** *Voir Levoush*
תולדה *Toladah*	H	***Conséquence - Résultat*** Tous les résultats des émanations supérieures sont le produit des différentes unions des lumières masculines et féminines. Chacun de ces résultats a de nombreuses ramifications, comportant de nombreuses actions et détails qui produiront des illuminations de différentes intensités pour la direction des mondes.

Hébreu / Araméen *Phonétique*	L	Dictionnaire
תורה *Torah*	H	**Torah** La Kabbalah est l'explication mystique et ésotérique de la *Torah*. Tous les secrets profonds expliqués dans la Kabbalah sont évoqués dans les lettres, les mots et les différentes histoires racontées dans la *Torah*. La *Torah* contient quatre niveaux de compréhension, dont le plus haut est le *Sod* (secret). À ce niveau, nous comprenons que nos *Tefilot* et l'accomplissement de chacune des *Mitsvot* a une influence directe sur les mondes supérieurs et sur leur direction. La *Torah* possède 248 commandements positifs et 365 négatifs. De même, il y a 613 veines et os chez l'homme, 613 parties de l'âme, et 613 lumières dans chaque *Sephira* ou *Partsouf*. Ce nombre n'est pas arbitraire, car il y a des interrelations et interactions importantes entre eux. Par la connaissance de la Kabbalah, nous pouvons arriver à un véritable niveau de compréhension de la volonté du Créateur, et d'une certaine manière, «décoder» les profonds secrets de notre sainte *Torah*.
תחית המתים *T'hiyat HaMetim*	H	**Résurrection des morts** Objectif final des six mille ans. Après la *Shvirat Hakelim* (brisure des récipients), 288 étincelles de lumière chutèrent également

Hébreu / Araméen *Phonétique*	L	Dictionnaire

pour soutenir les *Kelim* après qu'ils se soient brisés. Une connexion à leurs lumières originales était nécessaire pour les maintenir en vie. Les étincelles correspondent aux quatre *'AV* de *ASMB*, 4 x 72 = 288. Cette chute des *Kelim* est aussi appelée leur mort.

Il est important de comprendre que tout ce qui se passe dans notre monde est semblable à ce qui s'est passé durant cette chute. La séparation entre *GaR* (les trois premières *Sephirot*), qui sont considérées comme les *Mo'hin* (cerveaux), et *ZaT* (les sept *Sephirot* inférieures) - le corps, est comme la mort d'un homme. Lorsque son âme quitte ce monde et monte, son corps descend dans la terre. Le *Or* (lumière) qui donne la vie au *Keli* (receveur) est comparable à l'âme qui maintient le corps en vie.

Toutefois, quand un homme meurt et que son âme se sépare de son corps, ce dernier reste avec le "Habela Degarmi" הבלא דגרמי, qui, comme les 288 étincelles, permettra la conservation du corps à partir du moment où l'âme l'a quitté, jusqu'à la résurrection.

Le but de toutes les œuvres, actes et prières des hommes dans cette existence, est d'aider et de participer à l'ascension de ces étincelles vers leur lieu d'origine. À l'aboutissement de ce *Tikoun* (rectification) d'unification des étincelles tombées

Hébreu / Araméen *Phonétique*	L	Dictionnaire
		dans leur *Kelim*, ce sera le moment de la résurrection des morts et l'arrivée de *Mashia'h*. *Voir Gilgoul, 'Ibour*
תחת **Ta'hat**	H	**Sous** Ce qui est inférieur ou subordonné.
תחתון **Ta'hton**	H	**Inférieur - Bas** Ce qui est inférieur ou subordonné.
תחתונים **Ta'htonim**	H	**Les êtres inférieurs** Ceux (hommes) qui habitent dans le monde inférieur – *Asiah*.
תיכון **Tikhon**	H	**Intermédiaire** *Voir Keli Tikhon*
תיקון **Tikoun**	H	**Rectification ou action** En hébreu, le mot «*Tikoun*» a différentes significations. Il peut être compris comme réparation ou rectification, mais aussi comme fonction, relation ou action. Il existe différents types de *Tikounim*: - *Tikounim* (réparations) qui ont eu lieu dans les premières émanations pour réparer les mondes. - *Tikounim* (rectifications - relations) pour la constitution et interrelations des *Sephirot* et *Partsoufim*. - *Tikounim* (actions - fonctions) de certains

Hébreu / Araméen *Phonétique*	L	Dictionnaire

Partsoufim pour la direction du monde.

- *Tikounim* (rectifications) pour les *Neshamot* (âmes).

Des yeux d'*Adam Kadmon* sortirent dix *Sephirot* de l'aspect féminin de *BaN* (52). Les trois premières *Sephirot* purent contenir leurs lumières, mais non les sept *Sephirot* inférieures qui se brisèrent. Ceci causa un dégât majeur appelé *Shvirat Hakelim* - la brisure des récipients. Les *Kelim* (récipients) des sept *Sephirot* qui n'ont pu contenir leurs lumières tombèrent dans les mondes inférieurs.

Pour soutenir ces *Kelim* après qu'ils se soient cassés, 288 étincelles de lumières chutèrent aussi, car une connexion à leurs lumières originales était nécessaire pour les maintenir en vie. Ces étincelles correspondent aux quatre aspects du *'AV* (72) des noms *'AV* (72), *SaG* (63), *MaH* (45), *BaN* (52), 4 x 72 = 288.

Il est important de comprendre que tout ce qui se passe dans notre monde est semblable à ce qui s'est passé durant cette chute. Le *Tikoun* est d'aider et de participer à l'ascension des 288 étincelles qui sont tombées vers leur origine. Ceci peut être accompli grâce aux *Mitsvot* et *Tefilot*.

Pour réparer les *Partsoufim* après la *Shvirat Hakelim* (brisure des récipients), le *Tikoun* fut

Hébreu / Araméen *Phonétique*	L	Dictionnaire

l'union des *Sephirot* de *MaH* (45) et *BaN* (52) en des dispositions complexes, afin de permettre au *BaN* féminin d'être réparé par le *MaH* masculin, et pour que les *Sephirot* puissent se tenir dans la disposition des trois colonnes pour la direction de bonté, rigueur et miséricorde.

Les *Tikounim* pour la constitution des *Partsoufim* (masculin et féminin) sont réalisés par le *Zivoug* (union), la grossesse et la naissance. Le masculin correspond à *'Hesed* et *MaH* (45) et le féminin à *Gevourah* et *BaN* (52).

Tout d'abord, durant la grossesse, les lumières de l'aspect de *MaH* nécessaires aux *Tikoun* sont attirées par les lumières de *BaN*, et conservées dans la *Noukva* supérieure (la *Noukva* d'en haut) pour donner naissance au *Partsouf*. À l'intérieur de *Noukva*, il est disposé et complété jusqu'à ce qu'il n'y ait plus rien à ajouter. Une fois complètement réparé, le *Partsouf* se révèle, c'est la naissance. Il y a ensuite une période d'allaitement, suivie par une première phase de petite enfance et croissance,

Pour la direction, les *Tikounim* des *Partsoufim* sont les actions, les illuminations et interrelations des *Sephirot* et *Partsoufim*, ainsi que leur influence sur les mondes. Ces *Tikounim* résultent en des

Hébreu / Araméen *Phonétique*	L	Dictionnaire

illuminations de différentes intensités, selon le temps et les actions de l'homme.

Les principaux *Tikounim* des *Partsoufim* sont ceux du *Partsouf Arikh Anpin*, *Zeir Anpin* et *Noukva*.

Ces *Tikounim* proviennent de la tête ou du visage des *Partsoufim*.

Le premier *Tikoun* est celui des trois têtes du *Partsouf Arikh Anpin*:

1 - *Goulgolta* - *Keter* de *Arikh Anpin*

2 - *Avirah* - Dans l'espace, entre *Keter* et *'Hokhma* de *Arikh Anpin*, il y a *Da'at* de *'Atik*.

3 - *Mo'ha* - *'Hokhma* de *Arikh Anpin*

Ces trois têtes sont à l'origine de la direction de bonté, rigueur et miséricorde. Ils émanent d'*Arikh Anpin* à *Abah* et *Imah*, et de là, aux *Mo'hin* (cerveaux) de *Z'A*.

Le deuxième *Tikoun* est de la tête de *Arikh Anpin*. Il s'obtient par le passage des sept *Sephirot* inférieures de *'Atik* dans la tête de *Arikh Anpin*, avant qu'elles ne se retrouvent à l'intérieur de lui.

Les autres *Tikounim* d'*Arikh Anpin* sont les suivants:

-de son *Keter* - חיורתי ('Hivarti)

-de *Avirah* (*Da'at* de *'Atik*, entre *Keter* et *'Hokhma*) - נימין (*Nimin*)

-de sa *'Hokhma* appelée *'Hokhma Stimaah* - דיקנא (*Dikna*)

Les poils (lumières) qui se dégagent de la face de

Hébreu / Araméen *Phonétique*	L	Dictionnaire

'Hokhma Stimaah et se propagent vers le bas, se divisent en treize et sont appelés les treize *Tikounim* de la *Dikna* de *Arikh Anpin*.

Les autres *Tikounim* sont les lumières nécessaires pour l'acquisition et l'abondance. Toutefois, la direction elle-même provient de la *Dikna*.

Pour *Partsouf Z'A*, il y a deux *Tikounim*: le premier *Tikoun* se trouve dans ses *Mo'hin* (cerveaux) et est appelé son Tselem (צלמ).

Le deuxième *Tikoun Z'A* s'exprime à travers les lumières qui s'émanent de lui, comme les cheveux sur sa tête et son visage. Ces *Tikounim* sont similaires à ceux d' *Arikh Anpin*, mais à quelques différences près. De *Arikh Anpin* tous les poils sortent de *'Hokhma Stimaah*, de *Z'A*, ils proviennent de son *HBD* (*'Hokhma, Binah, Da'at*).

Les poils de *Z'A* sont noirs et entremêlés, étant encore plus de l'aspect de *Gevourah*, alors que les poils d'*Arikh Anpin* sont blancs et expriment la générosité.

Les *Tikounim* de la *Dikna* (barbe) de *Z'A* sont similaires à ceux de *Arikh Anpin*, même s'ils sont au nombre de neuf. Cependant, grâce une illumination de *Arikh Anpin*, ils deviennent treize et agissent comme principe de bonté pour la direction de la justice.

Il y a des *Tikounim* qui se réalisent par les lumières intérieures du *Partsouf*, et des *Tikounim*

Hébreu / Araméen *Phonétique*	L	Dictionnaire

ou actions qui se réalisent par les lumières extérieures du *Partsouf*, comme ceux réalisés par son *Levoush* (vêtement), ses lumières encerclantes (Makifin), et les *Hekhalot* (portails). Tous ces *Tikounim* se réalisent pour la direction des mondes.

Pour l'âme, le *Tikoun* est réalisé par le *Gilgoul* (réincarnation) et par le *'Ibour* (attachement). En accomplissant ce qu'il a manqué d'accomplir des 613 *Mitsvot*, l'homme fait le *Tikoun* nécessaire pour son âme, qui peut désormais s'élever aux royaumes supérieurs et rejoindre sa source. Les niveaux les plus élevés de l'âme ne peuvent pas être acquis en une seule fois. La plupart des hommes n'ont que le niveau inférieur de *Nefesh*, et s'ils le méritent, ils acquerront les prochains niveaux - un par un. Pour atteindre le prochain niveau de son âme, l'homme doit faire le *Tikoun* du niveau précédent. S'il a besoin d'acquérir le niveau de *Imah* d'*Asiah*, il faut d'abord qu'il fasse le *Tikoun* de *Malkhout* d'*Asiah* et *Z'A* d'*Asiah*, et ainsi de suite. Pour acquérir son niveau de *Neshamah*, il doit faire le *Tikoun* de tous les niveaux des *Sephirot* et *Partsoufim* de son *Nefesh* et *Roua'h*. Si l'homme ne fait pas le *Tikoun* du niveau de son âme pour lequel il est venu, il revient et se

Hébreu / Araméen *Phonétique*	L	Dictionnaire

réincarne. Tant qu'il entreprend le *Tikoun* de son âme dans trois réincarnations, il reviendra encore si nécessaire, pour compléter son *Tikoun*. Toutefois, s'il maintient son mauvais comportement, il ne reviendra pas après la troisième réincarnation.

Le mal disparaîtra de ce monde et changera en bonté quand les *Tikounim* seront complétés. En conséquence, les rigueurs s'apaiseront, et la *Sitra A'hra* (force négative) ne sera plus en mesure de s'attacher aux lumières supérieures.

En donnant à l'homme un rôle dans le *Tikoun* général (*Tikoun Olam*), il ne tient désormais qu'à lui de restaurer et d'effectuer les réparations nécessaires pour le monde. Toutefois, si l'homme n'agit pas comme il se doit, le *Tikoun* s'effectuera, mais dans un délai fixé par le Créateur.

תיקונים
Tikounim   H   ***Rectifications ou actions***
Voir Tikoun

תכלית
Takhlit   H   ***Objectif final***
L'objectif de toutes les interrelations complexes et des possibilités de direction ont pour seul but de permettre à l'homme de mériter par ses propres efforts, de se rapprocher de son Créateur et vivre la *Dvekout* – attachement à Dieu.

Hébreu / Araméen Phonétique	L	Dictionnaire
		De cette façon, l'homme atteindra la perfection et sera directement impliqué dans l'objectif ultime de la création, qui est la révélation de la souveraineté de Dieu - *Gilouy Ye'houdo*.
תכלת *Tkhelet*	H	***Azur*** Couleur spéciale que l'on ne trouve pas pour le moment et qui est utilisée pour teindre les *Tsitsit* (franges du *Talit*). *Voir Talit*
תלת רישין *Talit Rishin*	A	***Trois têtes*** Les trois têtes d'*Arikh Anpin* sont la source de la direction de bonté, rigueur et miséricorde. Ils émanent d'*Arikh Anpin* vers *Abah* et *Imah*, et de là, aux *Mo'hin* (cerveaux) de *Z'A*. Ces trois têtes sont les premiers *Tikoun* (action) du *Partsouf Arikh Anpin*, ils sont: 1 - *Goulgolta* - *Keter* de *Arikh Anpin* .2 - *Avirah* - Dans l'espace entre *Keter* et *'Hokhma* de *Arikh Anpin*, se trouve *Da'at* de *'Atik*. 3 - *Mo'ha* - *'Hokhma* de *Arikh Anpin*. Dans chacune des trois têtes, il y a des aspects d'intériorité et d'extériorité comme dans toutes les lumières. Chacun de ces aspects d'intériorité et d'extériorité se subdivise en trois autres aspects: intériorité, encerclant (*Makif*) et encerclant de l'encerclant (*Makif* de *Makif*). Les noms de הוי"ה correspondent à l'aspect de

Hébreu / Araméen *Phonétique*	L	Dictionnaire
		l'intériorité, les noms de אהי"ה correspondent à l'aspect de l'extériorité. Dans chaque tête, il y a trois הוי"ה, et trois אהי"ה. La distinction entre chacun (אהי"ה et הוי"ה) se trouve dans les *Nekoudim* qu'ils reçoivent. Ces trois têtes sont la source de la direction de la bonté, rigueur et miséricorde. Ils émanent d'*Arikh Anpin* vers *Abah* et *Imah*, et de là, aux *Mo'hin* de *Z'A*.
תמונה *Temunah*	H	***Image - Forme*** L'homme est à l'image des lumières supérieures, il a 248 membres et 365 veines. Similairement, une *Sephira* ou un *Partsouf* comprend 613 énergies ou lumières principales qui se divisent ensuite en plusieurs parties. Cette structure est également semblable à celle de la *Torah* qui dispose de 248 commandements positifs et 365 négatifs. Il y a aussi une image générale, ou forme, appelée Arbre Séphirotique. Ainsi que l'explique le Ram'hal, pour comprendre la Kabbalah qui abonde en détails, il est d'abord nécessaire d'avoir une image ou une idée générale de l'arbre Séphirotique. Une fois familiarisé avec cette idée générale, on peut commencer à étudier et à comprendre tous les détails qui permettront de clarifier davantage cette première image.

Hébreu / Araméen *Phonétique*	L	Dictionnaire
תמונות **Temunot**	H	**Images - Formes** *Voir Temunah*
תניא **Tanya**	H	**Tanya** *Voir Rabbi Shneur Zalman de Liadi*
תענוג **Ta'anug**	H	**Joie** La plus grande joie est de se sentir proche du Créateur en comprenant Sa volonté et Ses voies.
תפארת **Tiferet**	H	**Sephira (beauté)** Sixième des *Sephirot*. Qualité: la bonté qui fait l'équilibre entre la bonté totale et la rigueur. Colonne: Centre - *Ra'hamim* (miséricorde) Position: Milieu - Centre Autres *Sephirot* sur la même colonne: *Keter, Yesod, Malkhout*. Les *Partsoufim* faits à partir de cette *Sephira*: Une des *Sephirot* qui produit le *Partsouf Z'A*. Correspondant au nom: YHV-K - ה - ו - ה - י Correspondant au *Milouy* du nom: *MaH* (45) מה Correspondant à la voyelle: 'Holam Correspondance physique: Corps Niveau de l'âme: *Roua'h* *Voir Sephira Partsouf*
תפילה **Tefila**	H	**Prière** L'ordre des *Tefilot* est axé sur les systèmes

Hébreu / Araméen *Phonétique*	L	Dictionnaire

d'ascension des mondes, tel qu'expliqué dans la Kabbalah. À ce niveau, nous comprenons que nos *Tefilot* ont une influence directe sur les mondes supérieurs et sur leur direction.

La Kabbalah nous enseigne que le monde est guidé par un système extrêmement complexe d'énergies ou lumières, qui par leurs interactions, provoquent des réactions en chaîne qui ont un impact direct sur l'homme et sur les mondes. Chacune de ces réactions a de nombreuses ramifications renfermant des détails et résultats. Dès la première action le matin, celle de faire le *Netilat Yadayim* (lavage des mains à trois reprises en alternance), jusqu'à la fin de la *Tefilah*, il y a une élévation et un attachement constants des mondes de '*Asiah* (action), *Yetsirah* (formation) et *Bériah* (création) au monde de *Atsilout* (émanation).

Ceci s'effectue par les *Hekhalot* (portails) qui sont les différents niveaux d'ascension des *Tefilot* avant d'atteindre le '*Olam Atsilout* lors de la "*Amida*". Leur principale fonction est de permettre l'adhésion et l'attachement de ces mondes dans un ordre précis.

Au cours des *Tefilot*, quand une personne est familière avec le système d'ascension des *Hekhalot* (portails), elle se concentre sur les mots ou les noms où l'on fait allusion à l'action précise

Hébreu / Araméen *Phonétique*	L	Dictionnaire

du *Hekhal* (portail), ceci ayant pour but d'aider à la réalisation du *Zivoug* (union) spécifique de la *Tefilah*.

Pour passer d'un monde à l'autre, on fait allusion à un nom secret appelé *MaV* (42) durant le *Kadish* et qui rend cette ascension possible. Ce nom secret de 42 lettres est constitué des quatre lettres du nom ה-ו-ה-י , le *Milouy* (orthographe) de chacune des quatre lettres pour un total de dix lettres, et le *Milouy* de chacune de ces dix lettres pour un total de vingt huit.

Nous faisons allusion à ce nom lorsque nous répondons *Yehe Sheme* ... .. jusqu'à - *Be'alma*.

Le *Kadish* permet l'ascension d'un monde à un autre plus haut, et par la suite, la descente du monde d'*Atsilout* à '*Asiah*.

Le but est d'aider à préparer les différents *Partsoufim* de *Z'A* et *Noukva* pour leur *Zivoug* (union).

Pour que l'abondance puisse descendre dans le monde, *Partsouf Zeir Anpin* a besoin de s'unir avec *Noukva*. Il ne peut y avoir abondance que lorsque le masculin et le féminin sont en harmonie. Chaque jour, en fonction des actions de l'homme, *Tefilot* au cours de la semaine, du *Shabbat* et des jours fériés et en fonction du moment, différentes configurations permettent différents *Zivoug*im (unions), et conséquemment

Hébreu / Araméen *Phonétique*	L	Dictionnaire

des flots d'abondance d'intensités variables. Chaque jour revêt d'une nouvelle émanation qui le régit. Pour chaque jour, il existe de nouveaux *Zivoug*im aux différents aspects de *Z'A* et *Noukva*. Une journée est divisée en deux, jour et nuit, et chaque moitié est de nouveau divisée en deux (l'aube et le jour, le crépuscule et la nuit). Pour chaque partie, il y a une *Tefilah* - pour les deux parties de la journée: *Sha'hrit* et *Min'ha* - pour les deux parties de la nuit: *'Arvit* et *Tikoun Hatsot*.

En général, les *Zivoug*im sont les suivants:
Sha'hrit - *Ya'acov* et *Ra'hel*
Min'ha - *Israël* et *Léah*
'Arvit - *Ya'acov* et *Léah* (du Thorax vers le haut)
Tikoun 'Hatsot - *Ya'acov* et *Léah* (du Thorax vers le bas).
Le *Zivoug d'Israël* et *Ra'hel* s'effectue au cours de la *Tefilah* de *Moussaf* durant le *Shabbat* et à d'autres occasions spéciales.
Lorsqu'une personne comprend les systèmes et les actions des *Tefilot*, elle réalise l'importance de nos rituels, car seul l'homme, par la prière et l'accomplissement des *Mitsvot*, peut influer sur ces forces incroyables.

Voir Kavanot, Hekhal (portail), Zivoug, Kadish

Hébreu / Araméen *Phonétique*	L	Dictionnaire
תפילות *Tefilot*	H	***Prières*** *Voir Tefilah*
תפילין *Tefilin*	H	***Phylactères*** Les *Tefilin* représentent les lumières des *Mo'hin* (cerveaux) qui sortent de l'intérieur du *Partsouf Z'A* à travers son front. Lorsque ces lumières pénètrent en lui, ils sont au nombre de quatre (*Hokhma, Binah, 'Hasadim* et *Gevourot*) pour devenir trois (*'Hasadim* et *Gevourot* ensemble) à l'intérieur de lui, et redeviennent de nouveau quatre lorsqu'elles sortent ; ce sont les quatre *Parashiot*. Chacune de ces quatre lumières fait ressortir aussi un aspect de *Levoush* (vêtement), qui sont les compartiments des *Parashiot*. Puisque les *Mo'hin* sont constitués de dix *Sephirot*, les *Tefilin* représentent dix lumières: Dans le compartiment sur le front se trouvent les *HBD* (*'Hokhma, Binah, Da'at*). Les deux lanières sur le côté de la tête sont *'Hesed* et *Gevourah*. Le noeud à l'arrière est *Tiferet*, *Léah* provient de cet endroit. Les deux lanières qui descendent sur les côtés sont *Netsa'h* et *Hod*; *Netsa'h* jusqu'à la poitrine, et *Hod* jusqu'au nombril. Les *Tefilin* sur le bras représentent *Ra'hel*.

Hébreu / Araméen *Phonétique*	L	Dictionnaire

L'ordre des *Parashiot* est le même que dans les *Tefilin* sur la tête, mais en un seul parchemin.

Le *Yesod* de *Z'A* fait le ' (*Yud*) sur les *Tefilin*, et de là (le bras), la constitution de *Noukva* commence.

Les trois laniéres sur les biceps correspondent aux trois premières *Sephirot* de *Noukva*. Les sept sur l'avant-bras correspondent aux sept *Sephirot* inférieures de *Noukva*. Les trois sur le doigt correspondent aux *NHY* (*Netsa'h, Hod, Yesod*) de *Z'A* qui sont les *Mo'hin* de *Noukva*.

Comme il y a *Mo'hin* de *Abah*, et *Mo'hin* de *Imah*, il existe deux types de Tefillin:

Tefilin de *Imah* - Rachi

Tefilin de *Abah* - Rabenu Tam.

La différence est dans l'ordre des Parashiot.

Voir Tefilin, Tefilin de Rachi, Tefilin de Rabenu Tam

תפילין דז"א

Tefilin De Z'A

Tefilin de Z'A

Les *Tefilin* sur la tête correspondent à *Partsouf Z'A*.

Comme il y a *Mo'hin* de *Abah*, et *Mo'hin* de *Imah*, il existe deux types de *Tefilin*:

Tefilin de *Imah* - Rachi

Tefilin de *Abah* - Rabenu Tam.

La différence est dans l'ordre des *Parashiot*:

Voir Tefilin, Tefilin de Rachi, Tefilin de Rabenu Tam

Hébreu / Araméen *Phonétique*	L	Dictionnaire
תפילין דיעקב *Tefilin De Yaacov*	H	**Tefilin de Ya'acov** Les *Tefilin* de Rabenu Tam sur le bras correspondent à *Ya'acov*. Au départ, les quatre lumières du *Yesod* de *Abah* sortent avec les lumières de *Netsa'h* et *Hod* de *Z'A*. Ils appartiennent à *Ya'acov* ; les lumières de *Abah* sont ses *Mo'hin* - ses *Tefilin*, et de lui (*Ya'acov*) les lumières de *Z'A* vont à *Ra'hel*, qui est derrière lui, pour devenir ses *Mo'hin* - ses *Tefilin* (à elle). L'ordre des *Parashiot* est: 1 – *'Hokhma* - קדש 2 - *Binah* - והיה כי יביאך 3 - *Gevourot* - והיה אם שמוע 4 - *'Hasadim* - שמע *Voir Tefilin, Tefilin de Rachi, Tefilin de Rabenu Tam*
תפילין דרבנו תם *Tefilin De Rabenu Tam*	H	**Tefilin de Rabenu Tam** Les *Mo'hin* de *Abah* sont les *Tefilin* de Rabenu Tam. L'ordre des *Parashiot* est: 1 – *'Hokhma* - קדש 2 - *Binah* - והיה כי יביאך 3 - *Gevourot* - והיה אם שמוע 4 - *'Hasadim* - שמע
תפילין דרחל *Tefilin De Ra'hel*	H	**Tefilin de Ra'hel** Les *Tefilin* de Rachi sur le bras correspondent à *Ra'hel*.

Hébreu / Araméen *Phonétique*	L	Dictionnaire
		La *Noukva* (*Ra'hel*) a également un aspect des *Tefilin* et s'attache sur le bras gauche (*Gevourah*) de *Z'A*. Elle (*Noukva*) a quatre *Parashiot* dans ses *Tefilin*, et reçoit ses *Mo'hin* (cerveaux) de *Netsa'h* et *Hod* de *Z'A*. Le *Yesod* de *Z'A* fait le י (*Yud*) sur le côté des *Tefilin* de *Ra'hel*, et de là (le bras), la constitution de *Noukva* commence. Les trois lanières sur les biceps correspondent aux trois premières *Sephirot* (*GaR* de *Noukva*). Les sept sur l'avant-bras correspondent aux sept *Sephirot* inférieures (*ZaT* de *Noukva*). Les trois sur le doigt correspondent aux *NHY* (*Netsa'h*, *Hod*, *Yesod*) de *Z'A* qui sont les *Mo'hin* de *Noukva*.
תפילין דרשי *Tefilin De Rachi*	H	**Tefilin de Rachi** Les *Mo'hin* de *Imah* sont les *Tefilin* de Rachi. L'ordre des *Parashiot* est: 1 – *'Hokhma* - קדש 2 - *Binah* - והיה כי יביאך 3 – *'Hasadim* - שמע 4 - *Gevourot* - והיה אם שמוע *Voir Tefilin, Tefilin de Rachi, Tefilin de Rabenu Tam*
תקיף *Takif*	H	**Sévérité** Associée à la rigueur et aux *Gevourot*.

Hébreu / Araméen Phonétique	L	Dictionnaire
תקיפים Takifim	H	***Fort - Dur*** *Voir Takif*
תרדמה Tardema	H	***Sommeil - Somnolence*** Au début, *Partsouf Z'A* était dans un état de Tardema (somnolence) ; pour agir il fallait qu'il obtienne ses *Mo'hin* (cerveaux) du *Partsouf ISOT,* ou *Partsouf Abah* et *Imah* pour arriver à un stade de croissance. À l'intérieur de *Imah,* *Partsouf Z'A* passe par une période de grossesse, suivie d'une première phase de petite enfance et une de croissance. Dans la première croissance, ses *Mo'hin* proviennent de *NHY* (*Netsa'h, Hod, Yesod*) de *Tevounah.* Pendant la durée de la croissance, *Z'A* n'agit pas vraiment puisqu' il est en train de se construire, au moment de l'allaitement il commence à agir, et à la croissance, il est prêt à agir.
תרי"ג Taryag	H	***613*** Il y a 613 veines et os chez l'homme ; de même, il y a 613 *Mitsvot*, 613 parties dans l'âme et 613 lumières dans chaque *Sephira* ou *Partsouf.* Ce nombre n'est pas arbitraire, car il y a d'importantes interrelations et interactions entre elles.

ACRONYMES

Souvent nous trouvons dans le Zohar et dans la plupart des textes de Kabbalah des acronymes, qui sont les initiales ou abbréviations de mots ou concepts. Il y a deux raisons principales pour lesquelles les acronymes sont utilisés : en premier, pour éviter de ré-écrire les mêmes mots par répétition, et la deuxième et plus importante raison, pour garder éloigné le lecteur non initié.

Acronymes		L	Mot – s
א"א	A"A	A	**Arikh Anpin** *Partsouf Arikh Anpin*
א"א	A"A	H	**Abraham Avinu** *Notre Père Abraham*
א"א	A"A	H	**I Efshar** *Impossible*
א"ד	A"D	H	**Aino Dome** *Ne ressemble pas*
א"י	E"I	H	**Erets Israël** *Terre d'Israël*
א"ס	E"S	H	**Ein Sof,** *Le sans fin ou sans limite*
א"פ	A"P	H	**A'Hor Be Panim** *Dos à face*
א"צ	A"TS	H	**Aino Tsarikh** *Pas nécessaire*
א"ק	A"K	A	**Adam Kadmon** *Homme Primordial*
א"ר	A"R	A	**Amar Rav** *Rav dit*
אב"א	A"A	H	**A'hor Be A'hor** *Dos à dos*

Acronymes		L	Mot – s
אבי"ע	ABYA	H	**Atsilout, Bériah, Yetsirah and Asiah**
אדה"ר	ADH"R	H	**Adam ha Rishon** *Le premier homme*
אה"ל	AH"L	H	**Or Halevanah** *Lumière de la lune*
או"א	Av"I	H	**Abah ve Imah** *Partsoufim Abah et Imah*
או"ח	O'"H	H	**Or 'Hozer** *Lumière revenante*
או"י	O"Y	H	**Or Yosher** *Lumière linéaire*
או"מ	O"M	H	**Or Makif** *Lumière encerclante*
או"פ	O"P	H	**Or Pnimi** *Lumière intérieure*
אח"פ	O'H"P	H	**Ozen, 'Hotem, Pey** *Oreille, nez, bouche*
אי'	IY'	H	**Imah** *Partsouf Imah*
אמ"ר	AM"R	H	**Or, Mayim, Rakia'** *Lumière, Eau, Firmament*

Acronymes		L	Mot – s
אע"ג	A' "G	A	**Af 'al Gav** *Et même si*
אע"פ	A' " P	H	**Af 'al Pi** *Même si*
אצ"ל	ATS"L	H	**Ain Tsarikh Lomar** *Nullement nécessaire de* *mentionner*
אתב"ש	ATB"SH	H	**ATBASH** *Permutation des lettres*
אתעד"ל	AT'D"L	A	**It'urerut Del'ela** *Éveil d'en haut*
אתעד"ת	AT'D"T	A	**It'urerut DelTata** *Éveil d'en bas*
ב"ן	BaN (52)	H	**BaN (52)** *Milouy de ce nom avec un total* *de 52*
ב"פ	B"P	A	**Shte Pe'amim** *Deux fois*
באד"ר	BAD"R	A	**Be Adra Raba** *Dans le livre de Adra Raba (Zohar)*
באדר"ז	BADR"Z	A	**Be Adra Zouta** *Dans le livre de Idra Zouta* *(Zohar)*
בג"ה	BG"H	H	**Binah, Gevourah, Hod**

Acronymes		L	Mot – s
			Sephirot, pilier gauche
בחי״	B'HY	H	**Be'hina** Qualité - Attributs
בי״ע	BYA	H	**Bériah, Yetsirah, Asiah** Mondes
ביהמ״ק	BYHM"K	H	**Beit ha Mikdash** Temple
בכ״מ	BC"M	H	**Becol Makom** Tout le temps - Partout
בכ״מ	BC"M	H	**Bekama Mekomot** Souvent - Dans quelques endroits
במ״א	BM"A	H	**Bemakon Aher** Dans un autre endroit
במ״ר	BM"R	H	**Bemidrash Rabah** Dans le Midrash Rabah
בס״ד	BS"D	A	**Besa'ita deshmaya** Avec l'aide du ciel
בסו״ה	BSU"H	H	**Besod Hakatuv** Dans le sens secret
בע״ה	B'"A	H	**Be'ezrat Hashem** Avec l'aide de Dieu.
בע״ת	B' "T	H	**Ba'al Teshuva** Celui qui fait Teshouva

Acronymes		L	Mot – s
בעה"ח	B' H" 'H	H	**Be'Ets Ha'haim**
			Dans le livre 'Ets Ha'haim
בעוה"ב	B'OH"B	H	**Be'Olam Haba**
			Dans le monde futur
בעוה"ז	B'OH"Z	H	**Be'Olam Haze**
			Dans ce monde
בר"ת	BR"T	H	**Berashe Tevot**
			Dans les initiales
בת"ת	BT"T	H	**BeTiferet**
			Dans la (Sephira)Tiferet
ג' גו ג'	G' go G'	H	**Shalosh Beshalosh**
			Trois sur trois
ג"א	G"A	H	**Shalosh Etsma'iot**
			Les trois milieux
ג"ט קר"ע פ"ח	G"T KR" ' P" 'H	A	**Gulgota, Tela, Kerumah, Ra'ava, 'Emer, Peki'hu, 'Hotma**
			Sept Tikounim de la tête de Arikh Anpin
ג"כ	G"C	H	**Gam ken**
			Aussi
ג"ע	G" '	H	**Gan 'Eden**
			Jardin d'Eden
ג"ר	GaR	H	**Les trois premières Sephirot**
			Keter, 'Hokhma, Binah. Ou

Acronymes		L	Mot – s
			'Hokhma, Binah Da'at.
ג"ת	G"T	H	**Shalosh Ta'htonot** *Les trois plus basses*
גי'	GY'	H	**Gematria** *Total des lettres*
דו"נ	D"uN	A	**Doukhrin VeNukvin** *Masculine et féminine*
דצח"מ	DaTzHaM	H	**Domem, Tsomea'h, 'Hay, Medaber** *Mineral, vegetal, animal et verbal*
ד"א	D"A	H	**Derekh A'her** *Une autre manière*
ד"א	D"A	H	**Davar A'her** *Autre chose*
דת"י	DT"Y	H	**Da'at, Tiferet, Yesod** *Sephirot, pilier central*
ה"ג	H"G	H	**'Hamesh Gevourot** *Cinq Gevourot*
ה"ח	H" 'H	H	**'Hamesh 'Hasadim** *Cinq 'Hasadim*
ה"ס	H"S	A	**He Sod** *C'est le secret*
ה"פ	H"P	H	**'Hamesh Partsoufim** *Cinq Partsoufim*

Acronymes		L	Mot – s
ה"ר	H"R	H	**'Hamesh Rishonot** *Cinq premières*
ה"ת	H"T	H	**'Hamesh Ta'htonot** *Cinq inférieures*
הנ"ל	HN"L	H	**Hanizcar Le'il** *Tel que mentionné ci-haut*
הק'	HK'	H	**HaKadosh** *Le Saint*
הקב"ה	HKB"H	H	**HaKadosh Barukh Hu** *Saint et béni Il est*
השי"ת	HSHY"T	H	**HaShem Itbarakh** *Dieu, qu'Il soit béni*
ו"ק	V"K	H	**Shesh Ketsavot** *Six cotés*
ו"ת	V"T	H	**Shesh Ta'htonot** *Six inférieurs*
וד"ל	VD"L	H	**Veday Lemavin** *C'est suffisant pour celui qui comprend*
והמ"י	VHM"Y	H	**VeHamaskil Yavin** *Et le sage comprendra*
וזה"ד	VZH"D	H	**Ve ze HaDin** *Et c'est la loi*

Acronymes		L	Mot – s
וכו'	VCU'	H	**Vekhule** *Et ainsi de suite*
ועד"ז	V'D"Z	H	**Ve'al Derekh Ze** *Et de cette façon*
ועכ"ז	V'C"Z	H	**Ve'im kol Ze** *Et avec tout cela*
ותי'	VTY'	H	**VeTikunim** *Et les Tikounim*
ז"א	Z'A	A	**Zeir Anpin** *Partsouf*
ז"ח	Z"T	H	**Zain Ta'htonot** *Sept inférieurs*
ז"ח	Z" 'H	H	**Zohar 'Hadash** *Zohar nouveau*
ז"ל	Z"L	H	**Zikhrono Lebrakha** *Son souvenir est béni*
ז"ל	Z"L	H	**Ze Leshono** *C'est là Sa parole (citation)*
ז"מ	Z"M	A	**Shiv'ha Malkin** *Sept rois*
ז"ס	Z"S	H	**Ze Sod** *C'est le secret*

Acronymes		L	Mot – s
ז"ע	Z" '	H	**Ze 'Enian** *Ce Sujet*
ז"ת	Za"T	1	**Zain Ta'htonot** *Sept Sephirot inférieures*
זא"ז	ZA"Z	H	**Ze Etsel Ze** *Celle-ci dans celle-là*
זו"ן	Z"Un	A	**Zeir Anpin et Noukva** *Partsoufim*
זל"ז	ZL"Z	H	**Ze la Ze** *Celui-ci à celui-là*
זמ"ז	ZM"Z	H	**Ze mi Ze** *Celui-ci de celui-là*
זמ"ן נק"ט	ZM"N NK"T	H	**Zera'im, Mo'hed, Nashim, Nezikim, Kadashim, Tehorot** *Six ordres de Mishna – Guemara*
זע"ז	Z' "Z	H	**Ze 'al Ze** *Celui-ci sur celui-là*
ח"א	'H"A	H	**'Helek Rishon** *Première partie*
ח"ב	'H"B	H	**'Helek Sheni** *Deuxième partie*
ח"ו	'H"V	H	**'Has Veshalom** *Que Dieu protége*

Acronymes		L	Mot – s
ח"ס	‘H"S	A	**‘Hokhma Stimaah** *Sephira*
חב"ד	‘HBD	H	**‘Hokhma, Binah et Da'at** *Sephirot*
חג"ת	‘HGT	H	**Hesed, Gevourah et Tiferet** *Sephirot*
חד"ר	‘HD"R	H	**‘Hesed, Din, Ra'hamim** *Bonté, rigueur et miséricorde*
חו"ב	‘HV"B	H	**‘Hokhma VeBinah** *Sephirot*
חו"ג	‘HV"G	H	**‘Hesed VeGevurah** *Sephirot*
חו"ג	‘HV"G	H	**‘Hasadim VeGevurot** *Bontés et rigueurs*
חו"ל	‘HU"L	H	**‘Huts LaAretz** *En dehors d'Erets Israël*
חז"ל	‘HZ"L	H	**‘Hokhmanu Z'aL** *Nos sages de mémoire bénie*
חח"ן	‘H'H"N	H	**‘Hokhma, ‘Hesed, Netsa'h** *Sephirot, pilier droit*
חל"ה	‘HL"H	H	**‘Helek Le'Olam Haba** *Une partie dans le monde à venir*

Acronymes		L	Mot – s
חע"ה	'H'"H	H	**'Haye 'Olam Haba** *Vivant dans le monde à venir*
ט"ס	T"S	H	**Tesha' Sephirot** *Neuf Sephirot*
ט"ר	T"R	H	**Tesha' Rishonot** *Neuf premières Sephirot*
ט"ת	T"T	H	**Tesha' Ta'htonot** *Neuf Sephirot inférieures*
טו"ר	TV"R	H	**Tov veRa'** *Bon et mauvais*
טנת"א	TaNTA	H	**Ta'amim, Nekoudot, Tagin, and Autiot.** *Cantillation, voyelles, couronnes et lettres*
י"א	Y"A	H	**Yesh Oserim** *Certains interdisent*
י"א	Y"A	H	**Yesh Omerim** *Certains disent*
י"מ	Y"M	H	**Yesh Mekomot** *À certains endroits*
י"מ	Y"M	H	**Yesh Mefareshim** *Certains expliquent*
י"ס	Y"S	H	**'Assarah Sephirot** *Dix Sephirot*

Acronymes		L	Mot – s
יה"א	YH"A	H	**Yud, He, Aleph** *Les trois Milouyim du Tetragamon*
יו"ש	YV"SH	H	**Yamin Ousmol** *Droit et gauche*
יחנר"ו	Y'HNR"V	H	**Ye'hidah, 'Hayah, Neshamah, Roua'h, Nefesh** *Cinq niveaux de l'âme*
יט"ל	YT"L	H	**Yesh Ta'ham Ledavar** *Il y a une raison à ce dicton*
יו"י	YY"Y	H	**Yud, Yud, Yud** *Yebarekhekha, Yaer, Yisa (Trois premiers mots de la Birkat Kohanim)*
יסו"ת	ISOT	A	**Israël Saba and Tevounah** *Partsoufim*
יצ"ט	YTS"T	H	**Yetser Tov** *Bon instinct*
יצה"ר	YTSH"R	H	**Yetser Hara'** *Mauvais instinct*
יש"א	YS"A	H	**Yamin, Small, Emtsa'h** *Droit, gauche, milieu*
ישסו"ת	ISOT	A	**Israël Saba et Tevounah**

404

Acronymes		L	Mot – s
ישסו"ת ב	ISOT 2	1	**Israël Saba et Tevounah 2** *Partsoufim*
כ"א	C"A	H	**Kakh Amar** *De cette façon, il est dit*
כ"א	C"A	H	**Kol E'had** *Chacun*
כ"ב	C"B	H	**22** *Vingt-deux lettres*
כ"ג	C"G	H	**Kohen Gadol** *Grand prêtre*
כ"ה	C"H	A	**Katuv Hakha** *Ainsi écrit*
כ"ז	C"Z	H	**Kol Zman** *Tout le temps*
כ"ז	C"Z	H	**Kol Ze** *Tout cela*
כ"ח	C" 'H	H	**Keli 'Hitson** *Keli extérieur*
כ"י	C"Y	H	**Knesset Israël** *Assemblée d'Israël*
כ"כ	C"C	H	**Kol Kakh** *Autant*

Acronymes		L	Mot – s
כ"מ	C"M	A	**Kan Mashma'** *De cette façon, nous comprenons*
כ"מ	C"M	H	**Kan Matsati** *De cette façon, j'ai trouvé*
כ"מ	C"M	H	**Kol Makom** *Dans chaque lieu - Tout le temps*
כ"ע	C" '	H	**Keter 'Elyon** *Keter supérieur*
כ"פ	C"P	H	**Keli Pnimi** *Keli Intérieur*
כאו"א	CAV"A	H	**Kol E'had veE'had** *Chacune et chacun - Tous*
כה"א	CH"A	H	**Kakh Hu Omer** *Tel qu'il le dit*
כח"ב	K'HB	H	**Keter, 'Hokhma, Binah** *Sephirot*
כחב"ד	K'HB"D	H	**Keter, 'Hokhma, Binah, Da'at** *Sephirot*
כל"י	CL"Y	H	**Kohen, Levi, Israël** *Trois types de Bne Israël*
כמו"ש	CMV"SH	H	**Kemo Shekatuv** *Tel qu'il est écrit*

Acronymes		L	Mot – s
כנ"ל	CN"L	H	**Kenizcar Le'il** *Tel que mentionné ci-haut*
כנז'	CNZ'	H	**Kenizcar** *Tel que mentionné*
כצ"ל	CTS"L	H	**Ken Tsarikh Lomar** *Il faut dire de cette façon*
כש"ש	CSH"SH	H	**Kemo Shekatavti Sham** *Tel que je l'ai écrit là-bas*
ל"ג	L"G	H	**Lashon Guemara** *Dans le langage de la Gemara*
ל"ז	L"Z	H	**Lashon Zakhar** *Désignation masculine*
ל"כ	L"C	H	**Lo Katuv** *Il n'est pas écrit*
ל"כ	L"C	H	**Lo Khen** *Pas de cette façon*
ל"נ	L"N	H	**Lashon Nekevah** *Désignation féminine*
ל"נ	L"N	H	**Li Nirey** *À mon avis*
ל"צ	L"TS	H	**Lo Tsarikh** *Pas nécessaire*
ל"ת	L"T	H	**Lo Ta'asse** *À ne pas faire*

Acronymes		L	Mot – s
לבנ"ה	LVN"H	H	**LaV Netivot Ha'Hokhma** *32 Chemins de la sagesse*
לד"א	LD"A	H	**LeDavar A'her** *Quelque chose d'autre*
לד"א	LD"A	H	**LeDa'at A'herim** *De l'avis d'autres*
לד"ה	LD"H	H	**LeDivre Hakol** *De l'avis de tous*
לכ"ע	LC" '	A	**Lekule 'Alma** *Tout le temps*
למה"ד	LMH"D	H	**Lema Hadavar Domey** *À quoi cela ressemble*
לעת"ל	L'T"L	H	**Le'atid Lavo** *Dans le futur*
לש"ש	LSH"SH	H	**Leshem Shamaim** *Sans aucun intérêt personnel*
מ"א	M"A	H	**Minhag Avoteynu** *Coutumes de nos pères*
מ"ב	M"V	H	**Quarante deux** *Nom de quarante deux lettres*
מ"ד	M"D	A	**Mayin Doukhrin** *Eaux Masculines*
מ"ה	M"H	H	**MaH (45)** *Milouy avec un total de 52*

408

Acronymes		L	Mot – s
מ"מ	M"M	H	**Mikol Makom** *De toutes façons*
מ"ן	M"N	A	**Mayin Noukvin** *Eaux féminines*
מ"ע	M" '	H	**Mitsvot 'Assey** *Commandements Positifs*
מ"ש	M"SH	H	**Ma Shekatuv** *Ce qui est écrit*
מב"ד	MB"D	H	**Mashia'h Ben David** *Messie fils de David*
מדה"ד	MDH"D	H	**Midat HaDin** *Attribut de rigueur*
מדה"נ	MDH"N	H	**Midrash HaNe'elam** *Midrash*
מדה"ר	MDH"R	H	**Midat HaRa'hamim** *Attribut de miséricorde*
מה"מ	MH"M	H	**Malakh Hamavet** *Ange de la mort*
מה"ש	MH"SH	H	**Malakhe Hasharet** *Anges de service*
מו"מ	MU"M	H	**Ma'alah UMatah** *Dessus et dessous*
מו"ס	Mo"S	A	**Mo'ha Stimaa** *Sephira*

Acronymes		L	Mot – s
מט"ט	MT"T	H	**Matatro-n** *Nom de l'un des anges principaux*
מכ"ש	MC"SH	H	**Mikol Sheken** *En outre*
מל'	ML'	A	**Malkhout** *Sephira*
מל"ת	ML"T	H	**Mitsvah Lo Ta'asey** *Commandement négatif*
מנצפ"ך	MNTSP"KH	H	**Cinq lettres finales** *Cinq Gevourot*
מע"ט	M'"T	H	**Ma'asim Tovim** *Bonnes actions*
מרע"ה	MR' "H	H	**Moshe Rabenu 'Alav Hashalom** *Moshe Rabenou, paix sur lui*
מרשב"י	MRSHB"Y	A	**Meamre Rabbi Shim'on Bar Yo'hai** *Paroles de Rabbi Shim'on bar Yo'hai*
משא"כ	MSHA"C	H	**MaH Sheen Ken** *Ce qui n'est pas içi*
נ"ר	N"R	H	**Nefesh, Roua'h** *Âme*

Acronymes		L	Mot – s
נה"י	NHY	H	**Netsa'h, Hod and Yesod** *Sephirot*
נהי"ם	NHY"M	H	**Netsa'h, Hod, Yesod, Malkhout** *Sephirot*
נו"ה	NV"H	H	**Netsa'h veHod** *Sephirot*
נוק'	NUK'	A	**Noukva** *Partsouf - Féminin*
ני"ק	NY"K	A	**Nitsusot Kadishin** *Étincelles saintes*
נל"נ	NL"N	H	**Neshamah le Neshamah** *Niveau supérieur de la Neshamah*
נק'	NK'	H	**Nikra** *Appelé*
נר"ן	NaRaN	H	**Nefesh, Roua'h, Neshamah** *Niveaux de l'âme*
נרנח"י	NRNHY	H	**Nefesh, Roua'h, Neshamah,' Hayah and Ye'hidah** *Niveaux de l'âme*
נש"ב	NSH"B	H	**Nun Sha'are Binah** *50 voies de la compréhension*
נת"א	NT"A	H	**Nekoudot, Tagin, Autiot** *Voyelles, couronnes, lettres*

411

Acronymes		L	Mot – s
ס"א	S"A	A	**Sitra A'hra** Côté négatif
ס"א	S"A	H	**Sefarim A'herim** Autres livres
ס"א	S"A	A	**Sitrey Autiot** Secret des lettres
ס"ג	S"G	H	**SaG** Milouy du nom avec un total de 63
ס"מ	S"M	H	**Sam...l** Nom du principal ange destructeur
ס"ת	S"T	H	**Sofe Tevot** Lettres finales
ס"ת	S"T	A	**Sitrey Torah** Secrets de la Torah
סו"ה	SO"H	H	**Sod Hakatuv** Le secret de ce qui est écrit
ספ"י	SP"Y	A	**Sephira**
ע"א	'A"A	H	**'Anaf Rishon** Première branche
ע"א	'A"A	H	**'Amud Aleph** Premier paragraphe ou page

Acronymes		L	Mot – s
ע"ב	'A"B	H	**'AV** *Milouy du nom avec un total de 72*
ע"ד	'A"D	H	**'Al Derekh** *De cette manière*
ע"ה	'A"H	H	**'Alav HaShalom** *Paix sur lui*
ע"ה	'A"H	H	**'Asarat Devarim** *Les dix paroles (de la création)*
ע"ה	'A"H	H	**'Am HaArets** *Hommes ignorants*
ע"ה	'E"H	H	**'Ein Hara'** *Mauvais œil*
ע"ה	'E"H	H	**'Eved HaShem** *Le serviteur de Dieu*
ע"הר	'E"HR	H	**'Al ze** *Sur ceci*
ע"ז	'A"Z	H	**'Avodah Zarah** *Idolâtrie*
ע"ח	'E" 'H	H	**'Ets 'Haim** *L'arbre de vie*
ע"י	'A"Y	H	**'Atik Yomin** *Partsouf*

413

Acronymes		L	Mot – s
ע"כ	'A"C	A	**'Al ken** *Ainsi*
ע"כ	'A"C	H	**'Avodat Kokhavim** *Idolâtrie*
ע"כ	'A"C	H	**'Ad kan** *Jusqu'ici*
ע"ל	'A"L	H	**'Ayn Le'il** *Expliqué ci-dessus*
ע"מ	'A"M	H	**'Al Menat** *Dans le but de*
ע"ס	'E"S	H	**'Eser Sephirot** *Dix Sephirot*
ע"פ	'A"P	H	**'Al Pi** *Donc*
ע"ק	'A"K	H	**'Atika Kadisha** *Partsouf*
ע"ש	'A"SH	A	**'Ayin Sham** *Expliqué là-bas*
עד"ה	'AD"H	H	**'Al Derekh Hakatuv** *Tel que c'est écrit*
עד"מ	'AD"M	H	**'Al Derekh Mashal** *Comme dans la parabole*

414

Acronymes		L	Mot – s
עה"ד	'AH"D	H	**'Ets Hada'at** *Arbre de la connaissance*
עו"ן	''AV"N	H	**'Atik VeNukve** *'Atik et sa Noukva*
עוה"ז	'OVH"Z	A	**'Olam Haze** *Ce monde*
עי"ז	'AY"Z	H	**'Al Yede ze** *Depuis – Donc*
עי"מ	'Y"M	H	**'Ibour, Yenikah, Mo'hin** *Gestation, allaitement, cerveaux*
עיה"ק	'YH"K	H	**'Ir HaKodesh** *Ville sainte*
עכ"ד	'AC"D	H	**'Ad Kan Debarav** *Jusqu'ici ses paroles* *(fin de citation)*
עכ"ל	'AC"L	H	**'Ad Kan Leshono** *Jusqu'ici ses paroles (fin de citation)*
עכ"פ	'AC"P	H	**'Al Kol Panim** *De toutes façons*
עכו"מ	'ACU"M	H	**'Oved Kokhavim VeMazalot** *Idôlatres*
עסמ"ב	'ASM"B	H	**'AV, SaG, MaH, BaN** *Quatre façons d'épeler le nom YKVK*

Acronymes		L	Mot – s
עצה"ד	'ETSH"D	H	**'Ets Hada'at** *Arbre de la connaissance*
עש"ה	'ASH"H	H	**'Ayin Sham Etev** *Mieux expliqué là-bas*
פ"	PY'	H	**Pirush** *Explication*
פ"א	P"A	H	**Perek Rishon** *Premier paragraphe*
פב"א	PB"A	H	**Panim B A'hor** *Face à dos*
פב"פ	PB"P	H	**Panin B Panim** *Face à Face*
פו"ח	PV" 'H	H	**Penimiut ve'Hitsoniut** *Intériorité et extériorité*
פלחה"ק	PL'HH"K	H	**Peti'ha Le'hokhma HaKabbalah** *Introduction à la connaissance de la Kabbalah*
פרד"ס	PRD"S	H	**Pshat, Remez, Drash, Sod** *Litéral, Allusion, Homélie, Secret*
צ"ע	TS" 'I	H	**Tsarikh 'Iyun** *Il faudrait approfondir*
צח"מ	TH'H"M	H	**Tsomea'h, 'Hay, Medaber** *Végétal, Animal, verbal*

Acronymes		L	Mot – s
ק"ק	K"K	H	**Kodshe Kodashim** *Saint des Saints*
ק"ש	K"SH	H	**Keriat Shema'** *Lecture du Shema'*
קב"ח	KB"H	H	**Kudsha Berikh Hu** *Saint et béni Il est*
קבו"ש	KBH"SH	A	**Kudsha Berikh Hu VeShkhinte** *Saints et béni Il est, et Sa Shekhina*
קוש"י	KUSH"Y	A	**Kutsu shel Yud** *Le bord (partie supérieure) de la lettre Yud*
קל"י	KLY'	H	**Klipot** *Écorces*
קמ"ג	KM"G	H	**KM"G** *Milouy du nom* א - ה - י - ה *avec la lettre* א
קנ"א	KN"A		**KN"A** *Milouy du nom* א - ה - י - ה *avec la lettre* ה
קס"א	KS"A		**KS"A** *Milouy du nom* א - ה - י - ה *avec la lettre* י

Acronymes		L	Mot – s
ר"א	R"A		**Rabbi Aba** *L'une des principales figures du Zohar*
ר"א	R"A	H	**Rabbi El'azar** *Fils de Rabbi Shim'on bar Yo'hay*
ר"חו	R'HV	H	**Rabbi Haim Vital** *Principal étudiant de l'Ari Z'al*
ר"י	R"Y	H	**Rabbi Yehudah** *L'une des principales figures du Zohar*
ר"י	R"Y	H	**Rabbi Yossi** *L'une des principales figures du Zohar*
ר"י	R"Y	H	**Rabbi Its'hak** *L'une des principales figures du Zohar*
ר"ל	R"L	H	**Retsono Lomar** *Il voudrait dire*
רדל"א	Rdl'a	H	**Radl"a** *La tête inconnue*
רה"י	RH"Y	H	**Reshut Haya'hid** *Propriété privée*
רה"ק	RH"K	H	**Roua'h HaKodesh** *L'inspiration divine*

418

Acronymes		L	Mot – s
רה"ר	RH"R	H	**Reshut HaRabim** *Propriété publique*
רמ"ק	RM"K	H	**Rabbi Moshe Kordovero** *Kabbaliste de Tsfat*
רמח"ל	RM'H"L	H	**Rabbi Moshe Haim Luzzatto** *Kabbaliste de Padoue, Italie*
רע"צ	R'I'm	H	**Ra'ia Mehimana** *Partie du Zohar*
רפ"ח	RP" 'H	A	**Rapa'h** *288 (Étincelles)*
רשב"י	RSHB"Y	H	**Rabbi Shim'on Bar Yo'hay** *Auteur du Zohar*
רשר"ד	RSHR"D	H	**Reiya, Shemi'ah, Reya'h, Dibur** *La vue, l'ouïe, l'odorat et la parole*
ש'	SH"	H	**Sha'ar** *Entrée (livre, chapitre)*
ש"א	SH"A	H	**Shelish Emtsa'i** *Tiers médiane*
ש"א	SH"A	H	**Shelish Rishon** *Premier tiers*
ש"ב	SH"B	H	**Shelish Sheni** *Deuxième tiers*

Acronymes		L	Mot – s
שׁ"ע	SH" '	H	**Shelish 'Elyon** Tiers supérieur
שׁ"ת	SH"T	H	**Shelish Ta'hton** Tiers inférieur
שביה"כ	SHBYH'C	H	**Shvirat Hakelim** Brisure des récipients
שנא"ן	SHNA"N	H	**Shor, Aryeh, Nesher, Adam** Quatre visages de la Merkavah
שׂ"ה	SHS"H	H	**365** Nombre
ת"ד	T"D	H	**Tikuna Dikna** Tikounim de la Dikna
ת"ז	T"Z	A	**Tikune Zohar** Partie du Zohar
ת"ח	T" 'H	H	**Ta 'Haze** Viens voir
ת"ח	T" 'H	A	**Talmid 'Hakham** Érudit
ת"ח	T" 'H	H	**Tikounim 'Hadashim** Partie du Zohar
ת"שׁ	T"SH	H	**Ta Shema'** Viens écouter
ת"ת	T"T	A	**Tiferet** Sephira

Acronymes		L	Mot – s
תו"מ	TV"M	H	**Tiferet, Malkhout** *Sephirot*
תושב"ב	TSHB"C	H	**Torah SheBikhtav** *Torah écrite*
תושב"פ	TSHB"P	H	**Torah SheBe'alpe** *Torah orale*
תכ"ת	TC"T	H	**Telat Klalin BeTelat** *Trois sur trois*
תרי"ג	TRY"G	A	**613** *Nombre*
תש"י	TSH"Y	H	**Tefilin shel Yad** *Tefilin de la main*
תש"ר	TSH"R	H	**Tefilln shel Rosh** *Tefilin de la tête*

Bibliographie

Ram'hal

כללות האילן הקדוש
פתחי חכמה ודעת
קלח פתחי חכמה
כללים ראשונים
אדיר במרום

Ari Z'al

כתבי האריי
עץ חיים
שער רוח הקודש
שער הגלגולים

ספר הזהר
Le Zohar
Rabbi Shim'on Bar Yo'hai

La Kabbalah du Ari Z'al selon le Ramhal
Rabbi Raphael Afilalo, Éditions Ramhal

Kabbalah Dictionary
Rabbi Raphael Afilalo, Éditions Kabbalah

Concepts de Kabbalah
Rabbi Raphael Afilalo, Éditions Kabbalah

דרך חכמת האמת לרמחל
Rav Mordekhai Chriqui, Éditions Ramhal, Jérusalem

האילן הקדוש לרמחל
Rav Shalom Oulman (Jérusalem)

Tables

Âme	Monde
Ye'hidah	Atsilout
'Hayah	Atsilout
Neshamah	Bériah
Roua'h	Yetsirah
Nefesh	'Asiah

Âme	Partsouf
Ye'hidah	Arikh Anpin
'Hayah	Abah
Neshamah	Imah
Roua'h	Zeir Anpin
Nefesh	Noukva

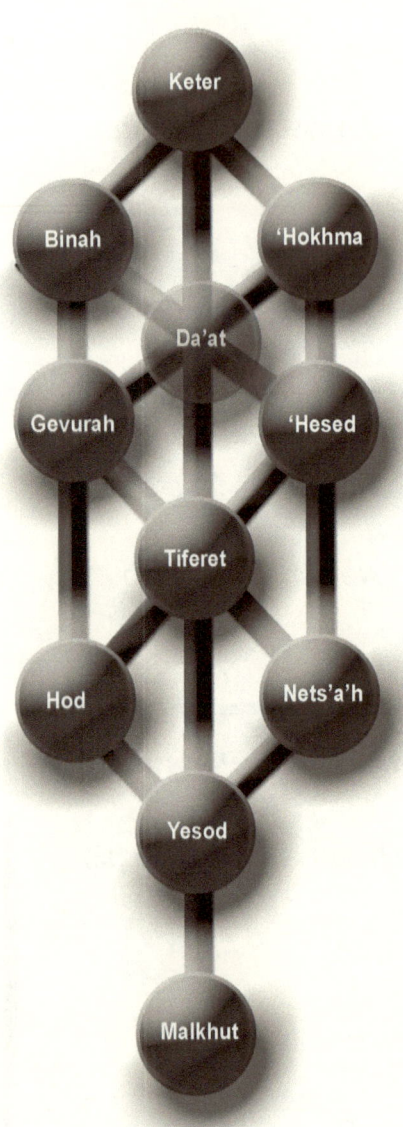

Sephira		Colonne	Position
Keter	Couronne	Miséricorde	Centre
'Hokhma	Sagesse	Bonté	Droite
Binah	Discernement	Rigueur	Gauche
Da'at	Connaissance	Miséricorde	Centre
'Hesed	Bonté	Bonté	Droite
Gevourah	Rigueur	Rigueur	Gauche
Tiferet	Beauté	Miséricorde	Centre
Netsa'h	Gloire	Bonté	Droite
Hod	Splendeur	Rigueur	Gauche
Yesod	Fondation	Miséricorde	Centre
Malkhout	Royauté	Miséricorde	Centre

Rigueur	*Miséricorde*	*Bonté*
	Keter Couronne	
Binah Discernement		**'Hokhma** Sagesse
	Da'at Connaissance	
Gevourah Rigueur		**'Hesed** Bonté
	Tiferet Beauté	
Hod Splendeur		**Netsa'h** Gloire
	Yesod Fondation	
	Malkhout Royauté	

Sephira	Métal	Direction
'Hesed	Argent	Sud
Gevourah	Or	Nord
Tiferet	Cuivre	Est
Netsa'h	Étain	Dessus
Hod	Plomb	Dessous
Yesod	Argent	Ouest
Malkhout	Fer	Centre

Sephira	Jour
'Hesed	Dimanche
Gevourah	Lundi
Tiferet	Mardi
Netsa'h	Mercredi
Hod	Jeudi
Yesod	Vendredi
Malkhout	Shabbat

Sephira	Planète
'Hesed	Lune
Gevourah	Mars
Tiferet	Soleil
Netsa'h	Venus
Hod	Mercure
Yesod	Saturne
Malkhout	Jupiter

Sephira	Correspondence Physique	Face
Keter	Tête	Tête
'Hokhma	Cerveau droit	Cerveau droit
Binah	Cerveau gauche	Cerveau gauche
'Hesed	Bras droit	Oeil droit
Gevourah	Bras gauche	Oreille droite
Tiferet	Corps	Narine droite
Netsa'h	Jambe droite	Oeil gauche
Hod	Jambe gauche	Oreille gauche
Yesod	Organe masculin	Narine gauche
Malkhout	Couronne sur l'organe masculin	Bouche

Sephira	Qualité
Keter	Ultime bonté pour tous, même aux non-méritants.
'Hokhma	Bonté pour tous, même aux non-méritants, mais moins que *Keter*, et non en tout temps.
Binah	Bonté à tous, même aux non-méritants, mais à partir d'elle, la rigueur commence.
Da'at	Fait l'équilibre entre *'Hokhma* et *Binah*
'Hesed	Bonté complète, mais à qui le mérite.
Gevourah	Pleine rigueur à qui le mérite.
Tiferet	Bonté et fait l'équilibre entre la bonté et la rigueur.
Netsa'h	Bonté diminuée à qui le mérite.
Hod	Rigueur diminuée à qui le mérite
Yesod	Fait l'équilibre entre *Sephira Netsa'h* et *Hod* pour la direction
Malkhout	Traduit toutes les émanations supérieures en une qui soit reflétée à la création. C'est le lien ou le raccordement entre toutes les *Sephirot* et l'homme.